La Vente directe

POUR

LES NULS

BUSINESS

La Vente directe POUR LES NULS BUSINESS

Chloé Lavie

Préface de

Jacques Cosnefroy
Délégué Général de la Fédération de la Vente Directe

FIRST Editions

La Vente directe pour les Nuls

Éditions First, un département d'Édi8
12, avenue d'Italie
75013 Paris – France
Tél. : 01 44 16 09 00
Fax : 01 44 16 09 01
Courriel : firstinfo@editionsfirst.fr
Site Internet : www.pourlesnuls.fr

ISBN : 978-2-7540-8450-5
Dépôt légal : mai 2016
Imprimé en Italie, par La Tipografica Varese Srl, Via Cherso 2, 21100 Varese

Couverture et mise en page : KN Conception
Illustrations : Marty

À propos des auteurs

Chloé Lavie, consultante spécialisée dans le développement et le management de réseaux de franchises et succursales, est l'auteur de *Devenir franchisé pour les Nuls*. Dans le cadre de son activité de conseil, elle a également accompagné des entreprises de vente directe dans la construction de leurs outils de formation.

Cet ouvrage a été rédigé en partenariat avec la **Fédération de la Vente Directe (FVD)**. Fondée en 1966, la FVD est l'organisation professionnelle représentative du secteur économique de la Vente Directe à domicile. La FVD représente plus de 145 entreprises, dont 80 % des plus grandes entreprises françaises, européennes et internationales s'adressant directement aux consommateurs par l'intermédiaire d'un réseau de vendeurs, soit à l'occasion d'une rencontre individuelle, soit au cours d'une réunion à domicile. La vocation première de la FVD est de promouvoir la vente directe et ses métiers ; elle bénéficie d'une représentativité au niveau mondial.

Jacques Cosnefroy, Délégué Général de la Fédération de la Vente Directe, est l'auteur de la préface. Il est l'interlocuteur privilégié des Ministères et des grandes institutions françaises, européennes et internationales pour tous les sujets relatifs à la vente directe. Il intervient également auprès d'organisations représentatives en tant que :

- Président du CPro Stephenson (formation à distance et professionnalisation) ;
- Administrateur de la Fédération européenne de la Vente Directe ;
- Membre du Comité Éthique de la Fédération Mondiale de Vente Directe ;
- Membre du Conseil National de la Consommation (CNC) ;
- Membre de la Commission des Comptes Commerciaux de la Nation.

La Vente directe pour les Nuls a été réalisé avec la contribution de nombreux acteurs du secteur qui ont apporté leur expertise, leur relecture attentive, leurs conseils avisés et leur vision personnelle du métier. Par ordre alphabétique :

- Lydia Bertrand, directrice France, Captain Tortue Group.
- Yann Bédard, responsable du service juridique de la Fédération de la Vente Directe.
- Sylvain Bonnet, président de NL International France.
- Florent Carbonneau, président de Culligan France.
- Philippe Dailey, président d'honneur de la Fédération de la Vente Directe.
- Monique Duchêne, présidente d'Asthéya, escales bien-être autour du thé.
- Alice Gaubert, responsable communication et digital chez Captain Tortue Group.
- Véronique Garnodier, président de Charlott' Lingerie.
- Nathalie Graevenitz, directrice générale de Victoria France.
- Patrice Jacquelin, président fondateur de Guy Demarle.
- Ouahiba Kafsi, responsable de la formation chez Tupperware France.
- Clarence Le Jeune, responsable formation chez Eléonore Déco.
- Véronique Leroux, manager de région chez Eléonore Déco.
- Alexandra Maurel, directrice commerciale chez Eléonore Déco.
- Céline Monnier, General Manager Partylite.
- Jean-Laurent Rodriguez, consultant expert en vente directe.
- Jean-Georges Vernet, directeur commercial et président du conseil de surveillance de BCS France SA, et président de la Fédération de la Vente Directe.

Sommaire

Préface

Quand Chloé Lavie a pris contact avec la Fédération de la Vente Directe pour me parler de son projet d'écrire *La Vente directe pour les Nuls*, j'ai tout d'abord été surpris, un peu dubitatif, mais rapidement j'ai compris que l'image de cette forme de distribution ancestrale, souvent marginalisée en France par un manque de reconnaissance, ne serait jamais plus la même, car elle sortait de l'anonymat.

Depuis le début du siècle dernier, des centaines de milliers d'entreprises à travers le monde ont choisi de commercialiser leur produit directement au consommateur final par le biais de la vente directe. La grande majorité d'entre elles présente une longévité et des résultats exceptionnels, car la maîtrise de la chaîne de distribution est un atout majeur, et notamment dans les périodes de crise.

Mais la vente directe, c'est avant tout des hommes et des femmes motivés par des enjeux personnels, soucieux de leur avenir, souhaitant s'exonérer des contraintes d'une activité répétitive et qui ambitionnent de donner un sens nouveau à leur vie. Des hommes et des femmes qui ont découvert un jour, un peu par hasard, ce qu'était réellement la vente à domicile, lors d'une rencontre, d'une réunion, en lisant un article dans un quotidien ou un magazine, en regardant un reportage à la télévision ou en écoutant une émission à la radio.

Car en effet, et malgré la formidable évolution économique de cette forme de distribution, de nombreux candidats ont essayé la vente à domicile car ils appréciaient les produits et voulaient en faire profiter leurs amis ou les posséder eux-mêmes.

La vente directe, ou vente à domicile, est devenue en quelques années un formidable réservoir d'emplois. Entre 2010 et 2015, c'est plus de 150 000 personnes qui sont venues rejoindre nos entreprises ! Beaucoup ont trouvé un environnement approprié à leur évolution personnelle, découvert un univers à forte valeur ajoutée et ont pu ainsi mieux appréhender leur futur métier.

La vente directe en France représente plus de 600 000 emplois, tous secteurs confondus, et plus de 4 milliards d'euros de chiffre d'affaires. Ce vecteur de l'économie offre de nombreuses et réelles opportunités pour les entreprises souffrant d'un faible niveau de rentabilité et d'un déficit d'image, car la force de cette forme de vente réside dans la fidélisation à la marque ; la marque étant associée à une personne qui la représente !

Faut-il encore considérer cette forme de distribution comme un véritable commerce de proximité !

En effet, la vente à domicile est un formidable et authentique canal de distribution, au plus proche des intérêts du consommateur, et qui ne souffre pas d'approximation. Ce mode de distribution repose sur le triptyque magique : produit-vendeur-consommateur.

Un produit de qualité, un vendeur de proximité et un consommateur satisfait !

Dans un monde qui se cherche, en constante mutation, quelque peu déshumanisé, où Internet donne le sentiment que tout est possible, où les relations se font et se défont en un seul clic, la vente directe reste le rempart du lien social et de l'écoute de l'autre !

Pour réussir et évoluer dans ce métier, il vous faudra suivre différentes formations pour une parfaite maîtrise du produit, de la vente et de la législation. La formation est devenue en quelques années le moteur du succès des entreprises. Elle contribue à la professionnalisation de l'image du secteur et à la construction des parcours individuels du plus grand nombre.

L'évolution des entreprises présentes sur le marché français, l'arrivée de nouvelles sociétés, de produits innovants, de nouveaux concepts, la digitalisation, l'utilisation des nouvelles technologies, les réseaux sociaux et le développement de milliers d'emplois sont les clés du succès de la vente à domicile pour le futur.

J. Cosnefroy
Délégué général de la Fédération de la Vente Directe

Introduction

Imaginez un métier que vous exerciez avec plaisir et dans lequel vous vous sentiez épanoui. Un métier qui vous soit accessible quels que soient votre âge, vos diplômes, votre expérience et vos moyens financiers.

Imaginez un métier qui vous permette de travailler en toute liberté aux heures souhaitées, de façon occasionnelle ou régulière, à temps partiel ou à temps plein, en fonction de vos envies ou de vos contraintes et de gagner de l'argent selon vos performances ainsi que des cadeaux et des voyages tout au long de l'année.

Imaginez un métier profondément humain qui vous offre la possibilité de nouer des relations fortes et de partager des moments de complicité et de convivialité au quotidien, un métier qui vous pousse à vous surpasser, à devenir quelqu'un de plus assuré, plus à l'écoute et plus positif.

Imaginez des entreprises qui mettent l'entraide au cœur de leur fonctionnement, des entreprises dans lesquelles tous les acteurs aient pour mission de vous aider à atteindre vos objectifs et où votre propre progression reposerait sur votre capacité à aider les autres à réussir.

Imaginez des entreprises qui vous offrent des perspectives de carrière sans limites, au sein desquelles vous puissiez progresser à votre rythme et ayez la possibilité de constituer et animer votre propre équipe.

Imaginez un métier qui puisse changer votre vie… ce métier est celui de la vente directe et il sera bientôt le vôtre.

À propos de ce livre

Ce projet d'ouvrage a été initié en partenariat avec la Fédération de la Vente Directe ; il a pour vocation de faire connaître et de faire comprendre la vente directe. Il vise également à promouvoir une pratique éthique du métier dans le respect de la déontologie professionnelle.

Ce livre est le fruit d'un travail collectif qui a fait intervenir de nombreux acteurs du secteur – chefs d'entreprise, responsables de formation, responsables régionaux, conseillers de vente… – qui se sont investis dans le projet avec beaucoup d'énergie et d'enthousiasme dans l'objectif de vous faire partager leur expérience du métier.

Convention d'écriture

Vente directe ou vente à domicile

Vous entendez tantôt parler de vente directe, tantôt de vente à domicile. Vous vous demandez s'il s'agit bien de la même chose, vous vous sentez un peu perdu… et c'est bien normal ! La « vente directe » est en réalité le nouveau nom de l'ancienne « vente à domicile ».

Il fut un temps où la vente directe portait la dénomination de « vente à domicile » ; c'est ainsi que le statut spécialement conçu pour les vendeurs de ce secteur dans les années 1990 a pris le nom de Vendeur à Domicile Indépendant (VDI).

Avec l'évolution des pratiques dans cette profession, et notamment l'abandon quasi généralisé de la méthode dite du « porte-à-porte » consistant à rendre une visite impromptue à un particulier à son domicile, le terme de « vente à domicile », qui était associé à des pratiques désormais dépassées, ne semblait plus approprié.

Il a donc fallu trouver un nouveau nom et, dans un souci d'uniformisation au niveau international, le choix a été fait d'utiliser la traduction littérale du terme anglo-saxon « *direct selling* » et de baptiser ce mode de vente « vente directe ». La seule contrainte que présentait cette nouvelle dénomination est qu'elle avait déjà une signification en français et servait à désigner de façon plus large la vente du producteur (agricole en particulier) directement au consommateur ; c'est pourquoi au niveau juridique, ce mode de vente continue de s'intituler « vente à domicile ».

Par ailleurs, le terme de « vente à domicile » reste très répandu dans le langage courant et il est encore largement utilisé par les entreprises de vente directe.

Le choix des mots

Les entreprises de vente directe débordent d'imagination lorsqu'il s'agit de désigner les acteurs de leur réseau et les termes relatifs au métier en général. Chaque entreprise a un vocabulaire qui lui est propre, si bien qu'il est parfois difficile de s'y retrouver : un vendeur direct est tantôt appelé conseiller de vente, ambassadeur, délégué ou encore styliste ; une réunion de vente peut prendre le nom d'atelier, party, escale, café déco...

Un glossaire en fin de livre vous aidera à comprendre les termes utilisés dans ce livre.

Le choix du genre

Dans une profession féminine à près de 80 %, nous avons pourtant fait le choix d'utiliser le masculin dans l'ensemble du livre : nous parlerons donc du client, de l'hôte, du conseiller vente...

La grammaire certes nous l'imposait, cependant, ce choix ne repose pas exclusivement sur des considérations grammaticales. Nous voulions nous adresser à vous, messieurs, qui êtes de plus en plus nombreux à faire le choix d'exercer cette activité et encourager ainsi la gente masculine à trouver sa place dans ce secteur.

Bienvenue messieurs dans le monde de la vente directe !

Comment ce livre est organisé ?

Ce livre suit la chronologie de la vie d'un vendeur direct, depuis la découverte du métier de conseiller de vente jusqu'à l'accession à des fonctions d'animation. Nous vous guiderons pas à pas dans le démarrage de votre activité, la réalisation de vos premières ventes et dans votre quotidien en tant que vendeur direct. Nous vous apporterons des conseils pour vous aider à vous épanouir dans l'exercice de votre activité et parvenir à atteindre vos objectifs.

Première partie : Comprendre la vente directe

Cette première partie a pour vocation de vous initier aux fondamentaux de la vente directe : vous faire découvrir ce mode de distribution sous toutes ses formes, vous faire comprendre le cadre législatif encadrant la pratique de ce métier et vous présenter les principales caractéristiques du statut juridique sous lequel vous exercerez bientôt votre activité.

Deuxième partie : Démarrer une activité de vente directe

Le démarrage d'une activité de vente directe soulève parfois des interrogations et quelques appréhensions : « Suis-je fait pour ce métier ? » ; « Est-ce que ça va me plaire ? » ; « Vais-je être accompagné ? ». Nous vous aiderons dans cette partie à répondre à ces questions et à faire le choix de vous lancer dans l'aventure. Cette partie constituera par ailleurs un guide pour effectuer vos premiers pas dans ce métier en toute sérénité, entrer dans la peau du vendeur direct et adopter la bonne attitude dans l'exercice de votre activité.

Troisième partie : Réaliser une vente

Dans cette partie, vous découvrirez comment trouver des consommateurs potentiels et éveiller leur curiosité afin de « dater » avec eux des rendez-vous ou des réunions de vente. Vous apprendrez à animer avec aisance une réunion de vente ou encore à conduire un entretien de vente en individuel.

Quatrième partie : Le quotidien du vendeur direct

Plongez dans le quotidien d'un vendeur direct et apprenez à organiser votre agenda, optimiser votre temps, assurer le suivi de votre clientèle, organiser des journées portes ouvertes ou communiquer sur votre activité *via* Internet.

Nous verrons également dans cette partie comment le réseau tout entier sera là pour vous soutenir au quotidien dans votre activité à travers des rencontres, des réunions d'équipe, des challenges, des voyages…

Cinquième partie : Coopter et accompagner de nouveaux vendeurs

Coopter de nouveaux vendeurs fera partie de vos missions dès le démarrage de votre activité. Dans cette partie, vous apprendrez à identifier des recrues potentielles et les inviter à rejoindre votre équipe.

Si vous voulez donner une nouvelle dimension à votre carrière en accédant à des fonctions d'animation, vous découvrirez dans cette partie comment accompagner un nouveau vendeur et animer une équipe de vente.

Sixième partie : La partie des Dix

Comme le veut la tradition, nous clôturerons ce livre par la partie dite des « Dix » en vous révélant les dix clés du succès et en vous apportant le témoignage de dix acteurs du métier.

Les icônes utilisées dans ce livre

Cette icône a pour objectif d'attirer votre attention sur des précisions intéressantes apportées au texte.

Cette icône vous permettra d'identifier les conseils et astuces que nous avons distillés à travers le livre.

Les textes juridiques sont des citations issues du Code de la consommation, du Code éthique de la vente directe ou du Code de conduite des entreprises de vente directe.

Comment trouver ses mots dans une situation de vente ? Comment entrer en communication avec un prospect ? Nous vous proposerons des exemples de phrases et de formulations à employer. Attention, ces phrases ont pour seul objectif de vous guider dans votre discours, ne prononcez jamais des mots qui ne vous ressemblent pas ou qui ne vous viennent pas naturellement.

Des conseillers de vente partagent avec vous leur expérience du métier.

Des chefs d'entreprises, des responsables de formation, des responsables régionaux, des consultants et des juristes se sont réunis autour de ce livre pour vous apporter leurs conseils et vous faire part de leur expérience ou leur vision du métier.

Avertissement

La vente directe est une profession extrêmement diversifiée : certains d'entre vous l'exerceront de façon occasionnelle, d'autres s'y investiront à plein temps ; certains l'exerceront en tant qu'indépendants, d'autres en tant que salariés ; certains réaliseront leurs rendez-vous de vente en réunion, d'autres en individuel ; certains vendront des biens de consommation courante (cosmétiques, accessoires de mode, produits d'entretien), d'autres proposeront des services notamment dans l'amélioration de l'habitat… et c'est ce qui fait la richesse de ce métier.

Nous avons la mission délicate de nous adresser à chacun d'entre vous, quelle que soit l'entreprise que vous représentez ou le statut sous lequel vous exercez. Les méthodes de vente étant propres à chaque entreprise et à chaque secteur d'activité, il se peut que certaines recommandations que nous formulerons ou certains conseils que nous vous apporterons soient en contradiction avec les méthodes enseignées dans votre entreprise. Si tel est le cas, **nous vous recommandons de vous conformer aux méthodes enseignées par votre entreprise de vente directe**.

Par où commencer

Si vous vous interrogez sur la possibilité de démarrer une activité de vente directe, nous vous recommandons de vous concentrer dans un premier temps sur les chapitres 1 (« Qu'est-ce que la vente directe ? ») et 4 (« Devenir vendeur direct, pourquoi pas moi ? »), qui vous aideront à prendre votre décision.

Au démarrage de votre activité, vous éplucherez à votre rythme l'intégralité du livre afin de comprendre de façon plus précise ce mode de distribution, vous initier aux méthodes de vente et bénéficier de conseils pratiques.

Avec le temps, vous prendrez de l'assurance dans la pratique de votre métier et ce livre n'aura plus besoin de vous suivre partout. Vous pourrez cependant vous y replonger de temps en temps pour vous rafraîchir la mémoire concernant une thématique en particulier ou revenir sur des points de formation que vous auriez besoin de retravailler.

Enfin, lorsque vous accèderez à des fonctions d'animation, vous irez rechercher cet ouvrage dans votre bibliothèque, car il vous aidera à trouver les mots pour expliquer ce métier à vos recrues et les accompagner dans le démarrage de leur activité.

Première partie

Comprendre la vente directe

Dans cette partie…

Vous venez de découvrir le métier de vendeur direct, vous êtes plein d'ardeur et d'entrain, vous n'avez qu'une hâte : partir à la rencontre de vos premiers clients. Cependant, nous ne vous laisserons pas démarrer votre activité sans nous assurer que vous maîtrisez quelques notions de base sur ce métier, comme la définition de la vente directe, les règlementations qui régissent ce métier et les caractéristiques du statut sous lequel vous exercerez bientôt votre activité.

Chapitre 1

Qu'est-ce que la vente directe ?

Dans ce chapitre :

- Comprendre ce qu'est la vente directe
- Maîtriser les fondamentaux du métier
- Découvrir les différents modes de vente

La vente directe est à la fois un mode de distribution moderne qui répond aux attentes d'un consommateur exigeant à la recherche d'une humanisation des relations commerciales et une profession réglementée et structurée qui offre de multiples opportunités à quiconque souhaite se lancer dans une activité commerciale originale et épanouissante.

Pourtant, la vente directe est souvent mal perçue et souffre parfois d'une image erronée. Elle a tendance à être confondue avec le métier de colporteur ou vendeur ambulant ; elle est régulièrement associée à l'image un peu désuète de réunions de « bonnes femmes » se retrouvant autour d'un thé pour parler cuisine. Elle est souvent assimilée à des pratiques commerciales intrusives et agressives et fait parfois l'objet d'amalgames avec des organisations illégales connues sous le nom de ventes pyramidales. À travers ce chapitre, nous vous aiderons à démêler le vrai du faux et vous proposerons une définition simple de la vente directe.

La vente directe, un mode de distribution

La vente directe est avant tout un mode de distribution, une façon pour une entreprise de distribuer ses produits à une clientèle.

Une entreprise qui souhaite distribuer un produit ou un service à des particuliers dispose de trois options :

- **la vente en magasin** : la voie la plus classique ; l'entreprise ouvre un ou plusieurs magasins spécialisés ou s'adresse à la grande distribution ;
- **la vente à distance** : l'entreprise crée un site de e-commerce et propose ses produits en ligne ; elle peut également opter pour la vente par correspondance ;
- **la vente directe** : l'entreprise rencontre le consommateur final pour lui présenter ses produits.

Une définition de la vente directe

Le Code éthique de la vente directe nous offre la définition suivante de ce mode de distribution :

« *La vente directe est une démarche commerciale qui se caractérise par la présence physique effective d'un consommateur et d'un vendeur hors d'un magasin.* »

Décryptons cela.

La présence physique du consommateur et du vendeur

Cette démarche commerciale a la particularité de nécessiter la présence physique du consommateur.

À une époque où des moyens de communication divers et variés se développent à une vitesse fulgurante, cette particularité devient presque une originalité. Le consommateur ne peut pas se contenter d'être là par téléphone, par vidéoconférence, ni même par hologramme, il doit être devant vous en chair et en os. Ce mode de vente, par son essence-même, favorise ainsi les relations humaines.

À NOTER

La présence physique est nécessaire lors de la vente. En revanche, la première prise de contact peut s'effectuer à distance, par téléphone par exemple.

Une vente hors magasin

La vente directe concerne exclusivement les ventes réalisées « *dans un lieu privé habituellement non destiné à la vente* », cela exclut donc :

- la vente en magasin ;
- la vente sur un marché ou une foire ;
- la vente sur un lieu public, y compris la rue elle-même.

Mais alors, que reste-il ? Les ventes s'effectueront essentiellement au domicile d'un client ou d'un hôte (c'est pourquoi elle est couramment appelée vente à domicile). Vous pourrez également faire preuve d'originalité et organiser, si votre société vous y autorise, des ventes sur votre lieu de travail ou dans tout autre lieu privé non destiné à la vente : halls d'hôtels, locaux d'associations…

À destination des particuliers

Le Code éthique de la vente directe définit par ailleurs le consommateur comme étant une personne physique qui effectue un achat en dehors de son champ de compétence professionnel.

Cela exclut donc :

- les entreprises ;
- les achats à usage professionnel. Si, par exemple, vous vendez des produits de soin à une esthéticienne pour qu'elle les utilise dans le cadre de son activité, vous sortez du champ de la vente directe.

Le champ d'application

Un secteur plus vaste qu'il n'y paraît

Lorsqu'il est question de vente directe, il est généralement fait référence aux sociétés qui choisissent ce mode de distribution comme canal principal ou exclusif.

Cependant, ces entreprises ne sont pas les seules à faire de la vente directe : votre plombier qui est venu remplacer votre chaudière était chez vous et en votre présence lorsqu'il vous a fait signer un devis pour une prestation de service… il fait donc de la vente directe. Votre coiffeuse qui est venue chez vous rafraîchir votre coupe fait, elle aussi, de la vente directe. Si l'on s'en tient à la définition, on se rend compte que nombreux sont les acteurs économiques qui font de la vente directe, souvent sans le savoir.

À NOTER

Certaines ventes réalisées par des vendeurs en magasin sont par ailleurs considérées comme du démarchage à domicile et relèvent ainsi de la législation de la vente directe. Il s'agit de ventes pour lesquelles le client a été sollicité personnellement et individuellement en dehors du magasin tandis que la conclusion de la vente qui s'en est suivie a eu lieu en magasin.

Quelques exclusions

Un certain nombre d'activités sont exclues du champ d'application de la vente directe alors qu'elles ont lieu au domicile du consommateur et ne relèvent pas de la réglementation propre à ce mode de distribution. On citera notamment :

- la vente de denrées alimentaires de consommation courante livrées lors de tournées fréquentes et régulières au domicile du particulier : typiquement, la tournée du boulanger ;
- les contrats portant sur des services financiers ;
- les jeux d'argent ;
- les forfaits touristiques ;
- etc.

Un secteur en pleine expansion

Ce secteur, qui n'a cessé de croître ces dernières années, occupe une place importante dans le paysage économique français. La vente directe représentait en France en 2014 :

- 4,04 milliards d'euros de chiffre d'affaires ;
- 624 600 emplois, dont 562 000 vendeurs et managers commerciaux ;
- 25 100 emplois nets créés en 2014.

(source : Baromètre de la Vente Directe, AGEFOS PME / FVD)

Un mode de distribution « V.I.P. »

Des différents modes de distribution existants, la vente directe est probablement celui qui offre le service le plus haut de gamme à ses clients, répondant ainsi aux exigences des consommateurs.

Le consommateur potentiel recevra chez lui un conseiller de vente spécialisé qui prendra le temps de l'écouter, le conseiller et lui permettra de tester les produits. Ses achats lui seront livrés à domicile et le conseiller de vente prendra soin de s'assurer personnellement que son client est satisfait.

Êtes-vous aussi bien traité dans votre supermarché ?

Un service de proximité

Le conseiller de vente se déplace au domicile du consommateur ou de l'un de ses proches. L'offre de produit vient directement au client et lui est présentée dans un cadre privé et confortable, loin des foules des grandes surfaces.

Dans les zones rurales, la proximité constitue un atout important de ce mode de distribution du fait de la disparition des petits commerces de proximité dans les campagnes.

Une information complète et un conseil personnalisé

En vente directe, le client reçoit une information complète autour du produit qu'il achète. Il est accompagné dans la découverte de l'offre par un conseiller de vente compétent qui sera là pour l'initier à l'utilisation du produit et lui offrira la possibilité d'expérimenter ce dernier : le voir, le toucher, le goûter, le tester…

Ce mode de distribution est souvent réservé à des produits innovants qui nécessitent d'apporter au consommateur une explication ou un enseignement concernant son utilisation.

À travers ce mode de distribution, le client bénéficie par ailleurs d'un conseil personnalisé. Il est guidé dans son choix par un conseiller de vente qui prendra le temps de l'écouter et d'identifier le produit qui correspondra le mieux à ses besoins et ses attentes.

Une relation humaine de qualité

Entre l'explosion du commerce en ligne et la banalisation des grandes surfaces qui ne favorisent pas le lien social, la vente directe fait figure d'exception et répond à un besoin du consommateur d'humaniser les relations commerciales.

Par son essence même, elle nécessite la présence physique d'un acheteur et d'un vendeur et favorise ainsi le contact. La vente a lieu principalement au domicile du consommateur ; le distributeur, en entrant dans l'intimité de ce dernier, instaure une relation plus personnelle et plus conviviale avec lui. Le vendeur fait la démarche d'entrer en contact avec un consommateur potentiel, il prend le temps de l'écouter et de le conseiller. Les relations de vente s'inscrivent généralement dans la durée, avec des clients fidèles qui s'adressent toujours au même vendeur. En vente directe, chaque client est accompagné dans toutes les étapes de son parcours d'achat par un interlocuteur privilégié : le conseiller de vente.

Un service après-vente de luxe

Le client bénéficie d'un service après-vente de luxe. Son conseiller de vente le rappellera suite à son achat pour s'assurer de sa satisfaction. Par ailleurs, s'il a une question concernant l'utilisation d'un produit, il n'est pas contraint de contacter le numéro vert d'un standard téléphonique situé à l'étranger, il peut appeler son conseiller de vente dont il a les coordonnées personnelles, qui habite près de chez lui et qui prendra le temps de lui répondre.

Ce service « V.I.P. » est très couteux pour l'entreprise de vente directe, qui redistribue une partie significative de ses marges à son réseau de vente pour les prestations apportées. Cette démarche ne se justifie que pour des produits innovants qui nécessitent un conseil personnalisé et une éducation autour du produit.

La vente directe, un métier unique

Nous avons défini la vente directe comme étant un mode de distribution ; cependant, il serait bien réducteur de s'en tenir là. La vente directe constitue également pour

600 000 personnes en France un métier qu'elles exercent à leur rythme, souvent en toute indépendance et selon des méthodes de vente bien précises. Un métier qui leur permet de gagner leur vie et de s'épanouir dans leur travail.

Un métier qui a bien changé !

Si vous vous figurez le métier de vendeur direct comme celui d'un colporteur ou un vendeur ambulant, vous vous projetez déjà, une mallette à la main, errant de quartier en quartier, cognant à toutes les portes en espérant qu'elles ne se referment pas trop violemment devant vous.

Rassurez-vous, tout cela a bien changé. La vente directe dispose à présent de méthodes efficaces, en phase avec les exigences du consommateur moderne. Elle est un mode de distribution respectueux des intérêts du client, ce qui est bien plus agréable pour tout le monde, à commencer par vous !

Les méthodes actuelles en vente directe consistent à s'appuyer dans un premier temps sur son réseau relationnel et l'utiliser comme un tremplin pour se constituer ensuite une clientèle plus large en faisant fonctionner le phénomène du bouche-à-oreille.

S'appuyer sur son réseau relationnel

Nous l'avons vu, la vente directe s'adresse exclusivement à des particuliers. Or, des particuliers, vous en connaissez plein : votre mère, votre meilleur ami, votre voisine, votre épicier… tous sont concernés. Alors pourquoi aller chercher plus loin ? Dans un premier temps, c'est à eux que vous vous adresserez.

La vente directe repose au démarrage sur la recommandation et la promotion, par le vendeur, des produits de l'enseigne auprès de son entourage. Vous aimez faire découvrir à vos amies votre magasin de vêtements préféré ? Vous faites souvent déguster à vos convives des vins dont vous raffolez et en parlez avec un enthousiasme contagieux ? Vous avez converti nombre de vos proches au robot de cuisine dont vous avez récemment fait l'acquisition ? Eh bien, bonne nouvelle, vous pratiquez déjà les méthodes de la vente directe ! Nous n'avons plus rien à vous apprendre. Et bientôt, vous serez payé pour ça !

Si, pour les produits de consommation courante, l'exploitation du réseau relationnel peut suffire à démarrer le développement d'une clientèle, la vente de produits moins usuels, notamment dans le secteur de l'amélioration de l'habitat, peut nécessiter le recours à des méthodes plus traditionnelles. Dans ce cas, votre enseigne vous fournira des fichiers de prospects à exploiter, vous participerez à des foires ou salons afin de collecter des contacts, vous vous adresserez à des prescripteurs qui vous fourniront des adresses, etc.

Faire fonctionner le bouche-à-oreille positif

Vous avez beau être extrêmement sociable, votre carnet d'adresses a ses limites. Une fois que vous aurez équipé tous vos amis en cosmétiques, ustensiles de cuisine, ou produits d'entretien, il vous faudra trouver une nouvelle source de contacts. C'est pourquoi les méthodes de vente directe s'appuient également sur le bouche-à-oreille positif et les recommandations de clients satisfaits.

Une fois que vous aurez converti vos proches à vos produits, ce sont eux qui iront communiquer leur enthousiasme auprès de leur propre entourage. Vous ne pourrez malheureusement pas compter sur eux pour faire tout le boulot à votre place et rameuter en nombre des prospects déjà convaincus. Faire fonctionner le bouche-à-oreille est une démarche active qui consiste à inciter des clients et des proches à vous mettre en relation avec des consommateurs potentiels ou à vous communiquer leurs coordonnées. Les enseignes prévoient souvent des remises ou des cadeaux pour ces clients prescripteurs dans le cas où les contacts fournis déboucheraient sur des ventes.

Suivant l'adage « Les amis de mes amis sont mes amis », vous étendrez ainsi votre réseau et développerez votre clientèle.

Nous verrons que le mode de vente dit « par réunion » est extrêmement propice au fonctionnement du bouche-à-oreille dans la mesure où un hôte invite des proches à participer au rendez-vous de vente et vous met ainsi en relation avec des consommateurs potentiels de son entourage.

Un métier ouvert à tous

Nous verrons plus en détail au chapitre 4 que ce métier est ouvert au plus grand nombre d'entre vous, indépendamment de votre passé, de votre situation présente et de vos ambitions pour l'avenir.

Indépendamment de votre parcours

Quels que soient votre formation et votre parcours professionnel, vous pourrez exercer le métier de vendeur direct. Cette profession regroupe des profils aux parcours les plus divers : certains ont étudié la physique, d'autres le droit ; certains sont comptables, d'autres instituteurs ; certains sont d'anciens militaires, d'autres des cadres à la retraite… et c'est ce qui fait sa richesse !

Cette profession attire de plus en plus de personnes très diplômées à la recherche de nouvelles perspectives dans leur vie professionnelle.

Indépendamment de votre situation présente

Que vous soyez salarié, chômeur, étudiant ou retraité, il vous est possible d'exercer une activité de vente directe et de cumuler plusieurs sources de revenus.

Par ailleurs, cette activité vous sera accessible quelle que soit votre situation financière. Aucun investissement initial ne pourra vous être demandé.

Indépendamment de vos ambitions pour l'avenir

Que vous souhaitiez exercer ce métier de façon temporaire – pour financer vos études par exemple – ou que vous ayez l'ambition de faire carrière dans cette profession, vous êtes les bienvenus !

Lorsque vous démarrerez une activité de vente directe, il ne vous sera pas demandé de prendre un engagement dans la durée, vous serez libre de vous arrêter quand vous le souhaiterez.

Un métier que l'on pratique à son rythme

Le secteur de la vente directe offre de multiples possibilités permettant à chacun d'exercer ce métier à son rythme, en fonction de ses envies et de ses contraintes. Vous choisirez le temps que vous souhaitez consacrer à cette nouvelle activité : en complément de revenu, en multi-activités ou à temps plein.

En complément de revenu

Pour 31 % des vendeurs, l'activité de vente directe constitue un simple complément de revenu (source : Baromètre de la Vente Directe AGEFOS PME / FVD, 2015).

Si vous avez déjà un emploi à temps plein ou un agenda bien rempli, vous pouvez choisir de ne consacrer que quelques heures par semaine à votre activité. Votre rémunération constituera un simple complément de revenu pour arrondir vos fins de mois et améliorer votre quotidien.

En multi-activités

29 % des conseillers de vente pratiquent la vente directe en multi-activités (source : Baromètre de la Vente Directe AGEFOS PME / FVD, 2015).

Si vous avez un emploi à temps partiel ou une activité occasionnelle mais que cette dernière ne vous permet pas de couvrir toutes vos dépenses, vous pouvez choisir de consacrer plusieurs heures par jour ou quelques jours par semaine à votre nouvelle activité de vendeur direct. Vous percevrez une rémunération conséquente qui viendra compléter une autre source de revenu.

À temps plein

40 % des vendeurs consacrent l'intégralité de leur temps professionnel à la vente directe (source : Baromètre de la Vente Directe AGEFOS PME /FVD, 2015).

La vente directe peut constituer une activité à temps plein et vous permettre d'accéder à une indépendance financière. Votre revenu se construira avec le temps et évoluera en fonction de votre implication et du sérieux de votre démarche.

À NOTER

Le temps consacré à l'activité n'est pas une décision définitive, il est très fréquent de démarrer la vente directe pour dégager un simple complément de revenu puis d'y consacrer progressivement de plus en plus de temps jusqu'à en faire son activité principale.

Un métier qui s'exerce en toute indépendance

Le vendeur direct est l'acteur de son propre succès

Dans votre activité de vente directe, vous serez l'acteur de votre succès, vous devrez fixer vos propres objectifs et vous donner les moyens de les atteindre.

Cela ne signifie pas que vous serez abandonné à votre sort : vous aurez à votre disposition tout l'accompagnement dont vous aurez besoin, mais ce sera à vous de faire la démarche d'aller chercher ce soutien et de l'utiliser au mieux.

Une grande souplesse d'organisation

La vente directe est une activité qui offre une grande flexibilité. Elle peut, dans la plupart des cas, se pratiquer « à la carte » et s'adapter à votre emploi du temps. Cette souplesse ne vous sera pas offerte dans beaucoup d'autres métiers ; essayez, dans une entreprise « classique », de demander à votre chef d'ajuster vos horaires de travail pour vous permettre de suivre votre cours de yoga du jeudi matin, récupérer les enfants à la sortie de l'école et partir en vacances quand bon vous semble… il est peu probable qu'il accepte !

Cette souplesse constitue un des grands avantages de la vente directe ; cependant, elle exigera de vous une certaine autodiscipline. Personne ne vous contraindra à vous lever le matin pour vous mettre au travail ou passer vos coups de fil de prospection alors que vous pourriez rester affalé devant votre feuilleton préféré.

Un métier profondément humain

Par la teneur des relations que vous entretiendrez avec vos clients et votre équipe, ce métier sera une source de satisfaction et d'épanouissement.

La vente directe, un créateur de lien social

Vous l'aurez sans doute constaté, nous vivons dans une société qui favorise peu le lien social, le dialogue et les échanges conviviaux. Les relations de voisinage se limitent souvent à de simples salutations et le dialogue avec la caissière du supermarché se réduit au strict minimum au nom de l'efficacité.

La vente directe va à contre-courant de cette tendance : vous tisserez avec vos clients de vraies relations, sincères et durables. Vous prendrez le temps de partager avec eux des moments de complicité et de convivialité, des fous rires, des séances de papotage…

PAROLE D'EXPERT

Le lien est aussi important que le bien

« Le conseiller en vente directe est avant tout un prescripteur passionné par un univers ou une culture produit et qui souhaite faire connaître la valeur ajoutée de son offre auprès de son réseau relationnel. La recherche de nouveaux clients ou de prescripteurs pour constituer une équipe de conseillers implique de générer du lien social autour de soi et de le maintenir. Les rendez-vous de clientèle à domicile, notamment par atelier, favorisent la création d'un lien privilégié avec les consommateurs mais aussi entre les consommateurs !

Le succès de la vente directe à domicile repose ainsi sur une relation client de grande proximité et des réseaux de clients fidèles qui prennent plaisir à partager ensemble des expériences de consommation autour de produits souvent très innovants. Ce canal de distribution représente à ce titre une réponse moderne et dynamique à la crise du lien social qui caractérise nos sociétés.

En vente directe, le lien est donc aussi important que le bien proposé. Le lien social nourrit l'échange, la confiance du consommateur envers une marque, le partage, la transmission des connaissances sur les produits et sa passion. La vente directe a encore une marge de progression très importante devant elle. »

Jean-Laurent Rodriguez,
consultant expert en vente directe.

Vous serez le premier à retirer de la satisfaction de la qualité des relations que vous aurez instaurées avec vos clients. Nombreux sont les conseillers de vente qui ont tissé de forts liens d'amitié avec certains de leurs clients.

« J'ai rencontré une de mes meilleures amies grâce à mon métier de conseillère de vente. Elle a participé à une vente puis est devenue une hôtesse et une cliente fidèle. Il n'est pas rare que des conseillères se lient d'amitié avec leurs clientes, car nous partageons souvent la même passion pour la mode et nous vivons des moments de complicité qui nous rapprochent. »

Sandrine, conseillère de vente dans le prêt-à-porter.

Des relations de travail uniques

Les relations au sein d'une entreprise de vente directe reposent, par la nature même de l'organisation mise en place, sur l'entraide et la solidarité.

Le commissionnement de votre animateur d'équipe dépendra des ventes que vous réalisez, sa réussite passe donc nécessairement par la vôtre. Si vous gagnez de l'argent, il en gagne ; si vous réussissez, il réussit. Son rôle est donc de vous aider à progresser.

Dans ce système d'organisation, l'entraide et la solidarité deviennent des impératifs. Cela bouleverse les relations professionnelles de l'entreprise : personne ne vous mettra de bâtons dans les roues de peur que vous lui piquiez sa place ; personne ne vous freinera dans votre développement sous prétexte que vous êtes un novice. Au contraire, toute progression sera encouragée, toute initiative sera saluée.

Un métier qui permet de gagner sa vie

Dernier élément mais non des moindres, cette activité vous permettra de gagner votre vie ou de vous constituer une source de revenu complémentaire.

Combien vais-je gagner ?

À ce sujet, vous avez entendu tout et son contraire. Certains vous font miroiter des sommes mirobolantes, des voyages au bout du monde, une voiture de fonction… D'autres vous dépeignent le métier comme une vaste escroquerie : on vous fera débourser des montants colossaux au démarrage pour finalement vous laisser sans le sou ni l'espoir de récupérer votre mise.

Vous vous demandez à juste titre où est la vérité dans tout cela et combien votre activité pourra bien vous rapporter.

Les revenus d'un vendeur direct peuvent osciller entre quelques centaines d'euros et plusieurs dizaines de milliers d'euros par mois (cela ne vous aide probablement pas à y voir plus clair !). Ils sont fonction de ses performances et, par conséquent, d'une multitude de facteurs : le temps consacré à l'activité, l'énergie déployée, la motivation, le professionnalisme de la démarche, la qualité de l'accompagnement de l'entreprise qu'il représente... et bien d'autres éléments encore.

Impossible donc de vous donner une réponse satisfaisante à la question « Combien vais-je gagner ? ». Prenons plutôt le problème dans l'autre sens : demandez-vous combien vous voulez que votre activité vous rapporte et ce que vous en attendez ; nous vous dirons ce qu'il faudra mettre en œuvre pour y arriver et le temps nécessaire pour atteindre cet objectif.

Votre objectif est de gagner :

- **Un peu d'argent de poche :** Vous voulez vous faire plaisir, sortir un peu plus souvent au restaurant, renouveler plus régulièrement votre garde-robe sans culpabiliser. Avec un peu de méthode et d'énergie, vous devriez réussir à dégager quelques centaines d'euros par mois après quelques semaines d'activité seulement.
- **Un complément de revenu :** Vous avez besoin de compléter les revenus d'un travail à temps partiel ou d'une petite retraite ; vous dépendez de ces revenus pour payer vos factures. Votre objectif est de dégager 500 à 1 000 € par mois. Vous devrez pour cela consacrer plusieurs heures par jour ou quelques jours par semaine à votre activité. Quelques mois seront peut-être nécessaires pour atteindre votre objectif.
- **Un salaire confortable :** Vous souhaitez gagner votre indépendance financière. Pour parvenir à vivre de votre activité, payer votre loyer et vos factures, il faudra du temps, plusieurs mois en général. Il vous faudra tout d'abord apprendre le métier, acquérir de nouvelles compétences mais également développer et fidéliser une clientèle et éventuellement effectuer vos premiers

recrutements en vue de constituer une équipe. En vous impliquant à 100 % dans votre nouvelle activité, vous dégagerez des revenus oscillant entre 1 200 € et 3 000 € par mois.

- **Des revenus élevés :** Vous rêvez de rouler en Porsche, de vivre dans une grande maison avec piscine et de payer l'ISF, c'est à votre portée ! D'autres l'ont fait, alors pourquoi pas vous ? En revanche, il vous faudra un peu de patience et beaucoup d'efforts, ce ne sont pas quelques mois mais plusieurs années de travail qui seront nécessaires pour en arriver là. Par ailleurs, la seule activité de vente ne suffira pas à dégager des revenus à 5 chiffres ; pour y parvenir, vous devrez accéder à des fonctions d'animation en recrutant des vendeurs qui recruteront eux-mêmes des vendeurs, et animer toute cette équipe.

La vente directe, un ascenseur social

La vente directe est une des rares activités qui permettent à tout un chacun – quel que soit son origine sociale, son niveau d'étude, son patrimoine initial – d'améliorer radicalement son niveau de vie. Cette possibilité unique vous donnera, dès le démarrage, le sentiment d'être réellement maître de votre destin.

Au-delà de la réussite personnelle, cette particularité de la vente directe constitue un vrai idéal de vie, pour qui souhaite faire avancer la société vers plus d'égalité des chances et une meilleure rétribution du travail et de l'effort. Par le recrutement de nouveaux vendeurs, vous aurez la possibilité d'offrir à des proches l'opportunité de sortir de la situation dans laquelle ils se trouvent et d'envisager une vie meilleure.

« J'ai commencé à travailler à 16 ans. Après un apprentissage dans le bâtiment, je suis devenu mécanicien d'engins de chantier. Ce n'est qu'à 30 ans que j'ai intégré une entreprise de vente directe spécialisée dans l'amélioration de l'habitat. Je me suis tout de suite senti très à l'aise dans ce métier pour lequel j'étais assez doué. En quelques années, mes perspectives de vie ont complètement changé. Aujourd'hui, je suis propriétaire d'une maison et mes enfants auront la chance de pouvoir faire des études. »

Pascal, responsable d'une équipe de vente.

Les entreprises de vente directe

De nombreuses entreprises choisissent la vente directe comme mode de distribution principal ou exclusif de leurs produits. On les appelle les entreprises de vente directe. Elles peuvent être classifiées selon leur mode de vente (en individuel ou en réunion) ou le statut sous lequel exercent leurs vendeurs (salariés ou indépendants).

Deux modes de vente

Dans le cadre d'une démarche commerciale en vente directe, les rendez-vous de vente peuvent prendre deux formes : en individuel ou en réunion. Le mode de vente choisi par l'entreprise dépend généralement du type de produit ou service vendu.

La vente en individuel

Dans le cadre d'une vente en individuel, la présentation de l'offre s'adresse à un seul consommateur potentiel, en présence éventuelle d'autres membres du foyer, après identification d'un besoin spécifique.

Ce mode de vente est très consommateur de temps, car le vendeur direct devra se déplacer au domicile de chaque prospect individuellement. Cette démarche est justifiée uniquement :

- lorsque le montant d'une commande unitaire est important (les produits dits *high-ticket*) ou lorsque le produit nécessite des commandes récurrentes régulières ;
- lorsque la vente du produit requiert des conseils personnalisés qu'il est préférable de promulguer en individuel.

Ce mode de vente est souvent pratiqué dans des entreprises du secteur de l'amélioration de l'habitat, car le conseiller de vente a besoin de voir les lieux pour effectuer son diagnostic. Il est également utilisé pour la vente de produits diététiques pour lesquels les clients ont besoin d'un suivi personnalisé.

On retrouve parmi les entreprises qui pratiquent la vente en individuel : Culligan, NL International, K par K…

La vente par réunion

La vente par réunion est un mode de vente original qui consiste à demander à un hôte ou une hôtesse d'inviter des proches à venir participer à une vente. Le vendeur présente les produits de l'enseigne au groupe de prospects ainsi réunis.

Les produits vendus en réunion sont généralement des produits de consommation courante à faible valeur unitaire : ustensiles de cuisine, accessoires de mode, produits de beauté et d'entretien… La vente par réunion convient particulièrement à ce type de produits, car elle permet de regrouper les commandes afin d'éviter au vendeur des trajets disproportionnés par rapport au montant individuel de vente.

Il s'agit traditionnellement de produits destinés aux femmes, particulièrement friandes de ces après-midis entre copines qui sont l'occasion de papoter et échanger des conseils sur l'utilisation des produits. Cependant, ce mode de vente s'ouvre progressivement à des profils plus masculins.

La plus connue des entreprises de vente en réunion est Tupperware, cependant bien d'autres pratiquent ce mode de vente : Stanhome, Partylite, Captain Tortue, Victoria…

La vente par réunion favorise le phénomène de bouche-à-oreille ; en accueillant des proches à une réunion, l'hôte aide le vendeur à enrichir son carnet d'adresses. Parmi les personnes présentes à la réunion, il pourra trouver de nouveaux hôtes qui accueilleront à leur tour des personnes de leur entourage à l'occasion d'une réunion de vente.

Les origines de la vente par réunion

Au début des années 1930 aux États-Unis, en pleine crise économique, Frank Stanley Beveridge, dirigeant d'une jeune société de distribution de produits d'entretien ménager, cherche à perfectionner ses techniques de vente pour développer son activité en ces temps difficiles. Une idée originale lui vient alors de l'un de ses commerciaux : ce dernier sonne un jour chez la femme d'un pasteur occupée à recevoir des invités ; celle-ci le convie à repasser à un moment plus opportun avant de se raviser et lui propose de présenter ses produits à ses convives, s'il accepte de reverser une partie des revenus de sa vente à l'association caritative de l'église de son mari. Face au succès de cette réunion improvisée, un nouveau mode de vente voit le jour. Cette technique de vente par réunion sera, par la suite, généralisée à l'ensemble du réseau et permettra à l'entreprise Stanley Home Products (devenue aujourd'hui Stanhome) de prospérer.

Quinze ans plus tard, à la fin des années 1940, Brownie Wise intègre Stanley Home Products en tant que vendeuse. Grâce à son talent, elle progresse rapidement jusqu'à occuper des fonctions de responsable commerciale. Son chemin croise alors celui de Earl Tupper dont les fameux bols hermétiques en plastique, commercialisés sous le nom de Tupperware, peinent à se diffuser *via* des modes de distribution classiques. En effet, l'innovation nécessite des explications et une démonstration auprès de la clientèle, difficiles à réaliser en magasin. Brownie Wise, qui croit dans le potentiel de ce produit innovant, intègre la Tupperware Plastics Company pour développer un réseau de vente et de démonstration à domicile sous forme de réunions. Elle bouleversera ce mode de vente, notamment en offrant aux maîtresses de maison elles-mêmes la possibilité de commercialiser ce produit.

Ce mode de distribution original, offrant à l'époque aux femmes la possibilité de travailler, d'accéder à une autonomie financière et de sortir de l'isolement, contribuera à leur émancipation.

Sources : *International Directory of Company Histories*, vol. 15, St. James Press, 1996 ; `www.lesechos.fr`

Deux modes d'organisation

Les entreprises de vente directe se caractérisent également par leur mode d'organisation. On distinguera les entreprises ayant une majorité de vendeurs salariés des entreprises ayant recours à des indépendants, souvent sous le statut de Vendeur Indépendant à Domicile (VDI), pour distribuer leurs produits.

Des vendeurs salariés

Les entreprises qui emploient des vendeurs salariés sont assez peu nombreuses. Le recours à une main d'œuvre salariée ne se justifie que lorsque la maîtrise des caractéristiques des produits vendus requiert une grande technicité.

Un vendeur direct salarié doit se conformer au temps de travail précisé dans son contrat et doit remettre régulièrement un compte rendu d'activité à ses supérieurs hiérarchiques.

La structure de ces réseaux est assez conventionnelle avec une hiérarchie commerciale bien définie. Le vendeur gravit les échelons sur décision de ses supérieurs : de conseiller de vente, il sera promu chef d'équipe ou chef de vente, puis responsable régional si ses compétences le permettent.

Les vendeurs sont rémunérés en fonction des ventes réalisées avec généralement un minimum garanti. Lorsqu'ils accèdent à des fonctions d'animation, ils perçoivent également une commission en fonction des ventes réalisées par l'équipe qu'ils encadrent.

Les vendeurs sont encouragés à parler de leur activité dans leur entourage et inciter de nouvelles personnes à rejoindre l'entreprise ; cependant, les recrutements se font principalement *via* des canaux plus classiques : annonces, agences de recrutement…

Des vendeurs indépendants

La majorité des entreprises de vente directe ont recours à des vendeurs indépendants.

Les conseillers de vente qui intègrent ces entreprises sont généralement des vendeurs débutants qui n'ont pas ou peu d'expérience dans la vente. Ils ont la possibilité d'exercer leur activité au rythme souhaité sans devoir rendre de compte sur le temps travaillé ou les actions de prospection menées.

Les conseillers de vente ont pour mission de vendre des produits et de recruter (ou « coopter ») de nouveaux vendeurs.

Ces entreprises sont organisées par équipe. Plusieurs vendeurs sont regroupés sous la responsabilité d'un manager ou d'un animateur d'équipe chargé de les former et les accompagner au quotidien.

L'accès à des fonctions d'animation est généralement conditionné à la réalisation d'un chiffre d'affaires minimum sur plusieurs mois consécutifs, le recrutement d'un ou plusieurs vendeurs et l'approbation du manager ou du responsable régional.

La vente directe par réseau

Parmi ces entreprises qui ont recours à des vendeurs indépendants, certaines sont des entreprises dites de « vente directe par réseau » parfois appelé marketing de réseau, marketing multi-niveau (MLM) ou marketing relationnel.

Ces entreprises ont la particularité de déléguer à leur réseau d'indépendants l'intégralité de la mission de recrutement et d'animation des forces de vente.

Une grande liberté est offerte aux conseillers de vente de ces entreprises. Dès la signature de leur contrat, il leur est proposé à la fois de développer leur clientèle et de recruter des conseillers de vente. Ils constituent ainsi leur équipe dont ils assument automatiquement les fonctions d'animation.

Les entreprises de vente directe par réseau sont organisées par « lignées » : les vendeurs recrutent d'autres vendeurs qui eux-mêmes recruteront des vendeurs et ainsi de suite, sur plusieurs « générations ». Chaque conseiller est ainsi à l'origine de toute une « descendance » de vendeurs. Voici un exemple de descendance possible :

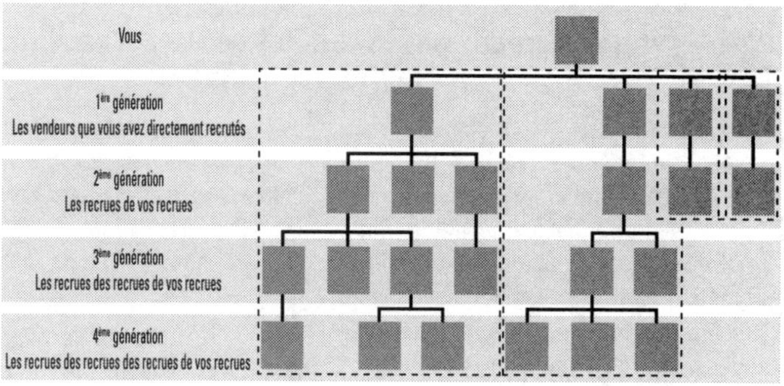

Figure 1-1 : Un exemple de « descendance ».

Chaque encart en pointillés représente ce que l'on appelle une « lignée ». Vous aurez autant de lignées que de vendeurs recrutés en direct.

Chaque vendeur est généralement rémunéré en fonction des ventes réalisées par l'ensemble de sa lignée en contrepartie d'une mission de formation et d'accompagnement auprès des vendeurs qui la composent.

Le recrutement est au centre de la préoccupation du vendeur d'une entreprise de vente directe par réseau : il cherche de nouvelles recrues aussi activement qu'il recherche de nouveaux clients et ce, dès le premier jour de son activité.

Chaque entreprise de vente directe a une organisation et des modes de rémunération qui lui sont propres. Il existe autant d'organisations que d'entreprises de vente directe, si bien qu'il est parfois difficile de catégoriser les entreprises du secteur.

Vente directe par réseau et vente pyramidale, un amalgame fréquent

La vente directe par réseau est souvent confondue avec des pratiques peu recommandables, connues sous le nom de ventes pyramidales. Cette confusion a mis à mal l'image de la vente directe par réseau qui est, quant à elle, tout à fait légale et respectueuse des intérêts du vendeur.

Essayons de comprendre le système de la vente pyramidale.

Imaginez que vous deviez effectuer une dépense importante pour entrer dans un réseau de vente qui vous promet monts et merveilles. Une fois le réseau intégré, vous vous rendez compte que les produits que vous étiez supposé distribuer ne répondent pas aux promesses que l'on vous avait faites : ils sont très peu compétitifs, ne correspondent pas aux caractéristiques annoncées ou pire, sont encore indisponibles à la vente. Ces produits sont par conséquent très difficiles à vendre. La seule solution qu'il vous reste pour récupérer l'argent que vous avez investi est de recruter, à votre tour, des malheureux qui subiront le même sort, car le simple recrutement vous fournira un gain.

On entre alors dans un cercle vicieux qui pousse l'ensemble du réseau à dissimuler la supercherie pour réussir à attirer de nouveaux candidats. Une fois l'escroquerie démasquée, les recrutements, par la force des choses, se font de plus en plus rares et ce sont les derniers arrivés, qui n'ont pas encore eu le temps de récupérer l'argent qui leur a été soutiré, qui seront les plus pénalisés.

La vente directe par réseau se différencie de la vente pyramidale illégale dans la mesure où le vendeur qui vous recrute n'est pas rémunéré sur l'acte de recrutement en lui-même mais exclusivement sur la base des ventes réalisées. Il aura donc pour principale préoccupation votre réussite personnelle.

Chapitre 2

Les règlementations qui régissent le métier

Dans ce chapitre :

- Le cadre juridique
- Les principaux textes de lois
- Les règles à respecter

La vente directe est une activité extrêmement réglementée qui offre au consommateur un cadre juridique sécurisant et garantit la protection de ses intérêts.

En rejoignant une entreprise de vente directe, vous vous engagerez à respecter les lois qui encadrent ce mode de distribution. La maîtrise des aspects juridiques du métier vous permettra de devenir un conseiller de vente intègre et performant.

Vous serez responsable de la bonne application de ces lois dans votre pratique commerciale et, en cas de litige ou de non-respect des règlementations, vous pourrez être directement poursuivi. Il est donc indispensable de les connaître sur le bout des doigts !

Panorama du contexte juridique

Des règles strictes pour éradiquer des pratiques déloyales

Les pratiques déloyales de certains vendeurs peu scrupuleux, à des époques où le cadre juridique était moins rigoureux, ont porté préjudice à l'ensemble du secteur, suscitant la défiance des consommateurs. Par exemple :

- Des vendeurs se présentaient chez des consommateurs sans décliner leur identité ni confier le nom de leur entreprise et collectaient des paiements pour des marchandises qui n'étaient jamais livrées. Ils disparaissaient ensuite dans la nature sans laisser au client la possibilité de porter plainte. Le vendeur direct est aujourd'hui dans l'obligation de décliner son identité.
- Des vendeurs rendaient des visites non sollicitées à des consommateurs potentiels sans respecter la vie privée de ces derniers. Aujourd'hui, la visite à domicile est dans la majorité des cas précédée d'une prise de rendez-vous et le vendeur direct est tenu de quitter les lieux à la demande du consommateur.
- Des vendeurs poussaient leurs clients à prendre une décision d'achat inadaptée à leur besoin réel ou exerçaient une pression psychologique sur ces derniers afin de concrétiser une vente. Aujourd'hui, les pratiques commerciales dites « agressives » sont interdites.
- Des vendeurs dissimulaient des informations importantes concernant les caractéristiques des produits vendus puis refusaient de reprendre la marchandise si le client n'était pas satisfait. Aujourd'hui, le client reçoit un document d'information précontractuel avant de passer commande et bénéficie d'un délai de rétractation une fois la marchandise reçue.

Des règles professionnelles strictes et un cadre juridique clair ont permis d'éradiquer un grand nombre de ces pratiques et d'offrir progressivement un cadre plus sécurisant au consommateur.

À NOTER

L'image du secteur est encore très souvent associée, à tort, à ces pratiques irrespectueuses du consommateur.

Les principaux textes de loi

La vente directe a longtemps dû se passer d'un cadre juridique spécifique et adapté. Sous l'impulsion de la Fédération de la Vente Directe, des règles ont été instaurées et une législation a vu le jour. Au fil du temps, cette législation s'est enrichie pour s'adapter à l'évolution des pratiques et des modes de consommation.

Le Code éthique de la vente directe

En 1966, l'Association Nationale pour la Vente et le Service à Domicile (ANSVD), l'ancêtre de la Fédération de la Vente Directe, voit le jour. Dans un désert juridique, elle se dote, l'année même de sa création, d'une Charte destinée à encadrer les pratiques du métier.

Avec le temps, cette charte sera repensée pour prendre en compte les exigences des associations de consommateurs. Puis, s'inspirant du Code européen de la vente directe, elle donne naissance au Code éthique de la vente directe, voté à l'unanimité en 1994 par les entreprises adhérentes de la Fédération. Ce code, encore en application aujourd'hui, a aussi été approuvé par les associations de consommateurs. Il est régulièrement amendé pour s'adapter aux évolutions des pratiques et des lois.

Le Code éthique de la vente directe ne fait pas office de loi. Il vient compléter les exigences de la réglementation par des bonnes pratiques et recommandations à l'attention du vendeur et des entreprises de vente directe. Les enseignes adhérentes à la Fédération de la Vente Directe, et par conséquent leurs vendeurs, s'engagent à le respecter.

Ces lignes de conduite se résument en sept garanties offertes au consommateur :

- un vendeur identifié,
- une présentation précise du produit et de l'offre commerciale,
- un service personnalisé de qualité,
- un document d'information précontractuel et un bon de commande complet et lisible,
- un principe d'interdiction de paiement et un délai de rétractation,
- un service après-vente,
- une médiation gratuite pour le consommateur.

L'importance de la déontologie professionnelle

« Depuis l'origine, une activité de vente directe à des particuliers nécessite un climat de confiance pour conserver ses clients et élargir sa base de clientèle grâce à un bouche-à-oreille positif. Ainsi, depuis sa création, la Fédération de la Vente Directe a établi des règles professionnelles applicables dans les relations avec la clientèle.

L'augmentation du nombre de vendeurs directs indépendants a justifié de compléter ces règles pour qu'elles concernent également les relations entre les vendeurs directs et l'entreprise ou des vendeurs entre eux.

Le Code de la vente directe a aujourd'hui plus de vingt ans et comporte deux parties : le Code éthique de la vente directe, qui traite des relations avec la clientèle, et le Code de conduite des entreprises de vente directe.

Une activité de vente directe est, dans la majorité des cas, exercée par une personne indépendante et, logiquement, comme toute activité libérale, la vente directe doit être pratiquée en respectant la réglementation et la déontologie professionnelle. L'institution de ces codes et le contrôle exercé par la Fédération de la Vente Directe de leur bonne application a modifié radicalement l'image, et donc la confiance des consommateurs, vis-à-vis de la vente directe, ce qui explique son développement constant depuis des années.

Vous devez donc connaître ces textes qui, généralement, font partie de votre contrat avec l'entreprise et respecter ces règles scrupuleusement. »

Philippe Dailey, président d'honneur de la Fédération de la Vente Directe.

Le Code de la consommation

En 1972, dans un souci de protection du consommateur, la France vote une loi sur le démarchage à domicile. Cette loi sera ensuite codifiée en 1995 avec la parution du Code de la consommation : un pavé composé de cinq livres qui régit la relation entre un professionnel et un consommateur. Rassurez-vous, nous vous avons fait un petit résumé, vous n'aurez pas besoin de le déchiffrer dans son intégralité !

La partie qui nous intéresse se trouve essentiellement entre l'article L. 121-16 et l'article L. 121-21-8 et concerne la vente dite « hors établissement ».

Le Code de la consommation aborde les thèmes suivants :

- l'obligation d'informations précontractuelles ;
- les dispositions concernant le contrat de vente ;
- l'interdiction de paiement éventuel dans un délai défini par la loi et le droit de rétractation après la livraison ;
- la notion d'abus de faiblesse ;
- les pratiques commerciales trompeuses ;
- les pratiques commerciales agressives.

La nouvelle réglementation : avant tout de nouvelles opportunités !

« En transposant la directive européenne "Droits des consommateurs", la loi du 17 mars 2014 a créé en France un nouveau cadre juridique pour la vente directe.

Souvent mal perçue par les vendeurs parce qu'elle impose désormais la signature d'un « document d'informations précontractuelles » avant celle du bon de commande (et aussi, il faut le dire, parce que tout changement nécessite un temps d'adaptation, c'est humain), cette loi va surtout avoir pour effet de libérer le secteur d'activités d'une partie de ses contraintes archaïques.

Depuis 1972, la vente directe était le seul secteur d'activités où l'on devait refuser au client de commencer ses travaux d'embellissement tant que huit jours ne s'étaient pas écoulés. Depuis l'instauration de cette loi, si le consommateur le veut et que l'entreprise le peut, les travaux débutent immédiatement.

La vente directe était aussi la seule méthode de vente qui se voyait interdite de paiement pendant les sept jours qui suivaient la commande du client. Aujourd'hui, pour les ventes en réunion, c'est-à-dire la plupart des ventes du secteur, cette interdiction est tombée !

Ce paiement immédiat, associé à la technologie nomade de paiement par carte et à la nouvelle liberté d'utiliser des documents digitaux plutôt que du papier carbone (avec l'accord du client), font enfin entrer dans le XXIe siècle notre méthode de vente, tout en préservant bien évidemment ses composantes essentielles : le lien social, la relation humaine, et le goût de l'échange et du partage. »

Yann Bédard, responsable du service juridique de la Fédération de la Vente Directe.

Des lois pour protéger le consommateur

Mettons-nous un instant dans la peau du législateur. Nous avons un défi : protéger le consommateur dans son acte d'achat. Notre objectif sera de permettre à ce dernier de prendre une décision d'achat juste et réfléchie qui corresponde à ses besoins.

Comment feriez-vous ? Quelles garanties offririez-vous au consommateur pour le protéger ?

Le consommateur a besoin :

- d'informations complètes, exactes et sans ambiguïté sur le vendeur et l'offre commerciale proposée ;
- d'un vendeur bienveillant qui prenne en compte ses besoins et ne lui fasse subir aucune pression de quelque sorte que ce soit ;
- d'un document écrit qui précise les termes et engagements de chacun afin de vérifier que tout est bien clair ;
- d'avoir la possibilité de changer d'avis si, en dépit de toutes ces précautions, il souhaitait revenir sur sa décision ;
- d'une protection supplémentaire s'il est dans un état de faiblesse particulier ;
- de la garantie que ce qui lui sera livré correspondra bien à ce qui a été décrit et sera expédié dans un délai raisonnable.

Toutes ces conditions, nous les retrouvons à la fois dans le Code éthique de la vente directe et dans le Code de la consommation.

À NOTER

Le Code éthique va plus loin dans la protection du consommateur et offre notamment à celui-ci la possibilité d'avoir recours à un service de médiation gratuit en cas de litige. Nous développerons ce dernier point dans le paragraphe concernant les instances régulatrices.

Des informations sur le vendeur et l'offre commerciale

La loi prévoit que le vendeur donne des informations à son client afin que celui-ci prenne une décision d'achat en adéquation avec ses besoins.

Les informations fournies doivent être complètes, exactes et sans ambiguïté.

Un vendeur identifié

Au début d'un rendez-vous de vente, que ce soit en réunion ou en individuel, vous devrez donner des informations sur vous-même et la société que vous représentez.

Cette règle a été instaurée pour que le consommateur sache vers qui se retourner en cas de réclamation. Un client qui n'est pas satisfait d'un produit acheté en magasin pourra revenir sur le lieu de vente pour se faire rembourser. Dans le cas de la vente directe, si le vendeur a quitté les lieux sans décliner son identité, le client insatisfait n'aura aucun moyen d'obtenir réparation.

À NOTER

Si votre entreprise est adhérente de la Fédération de la Vente Directe, vous recevrez le plus souvent une carte d'identification avec votre photo. Vous pourrez la présenter au consommateur lors de votre visite. Cette carte permet de vous identifier en tant que vendeur, exerçant pour le compte d'une société de vente directe adhérente de la Fédération.

Des informations complètes sur l'offre commerciale

Le Code de la consommation ainsi que le Code éthique de la vente directe préconisent que le vendeur fournisse à son client des informations précontractuelles lui permettant de prendre sa décision d'achat en connaissance de cause.

Ces deux textes listent les informations que vous devrez communiquer à votre client avant la signature du bon de commande :

- **des informations sur les produits vendus :** les caractéristiques du produit, le prix unitaire ainsi que le prix global à payer, les modalités de paiement, les modalités de livraison et d'exécution ;

- **des informations sur les droits du consommateur** : l'information sur l'existence ou non d'une possibilité de rétractation ainsi que ses modalités, la possibilité de s'inscrire sur une liste d'opposition au démarchage téléphonique, la possibilité d'avoir recours à une commission de médiation et l'existence d'une Fédération de la Vente Directe ;
- **des informations sur le service après-vente** : les délais et coûts de livraison, les conditions de mise en œuvre des garanties légales ou commerciales et du service après-vente, les coûts de communication lorsque le client doit appeler l'entreprise, etc.

Ces informations devront être données par écrit dans un document précontractuel qui sera signé par le consommateur. Avec l'accord du consommateur, ce document peut être fourni par voie électronique sur un support durable : un PDF envoyé par e-mail, par exemple.

Des informations exactes et sans ambiguïté

Les informations fournies doivent être exactes et ne doivent pas prêter à confusion. Il est interdit de dissimuler ou d'omettre une information importante sur le produit.

« *Le vendeur donne des réponses claires et précises aux questions des consommateurs [...] La société et le vendeur n'utilisent pas de comparaisons trompeuses et incompatibles avec une concurrence loyale.* »

Source : Code éthique de la vente directe, garantie n° 2.

Le Code de la consommation évoque cette notion dans le texte concernant les pratiques commerciales trompeuses. Une pratique commerciale est qualifiée de trompeuse si :

- Elle crée une confusion avec un concurrent. Autrement dit, vous ne pourrez pas laisser entendre que vous avez un lien avec une marque connue alors que ce n'est pas le cas.
- Elle repose sur des allégations fausses ou de nature à induire en erreur en ce qui concerne le produit ou service et ses modalités d'achat.
- Elle ne permet pas d'identifier clairement la personne pour le compte de laquelle elle est mise en œuvre.

Le législateur nous donne une liste de 22 pratiques considérées comme trompeuses. En voici quelques exemples. Votre pratique commerciale sera considérée comme trompeuse si :

- Vous affichez un label de qualité sans y avoir été autorisé.
- Vous attirez un prospect grâce à un produit à petit prix et refusez ensuite de le lui vendre afin qu'il se replie sur un produit plus coûteux.
- Vous faites croire à votre prospect que le produit sur lequel porte son intérêt ne sera disponible que sur une période très limitée afin de précipiter sa décision.
- Vous présentez à votre client des droits imposés par la loi, comme le droit de rétractation par exemple, comme étant des avantages concurrentiels propres à votre offre commerciale.
- Vous faites croire à votre client que vos produits peuvent le guérir de maladies, dysfonctionnements ou malformations, alors que ce n'est pas le cas.

Une démarche commerciale respectueuse du client

La législation vise à garantir que la démarche commerciale du conseiller de vente respecte au mieux les intérêts du client. Pour cela, elle impose au vendeur de :

- bannir toute pratique commerciale agressive ;
- tenir compte du besoin réel du client ;
- respecter au mieux la vie privée du consommateur.

La pratique commerciale agressive

L'interdiction de pratiques commerciales agressives a pour objectif de protéger le consommateur de toute forme de pression, qu'elle soit physique, psychologique ou morale, visant à extorquer une décision d'achat. Ne vous en faites pas, nous vous enseignerons bien d'autres méthodes tout aussi efficaces et bien plus respectueuses du client !

Selon le Code de la consommation, on parle de pratique commerciale agressive lorsque, du fait de « *sollicitations répétées et insistantes ou de l'usage d'une contrainte physique ou morale* », le consommateur voit sa liberté de choix altérée, son consentement vicié ou l'exercice de ses droits contractuels entravés.

On distingue, dans cette définition, deux types de moyens de pression :

- **La sollicitation répétée et insistante :** Ne vous montrez jamais insistant face au refus d'un consommateur, que son refus concerne la prise d'un rendez-vous ou la prise d'une commande. Cela ne signifie pas que vous ne pouvez pas répondre à ses objections s'il en formule. La limite entre des sollicitations répétées et insistantes et une pratique commerciale active et dynamique avec des relances fréquentes est parfois un peu floue ; c'est essentiellement dans la bienveillance de la démarche que se fera la différence. L'intérêt du client, la prise en compte de son besoin et le respect de sa vie privée doivent toujours primer.
- **L'usage d'une contrainte physique ou morale :** On visualise relativement bien la contrainte physique. En revanche, pour ce qui est de la contrainte morale, c'est plus subtil ! Le législateur liste notamment : le recours à une menace, l'exploitation d'un malheur du consommateur, la menace d'une action en justice injustifiée… Laisser entendre à un prospect en réunion ou dans le cadre d'un rendez-vous en face-à-face qu'il a une obligation d'achat peut être perçu comme une contrainte morale.

À NOTER

La pratique commerciale agressive peut concerner la décision d'achat, mais également l'exercice des droits contractuels. Il est, par exemple, interdit d'exercer une pression sur un consommateur afin que celui-ci renonce à son droit de rétractation.

Le législateur nous fournit quelques exemples de pratiques commerciales agressives. Votre pratique commerciale sera qualifiée d'agressive si :

- vous donnez l'impression que vous ne quitterez pas les lieux tant qu'aucun contrat n'aura été conclu ;
- vous ignorez la demande du consommateur de quitter les lieux ;

- vous laissez entendre au consommateur que vos moyens d'existence seront menacés s'il ne réalise pas d'achat. Pas question donc d'appeler votre prospect en larmoyant et d'évoquer la dizaine d'enfants que vous avez à nourrir.

La prise en compte des besoins du client

La déontologie professionnelle incite à une réelle bienveillance envers le client, qui consiste à identifier ses besoins et lui apporter uniquement ce qui lui convient le mieux.

« Dans sa mission de service, le vendeur s'efforce d'adapter son offre commerciale aux véritables besoins du consommateur. »

Source : Code éthique de la vente directe, garantie n° 3.

Il conviendra donc d'identifier les besoins du consommateur et de lui proposer, dans le panel d'offres dont vous disposez, celle qui sera la plus adéquate.

Il ne faudra pas orienter systématiquement le prospect vers l'offre la plus coûteuse si celle-ci ne vous semble pas appropriée, ni inciter le consommateur à choisir des éléments de l'offre dont il n'aura pas l'usage.

Le respect de la vie privée

En vente directe, les sollicitations sont parfois l'initiative du vendeur. Par ailleurs, la visite commerciale a généralement lieu au domicile du consommateur ou de l'un de ses proches. La nécessité de préserver la vie privée du consommateur est, de ce fait, primordiale.

La législation a traduit ce besoin en trois exigences vis-à-vis du vendeur :

- **Le respect des horaires et modes de communication choisis par le client**. Planifiez vos appels ou vos rendez-vous avec vos clients et prospects afin d'éviter pour eux tout désagrément. Dans la mesure du possible, une visite, un appel de satisfaction, une relance ou un appel de prospection suite à un salon doivent être « datés » en fonction des contraintes et des préférences de votre interlocuteur. Offrez au consommateur le choix du mode de communication ; s'il vous fait savoir qu'il n'est pas un adepte des nouvelles technologies, privilégiez le téléphone au courrier électronique.

- **L'interruption de l'entretien sur simple demande :** Que l'entretien ait été planifié ou non, n'attendez pas, si votre client souhaite l'interrompre, qu'il soit obligé de vous mettre dehors *manu militari* pour quitter son domicile. S'il vous fait clairement savoir qu'il souhaite interrompre la conversation, que ce soit par téléphone ou en face-à-face, respectez son choix. *Idem* s'il ne souhaite plus recevoir d'e-mail de votre part, même s'il vous a lui-même communiqué au préalable ses coordonnées.
- **La protection de ses données :** Vos clients vous confient leurs coordonnées ainsi que des éléments sur leur vie privée : leurs habitudes de consommation, leur taille, leur âge… Ces éléments ne doivent être utilisés que par vous ou la société pour laquelle vous travaillez, et exclusivement dans le cadre de la démarche commerciale pour laquelle ils ont été sollicités. Par ailleurs, il est interdit de contacter par téléphone des prospects inscrits sur une liste d'opposition au démarchage téléphonique et avec lesquelles vous n'avez pas de relation commerciale déjà établie.

« *Le consommateur qui ne souhaite pas faire l'objet de prospection commerciale par voie téléphonique peut gratuitement s'inscrire sur une liste d'opposition au démarchage téléphonique. Il est interdit à un professionnel, directement ou par l'intermédiaire d'un tiers agissant pour son compte, de démarcher téléphoniquement un consommateur inscrit sur cette liste, sauf en cas de relation contractuelle préexistante.* »

Source : Code de la consommation, article L. 121-34.

Un bon de commande en bonne et due forme

Une fois que le consommateur aura fait son choix grâce à vos conseils avisés et après lui avoir fait signer un document d'information précontractuel, vous devrez lui procurer un bon de commande afin de clarifier les termes de la vente, ainsi que les engagements de chacun.

Le contenu du bon de commande

Le bon de commande doit mentionner toutes les informations contenues dans le document d'information précontractuel ainsi que des éléments complémentaires concernant la vente. On y retrouve :

- vos noms et coordonnées ainsi que celles de l'entreprise : le nom, l'adresse et le numéro de téléphone de la société, le nom du vendeur ;
- des informations sur le produit : caractéristiques, prix, quantité commandée ;
- des informations sur les conditions de vente : modalité de paiement, crédit, modalités de livraison ;
- des informations sur les droits du client : la période de rétractation éventuelle et toutes les conditions spécifiques du contrat, le traitement des données personnelles et la possibilité d'un recours à la médiation ;
- un coupon détachable permettant d'exercer son droit de rétractation ;
- au verso, la reproduction de certains articles du Code de la consommation et du Code civil.

À NOTER

A priori, vous n'aurez pas à vous soucier de tout cela, votre enseigne vous fournira un bon de commande en bonne et due forme. Vérifiez tout de même que tous les éléments y sont présents. Par ailleurs, ne faites jamais signer un bon de commande dont la partie détachable viendrait à manquer.

Les obligations autour du bon de commande

Le bon de commande doit être soigneusement complété par le client avec l'aide du vendeur. Il doit être lisible et intégralement rempli.

Le document doit être réalisé en deux exemplaires au minimum : un pour le client et un pour vous ou votre entreprise.

À l'instar du document d'information précontractuel, le bon de commande devra être signé par le consommateur. Avec l'accord de celui-ci, il pourra être fourni par voie électronique sur un support durable : un PDF envoyé par e-mail, par exemple.

La possibilité de changer d'avis

Vous avez pris toutes les précautions nécessaires pour que le consommateur prenne la meilleure décision qui soit. Mais comme nous le savons bien, seuls les imbéciles ne changent pas d'avis, il faut donc offrir la possibilité à votre client de revenir sur son choix s'il le souhaite.

Le consommateur a besoin de temps pour :

- réfléchir à son achat en toute tranquillité et sans la présence du vendeur qui peut exercer, malgré lui, une certaine forme de pression ;
- comparer ce qui lui a été présenté avec ce que propose la concurrence ;
- voir et tester les produits reçus et s'assurer de leur conformité avec les caractéristiques qui lui ont été présentées.

Pour que le client puisse revenir sur son achat, il faut que sa rétractation n'entraîne pas de coûts et démarches excessives l'incitant à renoncer à l'exercice de son droit. De ce fait, le législateur a établi deux dispositifs :

- **une interdiction, sauf exception, de prendre un paiement** pendant les sept jours qui suivent la commande pour que le client puisse renoncer à son achat sans avoir à courir derrière un remboursement ;
- **un délai de rétractation** pendant lequel le client pourra annuler sa commande s'il le souhaite. Afin de faciliter, pour le client, la mise en œuvre de son droit, ce délai est assorti d'une interdiction de faire supporter au client des frais de retour autres que les coûts directs de renvoi.

L'interdiction de paiement

Un conseiller de vente n'a pas la possibilité de percevoir un paiement dans les sept jours qui suivent une commande. Pendant ces sept jours, il sera ainsi plus facile au consommateur de revenir sur sa décision d'achat s'il dispose d'un droit de rétractation puisqu'il n'a encore rien déboursé.

Cependant, si votre client ne paie que sept jours après la commande, vous ne pourrez pas le livrer pendant ce laps de temps. En livrant des clients qui n'ont pas encore réglé leurs achats, vous prendriez le risque de multiplier les impayés.

La conséquence de cette loi est l'allongement des délais de livraison dans le secteur de la vente directe. Les produits ne sont généralement ni livrés ni expédiés pendant cette période de sept jours, ce qui constitue un désavantage concurrentiel par rapport aux autres modes de distribution.

La loi prévoit néanmoins quelques exceptions à cette règle :

- **les ventes en réunion** : ces ventes font exception, car elles concernent généralement des biens de consommation courante dont la valeur unitaire est moindre et donc le paiement moins engageant ;
- **les travaux urgents** peuvent exceptionnellement être réglés au moment de la commande, dans la limite des travaux strictement nécessaires pour répondre à l'urgence absolue, et à la demande du consommateur ;
- certains **contrats d'abonnement**.

Le délai de rétractation

Le consommateur dispose d'un délai de quatorze jours calendaires, c'est-à-dire jours fériés et chômés compris, pour annuler sa commande. Ce délai débute :

- **dans le cas d'une commande de marchandise,** lorsque tous les produits commandés ont été livrés, ou après la première commande s'il s'agit d'un abonnement ;
- **dans le cas d'une prestation de service**, dès la signature du contrat.

Pour faire valoir son droit, le consommateur doit simplement retourner le coupon détachable prévu à cet effet ou faire part de sa décision sur papier libre et l'envoyer de préférence avec accusé de réception à l'adresse indiquée sur le formulaire de rétractation.

Le droit de rétractation peut également être exercé par e-mail ou par téléphone. L'entreprise doit alors accuser réception de la rétractation.

Le client devra vous restituer la marchandise dans les quatorze jours qui suivent sa décision. En retour, il sera remboursé, frais de livraison inclus, par le même moyen de paiement qu'utilisé pour la transaction. Le remboursement devra avoir lieu dans les quatorze jours suivant la rétractation ; il pourra être conditionné au retour effectif de la marchandise.

Le report des prestations de service

Supposons que vous ayez un client capricieux, comme cela arrive parfois, qui vous ordonne des travaux de plomberie dans sa maison. Vous dépêchez immédiatement une équipe pour démarrer le travail, mais voilà qu'une fois l'ancienne installation démontée, votre client décrète que, tout bien réfléchi, son ancien réseau faisait bien l'affaire.

L'annulation de la commande s'avère alors délicate à mettre en œuvre.

Pour éviter ce genre de situations, la loi ordonne que les prestations de service ne démarrent qu'à l'issue du délai de rétractation, soit quatorze jours après la signature du contrat. Fort heureusement, elle fait preuve d'une certaine souplesse et prévoit deux exceptions à cette règle :

- **Les travaux à réaliser en urgence** au domicile du consommateur, limités aux pièces et travaux strictement nécessaires pour répondre à l'urgence, et expressément demandés par le consommateur. Il s'agit, par exemple, des travaux de plomberie ou serrurerie qui peuvent difficilement attendre. Si votre client vous appelle en catastrophe, car il ne peut pas rentrer chez lui suite à un problème de serrure, et que vous lui expliquez qu'en vertu de l'article L. 121-21-5 du Code de la consommation, vous devez attendre quatorze jours pour lui ouvrir la porte… il risque de mal le prendre.
- **Les prestations réalisées à la demande expresse du client :** pour toute autre prestation de service, le client pourra également renoncer au délai de rétractation, mais il devra, dans ce cas, en faire la demande. Si vous proposez un service de coiffure à domicile, la prestation n'entre pas dans le cadre de l'urgence absolue ; cependant, votre client ne ressentira sans doute pas le besoin de vous faire revenir dans quatorze jours pour méditer sur cette décision pourtant lourde de conséquences. Vous devez, dans ce cas, recueillir préalablement sa

demande par écrit et l'informer des conséquences de ce choix. Notamment le fait qu'une fois la coupe effectuée, il ne pourra plus se rétracter et devra obligatoirement vous régler.

Les frais engendrés par une rétractation

Toujours dans l'optique de permettre au client d'exercer son droit de rétractation le plus facilement possible, la loi prévoit que les coûts supportés par le client en cas de rétractation se limitent exclusivement aux frais de retour de la marchandise.

Une société de vente directe ne peut exiger de son client des frais de dossier ou frais de compensation pour le désagrément causé par l'annulation du contrat.

Concernant une éventuelle dégradation du produit, vous avez la possibilité de déduire du remboursement la perte de valeur, qui peut à l'extrême atteindre 100 % du prix de la marchandise.

« *La responsabilité du consommateur ne peut être engagée qu'en cas de dépréciation des biens résultant de manipulations autres que celles nécessaires pour établir la nature, les caractéristiques et le bon fonctionnement de ces biens.* »

Source : Code de la consommation, art. L. 121-21-3.

Des exceptions à la règle

Dans certains cas, le délai de rétractation n'est pas applicable et la commande ne pourra être annulée par le client. On citera par exemple :

- **Lorsque le produit n'est plus réutilisable**, pour des raisons d'hygiène ou de sécurité, parce qu'il a été descellé. Vous avez la possibilité de refuser le retour d'un pot de crème hydratante qui a été ouvert et entamé. C'est également le cas d'un produit frais périssable que vous n'aurez pas forcément le temps de revendre avant sa péremption.
- **Lorsque le produit a été fait sur-mesure,** ou qu'il a été personnalisé à la demande du client. Un vêtement brodé au nom du client, par exemple. Le produit ne peut pas être retourné, car il ne pourra être revendu.

- **Lorsque la prestation de service a déjà été exécutée,** à la demande du consommateur.
- **Lorsque le client a déjà tiré le bénéfice du produit :** par exemple, un journal périodique, un film ou un DVD. Il serait trop facile de lire le magazine ou voir le film puis choisir de le renvoyer.

Une livraison conforme aux engagements pris

Une livraison réalisée dans les temps

Vous devrez vous assurer que les délais de livraison du produit ou d'exécution du service seront respectés.

« *Le professionnel livre le bien ou fournit le service à la date ou dans le délai indiqué au consommateur.* »

Source : Code de la consommation, article L. 138-1 à 3.

La vie est pleine d'imprévus et il peut arriver que vous ne soyez pas en mesure de respecter vos engagements en ce qui concerne les délais de livraison. Dans ce cas, le consommateur est en droit d'exiger une résiliation du contrat :

- Si la date de livraison ou d'exécution « *constitue pour le consommateur une condition essentielle du contrat* ». L'exemple des cadeaux de Noël est très caractéristique. Si vous n'arrivez pas à livrer avant le 25 décembre, le client n'aura que faire des articles qu'il avait prévu de placer sous le sapin.
- S'il n'a toujours pas été livré après vous avoir accordé un « *délai supplémentaire raisonnable* ». La loi ne définie pas ce qui est « *raisonnable* », mais tâchez par exemple de vous assurer que la robe d'été que votre cliente a commandée au mois de mai ne lui sera pas livrée en automne.

Si le client décide de résilier à cause d'un retard de livraison, votre entreprise est tenue de le rembourser en totalité et dans les quatorze jours qui suivent sa résiliation.

Un produit conforme à sa description

Les produits livrés doivent correspondre à ce qui a été commandé. Ne livrez pas une veste bleue si votre cliente a commandé du vert, même si cette couleur n'est plus en stock.

Selon le Code de la consommation, vous êtes garant de la conformité des produits livrés. Le Code éthique va encore plus loin :

« Tout produit qui ne répondrait pas aux caractéristiques indiquées est mis en conformité, échangé ou remboursé. L'objectif de la satisfaction client guide tout accord éventuel entre les parties. »

Source : Code éthique de la vente directe, garantie n° 6.

En ce qui concerne les prestations de service, vous êtes responsable de leur bonne exécution et devez vous assurer que le résultat est conforme aux attentes du client.

Une protection supplémentaire pour les plus faibles

Les précautions présentées devraient permettre à tout client de réaliser un achat qui corresponde à ses besoins et dont il sera satisfait. Pourtant, le législateur a ajouté une protection supplémentaire pour les consommateurs les plus faibles et sanctionne lourdement toute personne qui abuserait d'une faiblesse pour arriver à ses fins.

Ce point est abordé dans le Code de la consommation : **l'abus de faiblesse** est décrit par l'article L. 122-8 et suivants. Il est également mentionné dans le Code pénal, dans l'article sur l'abus frauduleux de l'état d'ignorance ou de faiblesse d'une personne.

Définition de la faiblesse

À travers les différents textes de loi, on retient que la faiblesse d'une personne peut être définie comme une situation physique ou mentale qui ne lui permet pas de comprendre la portée de sa signature. Cette incapacité du client à comprendre la portée de son engagement peut être liée par exemple à :

- **son âge**, que ce soit un mineur ou une personne âgée ;
- **son état de santé**, que ce soit une personne gravement malade ou une personne dans une situation de handicap physique ou mental. Le Code pénal inclut même l'état de grossesse dans les situations de faiblesse ;
- **sa connaissance limitée de la langue**.

« Le vendeur justifie la confiance du consommateur en prenant en compte son manque d'expérience commerciale, son âge, son état de santé, sa connaissance éventuellement limitée de la langue. »

Source : Code éthique de la vente directe, garantie n° 3.

Se prémunir d'un abus de faiblesse

Est-ce que cela signifie que vous ne pouvez rien vendre ni aux personnes de plus 80 ans, ni aux étrangers, ni aux personnes malades ? Certainement pas ! En revanche, dans tous ces cas, il est important d'être encore plus vigilant qu'à l'accoutumée :

- Assurez-vous que votre interlocuteur a bien compris l'objet de votre visite et les conditions d'achat : tarifs, caractéristiques produits.
- Si besoin, réalisez la vente en présence d'un membre de la famille ou d'une personne du choix du consommateur.
- Assurez-vous que le besoin est réel et que la dépense engendrée n'est pas disproportionnée par rapport aux revenus du ménage.

Des sanctions parfois très lourdes

L'abus de faiblesse est très lourdement sanctionné. Vous encourrez :

- l'annulation du contrat de vente ;
- une interdiction d'exercer un certain nombre de professions, dont les professions commerciales ;
- une amende pouvant aller jusqu'à 375 000 € ;
- une peine d'emprisonnement pouvant aller jusqu'à cinq ans.

L'application des lois

Dans votre activité au quotidien

Tout cela vous semble peut-être un peu technique, vous vous demandez comment ces lois s'inscriront dans la pratique de votre activité au quotidien et pourquoi il est primordial de les mettre en application.

Éviter les désagréments de démêlés avec la justice

La première raison pour laquelle vous devrez connaître et respecter scrupuleusement les règles que l'on vient de présenter est, bien évidemment, d'éviter des problèmes judiciaires qui peuvent avoir des conséquences lourdes sur votre activité et sur votre vie en général.

Dans le cadre d'une réclamation client, la responsabilité du vendeur est souvent engagée. En tant que vendeur, vous êtes responsable de vos actes, la connaissance et le respect des lois relèvent de votre responsabilité.

Instaurer un climat de confiance

Un consommateur qui se sait protégé par un cadre juridique strict sera en confiance dans la relation de vente qui s'instaurera entre vous. Or, ce climat de confiance est fondamental pour vous permettre d'exercer votre métier dans de bonnes conditions et de concrétiser vos ventes.

Faites régulièrement référence à ce cadre juridique dans le discours que vous tiendrez à votre client. Cela mettra en valeur le fait que vous avez conscience de l'existence de lois qui le protègent et de véhiculer l'image du vendeur intègre que vous êtes.

Se sentir bien dans son travail

Cet élément est probablement le plus important. Si vous exercez votre métier avec éthique et bienveillance, vous aurez le plaisir d'apporter de la satisfaction à vos clients et serez à l'aise avec votre fonction de conseiller de vente.

Ces lois ne doivent pas être perçues comme une contrainte supplémentaire dans votre activité, mais comme un guide vous permettant d'établir une relation saine et durable avec vos clients. Cette relation sera source d'épanouissement dans votre travail au quotidien et de performance dans votre activité.

Les instances régulatrices

La commission paritaire de médiation

La commission paritaire de médiation de la vente directe (CMPVD) a été créée en 1995 à l'initiative de la Fédération de la Vente Directe. Elle est présidée par un professeur de droit, reconnu par ses pairs ainsi que par les pouvoirs publics.

Il s'agit d'une instance indépendante et dite « paritaire ». Cela signifie qu'elle compte en nombre égal des représentants des associations de consommateurs et des représentants d'entreprises membres de la Fédération de la Vente Directe. Elle défend ainsi équitablement les intérêts des deux parties.

Son rôle est de :

- Traiter les plaintes et réclamations des consommateurs et régler les litiges qui peuvent survenir entre un consommateur et une entreprise de vente directe ou l'un de ses vendeurs, que l'entreprise soit adhérente ou non de la Fédération.
- Veiller, par la publication de son rapport annuel, à ce que les entreprises de vente directe et leurs vendeurs respectent les lois sur le démarchage à domicile.
- Veiller dans les litiges qui lui sont soumis à ce que les entreprises membres de la Fédération de la Vente Directe ainsi que leurs vendeurs respectent le Code éthique de la vente directe.

Tout consommateur qui n'a pas reçu de réponse satisfaisante à une réclamation adressée à une entreprise de vente directe peut saisir cette commission. La démarche s'effectue par simple courrier ou en remplissant un formulaire spécial, disponible sur le site de la Fédération de la Vente Directe.

La commission a un rôle consultatif, c'est-à-dire qu'elle émet un avis et propose une solution à l'amiable. Cependant, même s'il est spontanément suivi par les professionnels dans plus de 8 dossiers sur 10, cet avis n'a pas de valeur juridique et ne peut être imposé aux intéressés.

Les actions en justice

Si la solution proposée par la commission de médiation ne convient pas à l'une ou l'autre des parties, elles peuvent décider de saisir la justice. Le consommateur est, dans ce cas, souvent accompagné d'associations de consommateurs ou par la Fédération de la Vente Directe.

Plusieurs procédures existent selon le montant en jeu et la nature du conflit :

- **La saisine simplifiée :** elle concerne les litiges portant sur des sommes inférieures à 4 000 €.
- **L'injonction de faire :** elle permet au consommateur de vous contraindre à honorer vos engagements ; c'est souvent le cas pour l'exécution de prestations de service, la réalisation de travaux par exemple.
- **L'injonction de payer :** elle vous permet d'exiger d'un consommateur qu'il règle ses factures impayées ou permet au consommateur de récupérer des sommes liées à un remboursement non réalisé.
- **Le référé :** il permet – en cas d'urgence – d'obtenir une décision rapide mais provisoire du tribunal. Le référé est ensuite suivi d'une procédure plus longue qui permettra d'entériner ou de contredire cette décision.
- **L'assignation** devant le tribunal d'instance ou de grande instance.

Chapitre 3

Les conditions d'exercice d'une activité de vente directe

Dans ce chapitre :

- VDI, VRP, Agent commercial… les différents statuts du vendeur direct
- Déclaration d'impôt, retraite, santé… les caractéristiques du statut de VDI
- Comprendre la relation vendeur-entreprise

Un statut social a été spécialement conçu pour exercer une activité de vente directe en toute liberté, il s'agit du statut de Vendeur à Domicile Indépendant (VDI). Dans ce chapitre, nous reviendrons en détail sur les conditions d'accès à ce statut et les avantages qu'il procure en termes de fiscalité et de protection sociale. Nous verrons également que le métier de vendeur direct peut être exercé sous d'autres statuts : VRP, agent commercial, commerçant…

Nous aborderons, par ailleurs, la question de la relation entre le vendeur indépendant et son entreprise de vente directe ainsi que les protections prévues par la loi et la déontologie professionnelle pour protéger le vendeur direct dans l'exercice de son activité.

Les statuts possibles en vente directe

Selon l'entreprise de vente directe que vous rejoindrez, vous exercerez votre activité en tant que salarié ou vendeur indépendant.

Le vendeur salarié

Certaines entreprises pourront vous proposer un contrat de travail en CDI ou CDD, en tant que salarié. Dans ce cas, vous aurez un lien de subordination vis-à-vis de votre employeur. Vous serez soumis à des contraintes notamment en termes de lieu de prospection, méthodes de vente, etc. Vous devrez également rendre des comptes régulièrement sur votre travail à votre responsable hiérarchique *via* un compte rendu d'activité.

Un vendeur salarié peut exercer son activité sous deux statuts : représentant non statutaire ou VRP.

Le représentant non statutaire

Le représentant non statutaire, parfois appelé « attaché commercial », est un salarié de droit commun dont le contrat de travail est régi par le Code du travail. Il est soumis à la convention collective éventuellement appliquée dans son entreprise.

Le représentant non statutaire cotise aux caisses du régime général des salariés et bénéficie de l'assurance chômage et d'une retraite complémentaire.

Le Vendeur Représentant Placier (VRP)

Le droit commun n'est pas toujours adapté au salarié exerçant une activité commerciale. C'est pourquoi un statut spécifique, assorti d'une convention collective adaptée, a été mis en place au profit de certains vendeurs salariés.

Les conditions à remplir

Ce statut est réservé à certains vendeurs salariés. Il vous sera obligatoirement proposé si vous remplissez l'ensemble des conditions suivantes :

- **Vous exercez une activité de représentant de commerce**. Autrement dit, vous visitez une clientèle à l'extérieur des locaux de l'entreprise dans le but de prendre ou provoquer des commandes : si vous faites de la vente directe, ce sera forcément le cas.

- **Vous exercez cette activité de façon « exclusive et constante »**. L'intégralité de votre temps professionnel doit être dédié à la vente ou éventuellement l'animation d'une force de vente si c'est pour le compte du même employeur.
- **Vous n'exercez aucune activité commerciale pour votre propre compte**. Vous ne pouvez pas, par exemple, exercer par ailleurs une activité commerciale sous un statut d'indépendant ou être inscrit au registre du commerce, ni exercer une activité de vente directe en tant que VDI en parallèle.
- **Vous avez un contrat avec votre employeur** qui précise notamment : la nature des produits et services que vous devrez vendre, la zone de prospection, la catégorie de clientèle à visiter et les conditions de rémunération.

Exclusif ou non-exclusif

Votre statut de VRP ne vous empêchera pas nécessairement de travailler en tant que vendeur pour plusieurs entreprises. Vous serez :

- **VRP exclusif** si votre contrat ne vous autorise à travailler que pour une seule entreprise à temps partiel ou à temps complet ;
- **VRP non-exclusif** si vous avez la possibilité de travailler pour plusieurs employeurs. Si vous choisissez de travailler pour plusieurs sociétés, vous serez un VRP « multicarte ».

Les caractéristiques du statut de VRP

Le statut de VRP et la convention collective des représentants statutaires dite ANI prévoient des protections adaptées à la nature de votre activité, et en particulier :

- **Des indemnités en cas de rupture**. Vous allez investir votre temps et votre énergie dans la construction et le développement d'une clientèle pour le compte de votre employeur ; les bénéfices de ce travail ne seront pas nécessairement immédiats. Si une rupture de contrat intervient avant que vous n'ayez eu le temps de tirer les fruits de votre travail, il est normal que vous soyez indemnisé.

- **Une rémunération minimum dans certains cas**. Votre rémunération pourra être exclusivement basée sur le chiffre d'affaires réalisé. Cependant, si vous êtes VRP exclusif et que la convention collective s'applique, votre employeur devra vous garantir une « ressource minimale forfaitaire » au cas où vos commissions n'atteindraient pas un seuil de base.
- **Une limitation des clauses de non-concurrence** dans le temps, l'espace et le secteur. Si vous quittez votre employeur, celui-ci ne peut vous interdire indéfiniment de partir chez un concurrent, ni d'exercer votre activité sur une zone géographique ou un secteur d'activité différent.
- **Une période d'essai limitée à trois mois** ainsi qu'un préavis en cas de rupture du contrat variant de un à trois mois selon l'ancienneté du VRP.

Comme tout salarié, vous bénéficierez du régime général de la Sécurité sociale. Seule différence, si vous êtes VRP « multicarte », vos cotisations sociales ne seront pas gérées par l'URSSAF mais par la Caisse nationale de compensation de Sécurité sociale des VRP (CCVRP), en charge du calcul, du recouvrement et du versement des cotisations liées à votre activité.

Le vendeur indépendant

Dans la plupart des cas, les vendeurs directs sont indépendants. Ils n'ont aucun lien de subordination vis-à-vis de l'entreprise pour laquelle ils travaillent ; ils sont liés à elle par un contrat de distribution.

Il existe deux statuts pour les vendeurs indépendants : Vendeur à Domicile Indépendant (VDI) ou Vendeur indépendant inscrit au registre du commerce.

VDI, un statut sur mesure

Si, comme une grande partie des vendeurs directs, vous souhaitez exercer votre activité de façon occasionnelle, en toute liberté, en complément d'autres revenus, le statut de Vendeur à Domicile Indépendant vous conviendra parfaitement.

En effet, si vous souhaitez avoir la liberté de travailler à votre rythme, le statut de vendeur salarié ne sera pas adapté à votre situation… Cependant, vous n'avez peut-être pas envie pour autant de créer votre entreprise pour une activité qui se limitera, dans un premier temps, à quelques heures par semaine.

Pour remédier à cette situation et offrir au conseiller de vente une alternative à un statut de salarié trop rigide et une création d'entreprise trop contraignante, le Gouvernement a créé en 1993 ce statut intermédiaire qui combine à la fois :

- **des caractéristiques du statut de salarié** en ce qui concerne la protection sociale, avec le rattachement au régime général de la Sécurité sociale ;
- **des caractéristiques du statut d'indépendant** pour tout ce qui concerne les questions juridiques et fiscales.

Nous développerons ces caractéristiques plus loin dans ce chapitre.

Un VDI est donc considéré comme un salarié aux yeux de la Sécurité sociale mais pas au regard du Code du travail et des impôts. On vous offre le meilleur des deux mondes : la liberté en toute sécurité !

Les conditions à remplir

Ce statut très confortable n'est cependant pas ouvert à tous. Il est conçu pour offrir un tremplin à des vendeurs qui démarrent, ou la possibilité à des vendeurs occasionnels d'exercer une activité sans avoir à créer une entreprise.

Vous n'y aurez accès que si vous êtes en phase de démarrage et si vos revenus sont limités.

Les conditions pour être dispensé d'une inscription à un registre professionnel et exercer sous le statut de VDI sont les suivantes :

- Vous exercez une activité de vente « hors établissement », telle que définie dans le Code de la consommation.
  Il vous est interdit de vendre sur des marchés ou des foires, par exemple.
- Votre rémunération brute annuelle n'a pas dépassé un certain seuil pendant plus de trois années entières et consécutives. Ce seuil est fixé à 50 % du plafond annuel

de la Sécurité sociale, il correspond à une rémunération d'environ 1 500 € par mois.

Dans certains cas, lorsque vos revenus deviennent importants, il peut être intéressant de renoncer au statut de VDI, même si vous remplissez les conditions permettant d'y accéder, et vous inscrire à un registre professionnel. Votre entreprise de vente directe saura vous conseiller.

Les contrats proposés

En tant que VDI, trois types de contrats de distribution pourront vous être proposés :

- **Un contrat de VDI mandataire**. En tant que VDI mandataire, vous êtes mandaté pour signer des contrats de vente au nom et pour le compte d'une entreprise. Celle-ci vous rémunère ensuite, sous forme de commissions, en fonction du chiffre d'affaires réalisé.
- **Un contrat de VDI acheteur-revendeur**. En tant que VDI acheteur-revendeur, vous achetez à une entreprise des produits, que vous revendez ensuite au consommateur avec une marge. C'est la différence entre le prix de vente et le prix d'achat qui constitue votre rémunération.
- **Un contrat de VDI courtier**. Ce type de contrat est plus rare, il vous confère un rôle d'intermédiaire. Vous identifiez des prospects et les mettez en relation avec une entreprise qui se chargera elle-même de réaliser l'acte de vente et faire signer le bon de commande. L'entreprise vous versera ensuite une commission sur les ventes qu'elle aura réalisées grâce à vous.

Vendeur indépendant inscrit à un registre professionnel

Vous ne remplissez plus les conditions vous permettant d'accéder au statut de VDI ? Félicitations, cela signifie que votre activité décolle !

Vous êtes désormais dans l'obligation de vous inscrire à un registre professionnel ; en d'autres termes, vous allez devoir créer une entreprise commerciale. Vous entrez à présent dans la cour des grands !

Vous pourrez le faire soit en votre nom, sous la forme d'une entreprise individuelle, soit sous la forme d'une société (SARL, SAS ou SA).

Créer une entreprise peut soulever des inquiétudes liées au choix du statut, aux formalités à accomplir, aux conséquences de ce changement sur le régime fiscal et social... Rassurez-vous, ce n'est pas aussi sorcier que cela en a l'air et votre entreprise sera là pour vous accompagner dans cette nouvelle étape.

En tant que vendeur indépendant inscrit à un registre professionnel, deux statuts sont possibles, selon la nature du contrat qui vous lie à votre entreprise. Dans la plupart des cas, vous serez :

- **agent commercial** si vous avez un contrat de mandataire ; vous devrez vous inscrire au Registre Spécial des Agents Commerciaux (RSAC) dédié à la profession ;
- **commerçant** si vous avez un contrat d'acheteur-revendeur ; vous devrez vous inscrire au Registre du Commerce et des Sociétés (RCS).

Le fait d'être inscrit à un régime professionnel implique que vous êtes désormais vous-même responsable du versement de vos cotisations sociales auprès du RSI, « Régime Social des Indépendants ».

Les questions fiscales et sociales du VDI

Dans la mesure où 80 % d'entre vous exerceront sous le statut de Vendeur à Domicile Indépendant, nous avons fait le choix de nous concentrer plus particulièrement sur les questions fiscales et sociales liées à ce statut.

Les cotisations sociales

Le VDI est considéré comme un salarié de point de vue de la Sécurité sociale. Comme tout salarié, il est rattaché au régime général de la Sécurité sociale et ses cotisations sociales sont versées par l'entreprise.

C'est un grand confort pour vous, vous n'aurez à vous préoccuper de rien. Ce qui a été versé à l'URSSAF sera ensuite directement prélevé sur vos commissions si vous êtes mandataire ; un prélèvement sur votre compte sera réalisé si vous êtes acheteur-revendeur.

Le calcul des cotisations sociales

Bien que vous n'ayez pas à calculer vous-même le montant de vos cotisations, nous vous présentons ici le principe de calcul dans ses grandes lignes.

Les cotisations sociales sont versées tous les trimestres, elles sont calculées en fonction de vos revenus sur la base :

- des commissions perçues si vous êtes VDI mandataire ;
- de votre marge brute et de vos éventuelles commissions d'animation si vous êtes VDI acheteur-revendeur. Vous devrez donc communiquer le montant de votre marge à votre entreprise.

La Sécurité sociale met à jour chaque année un barème de cotisations qui permet de déterminer le montant à verser en fonction de la rémunération du vendeur.

Votre entreprise procédera à un abattement de 10 % pour frais professionnels sur votre rémunération brute. Le montant ainsi obtenu lui permettra de définir dans quelle tranche du barème vous vous trouvez. Trois cas de figure se présentent :

- **Aucune cotisation ne sera due** si votre rémunération ne dépasse pas un certain seuil.
- **La cotisation sera forfaitaire** si vous vous trouvez dans les trois premières tranches du barème.
- **Une assiette forfaitaire allégée sera appliquée** pour toutes les tranches supérieures du barème. Les cotisations seront calculées sur la base des taux URSSAF de droit commun mais sur des assiettes forfaitaires allégées.

Toutes les cotisations sociales sont partagées entre le VDI et l'entreprise, avec 33 % à votre charge et 67 % à la charge de l'entreprise.

Le bulletin de précompte

Le bulletin de précompte est l'équivalent de la fiche de paie du salarié. Il résume les sommes qui vous ont été versées ainsi que les cotisations payées à l'URSSAF. Votre entreprise vous l'enverra tous les trois mois, car les cotisations sociales sont versées trimestriellement. Cependant, cela ne l'empêchera pas de vous verser vos commissions tous les mois et d'établir éventuellement des bulletins de précompte intermédiaires.

Si vous avez un contrat d'acheteur-revendeur, vous devez communiquer à votre entreprise votre marge réelle afin qu'elle puisse remplir ce bulletin de précompte et calculer vos cotisations sociales.

Les prestations sociales

L'assurance santé

Vous relevez du régime général de la Sécurité sociale. Vous aurez donc accès, au même titre qu'un salarié, aux assurances maladie, maternité, paternité, veuvage, invalidité et décès.

Mais pour avoir droit à tout cela, il faudra tout de même avoir travaillé un minimum. Ce minimum peut être calculé, soit en fonction des cotisations versées, soit en fonction des heures travaillées. La seconde option est souvent la plus avantageuse.

On vous avait pourtant promis que vous n'auriez pas besoin de pointer et compter vos heures de travail ! Alors comment va-t-on définir ce minimum d'heures travaillées ? Sur le bulletin de précompte, votre entreprise précisera un nombre d'heures « théoriques » en divisant votre rémunération brute trimestrielle par le SMIC horaire.

Vous aurez ainsi droit :

- **au remboursement des soins pendant deux ans** si le nombre d'heures théoriques calculé dépasse 120 h pendant le trimestre précédent ou 400 h pendant l'année en cours ;
- **aux indemnités journalières pendant six mois** minimum si le nombre d'heures théoriques dépasse 150 h sur le trimestre ou 600 h sur les douze mois qui précèdent

l'arrêt de travail. Votre entreprise devra alors vous remettre une « attestation de salaire pour le paiement des indemnités journalières » ;

- **aux indemnités au titre de l'accident de travail**, dès le premier jour de votre activité, sans minimum travaillé.

La retraite

En tant que VDI, votre activité de vente directe vous permet également de cumuler des trimestres de retraite.

Armez-vous d'une calculatrice et d'un café, nous allons calculer ensemble le nombre de trimestres auxquels vous avez droit :

- Prenez les quatre bulletins de précompte de l'année (un par trimestre). Sur chaque bulletin, vous trouverez l'assiette forfaitaire qui a permis de calculer votre cotisation à l'assurance vieillesse. Si votre cotisation est forfaitaire, votre entreprise de vente directe pourra reconstituer pour vous l'assiette de base utilisée.
- Faites la somme de ces quatre assiettes forfaitaires.
- Divisez le montant obtenu par le SMIC horaire brut au 1er janvier de l'année considérée.
- Grâce au montant ainsi obtenu et au tableau ci-dessous, vous saurez combien de trimestres vous avez validés.

Tableau 3-1 : Cumul des trimestres de retraite

Montant obtenu	*Nombre de trimestres validés*
De 0 à 149	0
De 150 à 299	1
De 300 à 449	2
De 450 à 599	3
Plus de 600	4

À NOTER

Votre activité de VDI vous permet de cotiser au régime de base mais pas au régime complémentaire.

Le chômage

Dans la mesure où vous êtes indépendant, vous ne pourrez pas prétendre à l'assurance chômage.

La fiscalité du VDI

En tant que VDI, vous serez considéré comme un salarié aux yeux de la Sécurité sociale, mais vous serez traité comme un travailleur indépendant par l'administration fiscale.

L'impôt sur le revenu

Le régime applicable dépend du type de contrat qui vous lie à votre entreprise ainsi que de votre niveau de rémunération.

Pour le VDI mandataire

Si vous êtes VDI mandataire, vous serez imposé au titre des **Bénéfices Non Commerciaux (BNC)**.

Vous pourrez opter pour le régime « spécial BNC » en dessous d'un niveau de revenu défini par le fisc. Ce niveau de revenu est revu tous les trois ans, il est actuellement de 32 900 € par an.

Vous devrez déclarer le cumul annuel de vos commissions, sans soustraire les cotisations sociales. Les services fiscaux vous appliqueront un abattement forfaitaire de 34 % pour frais professionnels avec un minimum de 305 €.

Pour le VDI acheteur-revendeur

Si vous êtes VDI acheteur-revendeur, vous serez imposé au titre des **Bénéfices Industriels et Commerciaux (BIC)**.

Vous pourrez opter pour le régime « micro BIC » en dessous d'un niveau de chiffre d'affaires défini par le fisc. Ce niveau de chiffre d'affaires est revu tous les trois ans, il est de 82 200 € par an.

Vous devrez déclarer :

- **votre chiffre d'affaires** – et non votre marge brute – sans soustraire les cotisations sociales (les services fiscaux vous appliqueront un abattement forfaitaire de 71 % pour frais professionnels avec un minimum de 305 €) ;

- **vos éventuelles commissions d'animation**, sans soustraire les cotisations sociales (les services fiscaux vous appliqueront un abattement forfaitaire de 50 % pour frais professionnels avec un minimum de 305 €).

À NOTER

Le VDI doit déclarer ses revenus *via* le formulaire 2042 C PRO « profession non salariée ».

La TVA

En tant que travailleur indépendant, vous êtes normalement assujetti à la TVA. Cependant, tant que vos revenus ne dépassent pas les seuils permettant d'avoir accès aux régimes « spécial BNC » ou « micro BIC », vous aurez la possibilité d'opter pour la « franchise en base de TVA ». Elle vous permet de vous décharger totalement de la contrainte de la TVA. Vous ne la payez pas, mais vous ne la récupérez pas non plus sur vos achats.

À NOTER

Si vous optez pour cette franchise, vos bulletins de précompte devront comporter la mention « TVA non applicable, article 293 B du CGI ». Cette mention devra également apparaître sur vos bons de commande si vous êtes VDI acheteur–revendeur. Normalement, votre entreprise se chargera d'intégrer cette mention.

La Contribution Économique Territoriale (CET)

La CET est l'ancienne taxe professionnelle. Elle est composée de deux taxes : la CVAE (Cotisation sur la Valeur ajoutée des Entreprises), qui ne s'applique pas aux VDI, et la CFE (Cotisation Foncière des Entreprises), dont vous serez redevable.

Vous bénéficierez cependant d'une exonération de la CFE :

- **En dessous d'un certain seuil de revenu :** si votre rémunération annuelle est inférieure à 16,5 % du plafond annuel de la Sécurité sociale, vous bénéficierez d'une exonération totale de la CFE. Ce seuil est remis à jour chaque année ; en 2016, il représente 6 372 €. Les revenus pris en compte sont ceux de l'année n-2. Pendant les trois premières années, on prendra donc en compte les revenus de votre première année d'activité.

- **Sur demande gracieuse :** si le montant que l'on vous réclame vous semble disproportionné par rapport aux revenus de votre activité ou si vous n'exercez votre activité qu'à temps très partiel, vous pourrez faire une demande de dégrèvement par courrier au centre des impôts, au conseil municipal ou à l'établissement intercommunal de votre commune.

Dans le cas où aucune exonération de la CFE n'est accordée, c'est dans la quasi-totalité des cas la cotisation minimale qui s'appliquera.

Si vous êtes VDI acheteur-revendeur, il est vivement conseillé d'informer en fin d'année votre service fiscal du montant de votre revenu annuel (commission + marge brute) pour le calcul de la CFE. En effet, le fisc ignore ce montant car, dans le régime BIC, vous n'indiquez que votre chiffre d'affaires et le montant de vos commissions.

Quelle protection pour le vendeur indépendant ?

Le Code du travail ne s'applique pas aux VDI. Par conséquent, la déontologie professionnelle du secteur a dû trouver un moyen de protéger des vendeurs, potentiellement dénués d'expérience commerciale, qui s'engagent dans une activité nouvelle pouvant comporter certains risques.

Trois textes traitent de la protection du conseiller de vente :

- le Code du commerce et le Code civil ;
- le Code de la consommation ;
- le Code de conduite des entreprises de la vente directe : il est le deuxième volet du Code de déontologie professionnelle. Il concerne l'encadrement de la relation vendeur-entreprise. Les entreprises adhérentes de la Fédération de la Vente Directe s'engagent à l'appliquer.

Ces textes imposent aux entreprises du secteur :

- l'obligation de fournir une information complète avant la signature du contrat ;

- l'obligation d'apporter un accompagnement et une formation au vendeur ;
- la possibilité offerte aux vendeurs de quitter le réseau à tout moment ;
- une interdiction des pratiques commerciales illicites connues sous le nom de ventes pyramidales.

L'information précontractuelle

Le réseau que vous intègrerez se doit de vous informer pour que vous puissiez vous engager en connaissance de cause.

Des informations complètes et sans ambiguïté

Les informations que vous recevrez concerneront les produits et services de l'entreprise, les méthodes de distribution, les frais que vous devrez engager, les revenus que vous pouvez espérer tirer de votre activité…

Toutes les informations que l'entreprise ou ses représentants vous communiqueront devront être dénuées d'ambiguïté et vérifiables, notamment en matière de rémunération. Votre entreprise ne devra pas vous présenter des perspectives de gain irréalistes.

« Les actions engagées par les sociétés et les vendeurs pour le recrutement de nouveaux vendeurs sont menées avec une volonté permanente de clarté et d'honnêteté. »

Source : Code de conduite des entreprises de la vente directe.

Des informations mises par écrit dans un contrat

Toutes ces informations devront être mises par écrit dans un contrat qui sera signé par les deux parties. Les obligations de l'entreprise à votre égard ainsi que vos engagements devront y être clairement mentionnés.

« Les sociétés doivent fournir aux vendeurs un contrat écrit, signé par le vendeur, et contenant tous les éléments essentiels de leur collaboration. »

Source : Code de conduite des entreprises de vente directe.

La formation et l'accompagnement

Au moment où vous intégrez un réseau de vente directe, vous n'avez peut-être aucune connaissance du métier. L'entreprise de vente directe ainsi que les personnes qui ont des fonctions d'animation dans le réseau se doivent de vous former et de vous accompagner pour vous mener au succès.

La formation

En vertu du Code de conduite des entreprises de la vente directe, l'entreprise que vous rejoindrez sera tenue de vous fournir une formation initiale complète qui portera sur la législation, les spécificités du statut sous lequel vous exercerez, les caractéristiques des produits vendus et les méthodes de vente.

Vous bénéficierez ensuite, en marge de votre activité, de formations et de réunions qui viseront à améliorer vos compétences.

« Les sociétés et les vendeurs forment les autres vendeurs grâce à des informations adaptées en contenu et en temps. »

Source : Code de conduite des entreprises de vente directe.

L'accompagnement

Les personnes qui exercent une fonction d'animation dans votre réseau seront en charge de vous accompagner dans votre activité au quotidien. Ils répondront à vos nombreuses questions et vous prodigueront de précieux conseils.

La possibilité de rompre le contrat facilement

L'activité de vente directe doit offrir souplesse et flexibilité. L'engagement dans un réseau de vente directe ne doit pas être un engagement à vie.

Il faut que vous puissiez quitter facilement l'entreprise avec laquelle vous avez contracté si, par exemple, vous vous rendez compte que l'activité de vente directe ne vous convient pas, si votre situation personnelle évolue ou si vous souhaitez changer de réseau.

Vous avez la possibilité de résilier à tout moment le contrat qui vous lie à votre entreprise. Cependant, pour que cette séparation soit effectivement possible et pour que vous puissiez revenir facilement sur votre engagement, la législation et le Code de conduite ont prévu des garanties supplémentaires :

- les coûts d'intégration doivent être limités ;
- vous devez bénéficier d'un délai de rétractation ;
- les stocks constitués doivent être limités et intégralement repris par l'entreprise en cas de départ.

Des coûts d'intégration limités

Il pourra vous être demandé, au moment de votre entrée dans un réseau, de vous acquitter d'un certain nombre de frais pour couvrir :

- les coûts administratifs engendrés par votre arrivée ;
- les produits de démonstration destinés à être présentés au client ;
- les supports de vente : catalogues, prospectus ;
- la formation initiale.

À NOTER

Ces frais sont parfois remboursés si vous atteignez un palier de chiffre d'affaires défini par l'enseigne dans les premières semaines de votre activité.

Cette condition d'entrée est tout à fait légale et légitime de la part de l'entreprise avec laquelle vous contractez. En effet, votre intégration a un coût, et ces frais correspondent au dédommagement de l'entreprise pour des services rendus. Cependant, quel que soit le réseau, les sommes versées lors de votre arrivée :

- **doivent rester modiques** : 200 euros tout au plus ;
- **ne doivent pas constituer une source de profit** ni pour l'entreprise, ni pour aucun membre du réseau.

De faibles coûts d'intégration permettent d'éviter que vous ne vous sentiez contraint de poursuivre votre activité contre votre gré, dans l'objectif de « récupérer » l'argent investi.

Un délai de rétractation

Le consommateur a la possibilité de changer d'avis s'il n'est pas satisfait de sa décision d'achat. Il n'y a pas de raison que vous ne bénéficiez pas de ce même « droit à l'erreur » au cas où vous souhaitiez revenir sur votre engagement.

Le Code de conduite prévoit que vous puissiez vous faire rembourser l'intégralité des sommes engagées si :

- vous résiliez votre contrat, par écrit, dans un délai fixé au minimum à quatorze jours calendaires à compter de la signature du contrat ;
- vous renvoyez, dans leur état initial, tous les produits et outils de vente achetés.

Attention, cette mesure est dictée par la déontologie professionnelle. Elle n'a pas force de loi. Seules les entreprises adhérentes de la Fédération de la Vente Directe sont tenues de l'appliquer.

Des stocks restreints et intégralement repris

Cette mesure vise à éviter que vous vous retrouviez dans l'impossibilité de rompre un contrat de distribution s'il vous reste du stock à écouler.

Si vous êtes lié à votre entreprise par un contrat de mandataire, le problème ne se pose pas. En effet, vous n'aurez pas besoin de constituer de stock. Si, en revanche, vous avez un contrat d'acheteur-revendeur, vous pourrez être amené à acheter de la marchandise pour la revendre à vos clients.

Dans ce cas, l'entreprise :

- **ne doit pas vous inciter à constituer des stocks déraisonnables**. Elle doit veiller à ce que vous soyez en mesure d'écouler vos stocks dans les 30 jours en moyenne ;
- **vous rembourse la marchandise** au minimum à 90 % de la valeur d'acquisition en cas de départ. Cependant, la loi précise que cette garantie peut être limitée à la marchandise achetée dans l'année qui précède la rupture du contrat. On ne vous reprendra pas un sac à main acheté trois ans auparavant et qui est totalement démodé.

Le Code de conduite inclut également l'obligation pour l'entreprise de vous racheter les outils d'aide à la vente (catalogues, prospectus) qui seraient réutilisables.

Les pratiques commerciales illicites, ou ventes pyramidales

Une pratique interdite par la loi

L'article L. 122-6 du Code de la consommation vise à éradiquer les pratiques dites de « ventes pyramidales » tout à fait condamnables.

Il interdit notamment de faire payer à une personne des droits d'entrée pour intégrer un réseau lorsque :

- les gains financiers espérés dépendent du nombre de personnes recrutées plutôt que de la vente de produits et services ;
- l'argent versé permet de rémunérer directement des membres du réseau.

Autrement dit, personne dans le réseau ne doit tirer directement profit de votre seul recrutement et le simple recrutement de nouveaux membres ne doit pas constituer pour vous une source de rémunération.

Vente pyramidale, vente directe par réseau, comment faire la différence ?

Nous avons présenté dans le premier chapitre la vente directe par réseau comme étant l'une des branches de la vente directe. Nous avons vu que ce mode d'organisation, tout à fait légal, pouvait parfois être confondu avec la vente pyramidale. Voyons maintenant comment faire la différence entre ces deux systèmes afin de déceler une entreprise dont les pratiques seraient illégales.

Si vous souhaitez intégrer une entreprise de vente directe par réseau, un faisceau d'indices vous permettra de vous assurer qu'il ne s'agit pas d'un système illégal de vente pyramidale. Contrairement aux réseaux illégaux de vente pyramidale, dans une entreprise de vente directe par réseau :

- Les vendeurs qui cooptent de nouvelles recrues ne sont pas **rémunérés** sur le recrutement lui-même mais **sur le chiffre d'affaires réalisé par la personne cooptée**.
- **Les produits commercialisés détiennent un réel potentiel de vente** et permettent de dégager un revenu. L'entreprise pourra vous donner des exemples réels de revenus dégagés.
- **Les dépenses initiales restent modiques** et correspondent au coût réel engendré par votre entrée dans le réseau, il ne doit pas dépasser 100 ou 200 euros. On ne vous vend pas des supports de vente à des tarifs excessifs. On ne vous impose pas des formations à des prix très élevés au regard de leur contenu.
- **On vous fait signer un contrat** de collaboration en bonne et due forme qui précise les engagements de chacune des parties.

PAROLE D'EXPERT

La vente directe et l'économie collaborative

« La vente directe apparaît être un concept qui a un avenir exceptionnel. Il est en effet parfaitement inscrit dans la nouvelle économie collaborative du XXIe siècle puisqu'il offre un service à des particuliers proposé par d'autres particuliers au même titre que toutes les start-up que nous voyons fleurir quotidiennement.

Si nous assistons en effet à *l'Uberisation* progressive de l'économie, notre industrie est plus ancienne et dispose depuis plus de quinze ans de tout l'environnement juridique pour se développer sur des bases saines, solides et durables : des règles de protection des consommateurs, un statut social indépendant (le VDI), un Code de conduite publié par la Fédération de la Vente Directe.

De surcroît, la vente directe par réseau ouvre la possibilité à chacun d'ambitionner de construire sa propre entreprise dans la perspective de se créer une véritable indépendance financière. J'ajouterais une notion qui, pour moi, lui donne toute sa richesse : la nécessité de respecter des valeurs professionnelles et humaines exigeantes, pour réussir "une grande aventure humaine". »

Philippe Dailey, président d'honneur de la Fédération de la Vente Directe.

Deuxième partie

Démarrer une activité de vente directe

Dans cette partie...

Vous avez assimilé les aspects théoriques de la vente directe, il est temps de passer à la pratique !

Êtes-vous prêt à vous lancer dans l'aventure ? Nous vous aiderons à surmonter vos appréhensions et vous guiderons dans le démarrage de votre activité : la signature du contrat, les démarches administratives, les premières ventes...

Nous vous aiderons également à vous glisser dans la peau du bon vendeur direct et à adopter l'attitude adéquate en toutes circonstances.

Chapitre 4

Devenir vendeur direct, pourquoi pas moi ?

Dans ce chapitre :

- Être ou ne pas être… un vendeur direct ?
- Conjuguer son activité de vente et sa situation personnelle
- Surmonter les *a priori*

Vous avez découvert dans la première partie que la vente directe offre la possibilité à quiconque – quels que soient son âge, sa formation et ses moyens financiers – de développer une source de revenu (principale ou secondaire) à travers l'exercice d'une activité indépendante ou salariée. Vous avez également appris que près de 600 000 vendeurs pratiquent déjà ce métier. Vous vous demandez à présent, à juste titre, pourquoi vous ne vous lanceriez pas, vous aussi, dans l'aventure.

Dans ce chapitre, nous vous donnerons les clés pour réaliser ce choix. Vous découvrirez par ailleurs comment cette nouvelle activité pourra se conjuguer avec votre situation actuelle.

Un métier ouvert à (presque) tous

Il suffit d'être majeur et vacciné pour exercer une activité de vendeur direct. Étudiants, salariés, retraités, chômeurs…, ce secteur est en principe ouvert à tous. C'est une activité qui peut s'adapter à l'emploi du temps et à la situation particulière de chacun.

Dans la majorité des situations, vous pourrez cumuler vos revenus liés à votre activité de vendeur direct avec une autre source de revenu.

Vous êtes salarié

Votre salaire mériterait bien un petit coup de pouce, vous en êtes convaincu, pourtant votre employeur semble nier l'évidence ! Vous avez donc décidé de prendre le taureau par les cornes et, suivant l'adage « travailler plus pour gagner plus », vous vous êtes tourné vers la vente directe.

Que vous travailliez à temps partiel ou à temps plein et quel que soit le métier que vous exercez en tant que salarié, vous pouvez en principe pratiquer une activité de vente directe en dehors de vos heures de travail. Le statut de VDI sera alors particulièrement adapté, il vous permettra d'exercer à temps choisi pendant vos week-ends ou vos congés.

Votre employeur a-t-il son mot à dire ?

En principe, votre employeur ne peut pas vous interdire d'exercer une activité de vente directe en parallèle de votre emploi : vous pouvez disposer de votre temps libre comme bon vous semble.

Quelques situations dérogent cependant à cette règle :

- si votre contrat vous interdit l'exercice d'une autre activité ;
- s'il existe un risque de concurrence déloyale. Ne choisissez pas de travailler pour un concurrent direct de l'entreprise qui vous emploie ;
- si vous exercez une activité commerciale en tant que VRP, exclusif ou non.

Il vous sera par ailleurs interdit d'exercer une activité de vente directe **de façon temporaire** si :

- **Vous êtes en arrêt maladie**. Sauf autorisation médicale, toute activité rémunérée est interdite, y compris pendant les heures de sortie autorisées.
- **Vous êtes en congé parental**. Si vous avez suspendu votre activité pour vous occuper de vos enfants ou si

vous avez demandé un temps partiel dans le cadre d'un congé parental, vous ne pouvez exercer aucune autre activité professionnelle que celle d'assistante maternelle. Vous devrez vous consacrer corps et âme à vos bambins.

Si votre contrat ne dispose pas d'une clause particulière à ce sujet, vous n'êtes pas tenu de signaler à votre employeur que vous exercez une activité de vente directe en dehors de vos heures de travail.

Si vous êtes fonctionnaire

La loi n° 83-634 du 13 juillet 1983 impose aux agents publics de « *consacrer l'intégralité de leur activité professionnelle aux tâches qui leur sont confiées* ». En théorie, vous ne pouvez donc pas exercer une activité de vente directe.

Cependant, cette règle offre deux exceptions :

- **Vous envisagez de créer votre entreprise**. Votre projet est de quitter la fonction publique pour exercer votre activité de vente directe à temps plein. Vous pouvez alors demander à votre autorité hiérarchique une autorisation de cumul d'activité pour une durée de deux ans pour « création d'entreprise ». Il faudra faire valoir le fait que vous envisagez de débuter votre activité en tant que VDI dans l'objectif de devenir ensuite agent commercial ou commerçant. Cette autorisation sera néanmoins soumise à validation de la part de la commission de déontologie.
- **Vous exercez une fonction publique à temps partiel**. Votre durée de travail ne doit pas excéder 70 % de la durée légale du travail des agents publics à temps complet. L'exercice de votre activité de vendeur direct doit, par ailleurs, être compatible avec vos obligations de service et ne porter atteinte ni au fonctionnement normal, ni à l'indépendance ou à la neutralité du service. Vous devez impérativement informer votre autorité hiérarchique, qui peut s'opposer à tout moment à l'exercice de votre activité.

Une loi en cours de préparation pourrait modifier les règles au sujet du cumul d'activité des fonctionnaires. Renseignez-vous auprès de votre administration.

Accord interprofessionnel « Défense mobilité »

En 2014, la Fédération de la Vente Directe a signé un accord de partenariat avec le ministère de la Défense. Cet accord vise à faciliter la mise en relation des militaires et leurs conjoints ainsi que du personnel civil du ministère de la Défense avec les entreprises de vente directe qui cherchent à recruter.

Les entreprises adhérentes de la FVD ont ainsi accès à un vivier de candidats préparés *via* des réunions d'information et des bilans de compétence. Les personnes concernées par ce dispositif bénéficient également d'aides pour intégrer une entreprise de vente directe dans les meilleures conditions : congé de reconversion, etc.

Vous exercez une activité en tant qu'indépendant

Profession libérale

Le jour, vous êtes médecin, sage-femme, avocat ou expert comptable, mais, le soir venu, vous aimeriez troquer votre blouse, votre costume ou votre toge contre une tenue plus décontractée et partir organiser des ateliers cuisine ou scrapbooking chez vos amis, ou encore proposer des produits diététiques à votre entourage ?

Il n'y a pas d'incompatibilité entre l'exercice d'une profession libérale et une activité de vente directe. Cependant, les professions libérales dites « réglementées », relevant du domaine du droit, de la santé ou des techniques sont extrêmement encadrées par la loi et les règles déontologiques de la profession concernée. Or, ces règlementations propres à chaque profession peuvent interdire, dans certaines situations, l'exercice d'une activité de vente directe.

Par exemple, les médecins ne peuvent pratiquer une activité commerciale qu'à condition que celle-ci soit occasionnelle et qu'elle n'ait aucun lien avec leur activité principale. Un dermatologue ne pourra donc en aucun cas travailler pour une entreprise qui distribue des produits cosmétiques.

Renseignez-vous auprès de votre syndicat professionnel afin de connaître les conditions possibles d'exercice d'une activité de vente directe.

Artisans et entrepreneurs individuels

Que vous soyez artisan ou entrepreneur individuel, vous pouvez sans difficulté exercer une activité de vente directe en tant que salarié ou vendeur indépendant inscrit au registre du commerce.

Si vous souhaitez exercer votre activité en tant que VDI, cela se corse un peu. En effet, le cumul d'activité entraînera une double affiliation concernant votre protection sociale : au régime général de la Sécurité sociale pour votre activité de vente et au Régime social des indépendants (RSI) pour votre activité artisanale ou votre entreprise individuelle.

Vous devrez, dans ce cas, solliciter un avis personnalisé auprès de votre caisse de retraite.

Vous êtes retraité

Ce n'est pas parce que vous êtes à la retraite que vous comptez partager votre temps entre des parties de bridge et du tricot. Vous avez envie de rencontrer du monde, vous sentir utile et pourquoi pas compléter la maigre pension que votre caisse de retraite est encore en mesure de vous verser.

Une série de lois et décrets ont récemment assoupli les possibilités de cumuler des revenus d'activité et une pension de retraite.

Cumuler revenus d'activité et pension de retraite

Pour continuer de percevoir l'intégralité de votre pension de retraite tout en exerçant une activité en tant que VDI, vous devez remplir les trois conditions suivantes :

- **avoir rompu votre contrat de travail** ou cessé l'activité que vous exerciez en tant qu'indépendant ;
- **avoir liquidé vos pensions de retraite** des régimes de base et complémentaire, qu'elles soient ou non à taux plein ;

- **avoir rempli à la fois les conditions d'âge et de durée de cotisation** vous permettant de liquider vos pensions de retraite de base et complémentaire.

Si vous ne remplissez pas toutes ces conditions :

- vous devrez suspendre votre activité de VDI débutée avant votre départ en retraite pendant une période d'au moins six mois ;
- votre pension ne vous sera pas versée dans son intégralité si le cumul de votre pension et des revenus de votre activité de vente directe dépasse un certain plafond.

Les formalités à accomplir

Il vous faudra, dans tous les cas, envoyer à votre dernière caisse de retraite d'affiliation dans le mois de démarrage de votre activité :

- le nom et l'adresse de l'entreprise avec laquelle vous exercez votre activité de vente ;
- la date de début d'activité ;
- une déclaration sur l'honneur attestant que vous avez liquidé l'ensemble de vos pensions de retraite.

Vous devrez par ailleurs envoyer chaque trimestre votre bulletin de précompte.

Étant donnée la multitude de situations particulières, nous vous recommandons tout de même de vous renseigner auprès de votre caisse de retraite concernant les conditions de cumul qui vous concernent. En effet, certains régimes de retraite offrent des conditions de cumul plus souples que d'autres.

Vous êtes au chômage

Malgré les innombrables CV et lettres de motivation envoyés, les retours tardent à venir. Plutôt que d'attendre les bras croisés que l'on vous propose le CDI de vos rêves, vous avez choisi de vous lancer dans la vente directe pour compléter les revenus de vos allocations. Et qui sait ? Vous vous découvririez peut-être une vocation et choisirez de faire carrière dans ce métier.

Cumuler revenus d'activité et allocation chômage

Votre activité de vente directe ne doit pas vous empêcher de continuer de rechercher activement du travail si vous souhaitez percevoir vos allocations chômage. Cela doit rester une activité occasionnelle.

Si vous étiez vendeur direct avant la perte de votre emploi, vous pourrez cumuler intégralement votre allocation d'aide au retour à l'emploi (ARE) et vos revenus d'activité. Si, en revanche, ce n'est qu'une fois au chômage que vous avez découvert ce beau métier, vous ne percevrez pas votre allocation dans son intégralité. Pôle Emploi procèdera à un savant calcul pour déterminer le nombre de jours d'indemnités qui vous seront versés :

(Montant de votre allocation - 70 % des revenus de votre activité) / Montant de votre allocation journalière = Nombre de jours indemnisés

Le cumul de votre allocation chômage et de vos revenus d'activité ne doit pas dépasser le montant de votre ancien salaire.

Vous devez impérativement informer Pôle Emploi de votre activité et faire parvenir chaque mois vos bulletins de rémunération et chaque trimestre vos bulletins de précompte. En cas d'oubli, Pôle Emploi fera une évaluation forfaitaire de vos revenus mensuels, qui pourra se révéler très défavorable.

La convention d'assurance chômage ayant été annulée par le Conseil d'État, des discussions en cours peuvent remettre en cause certains éléments énoncés précédemment.

Le cas de l'Allocation Solidarité Spécifique (ASS)

Si vous êtes bénéficiaire de l'ASS et que vous exercez la vente directe en tant que VDI, vous pourrez cumuler les revenus de cette allocation avec les revenus de votre activité pendant une période de douze mois uniquement.

L'allocation vous sera versée :

- dans son intégralité au cours des trois premiers mois ;
- à hauteur d'un plafond de ressources mensuelles cumulées à partir du quatrième mois. Pendant cette période, vous toucherez également une prime de 150 € / mois.

Pour avoir droit à ce cumul, vous devrez cependant :

- être physiquement apte à travailler ;
- être en recherche active d'un emploi ;
- pouvoir justifier de deux à cinq ans d'activité salariée (selon le nombre d'enfants à charge) pendant les dix ans qui précèdent la fin du contrat de travail ouvrant droit aux allocations ;
- ne pas pouvoir bénéficier d'une retraite à taux plein.

Vous êtes homme ou femme au foyer

Si les couches, le ménage, la préparation des repas, et les devoirs des enfants n'ont pas réussi à venir à bout de votre énergie débordante, il vous est possible d'exercer une activité de vente directe.

En revanche, le CLCA (Complément de Libre Choix d'Activité) ou la Préparee (Prestation Partagée d'Éducation de l'Enfant) sont réservés aux personnes qui renoncent à l'exercice d'une activité professionnelle pour se consacrer à l'éducation de leurs enfants. En exerçant une activité de vente directe, vous ne renoncez pas totalement à travailler, vous n'aurez donc droit qu'au taux partiel du CLCA, qui sera calculé en fonction du nombre d'heures effectuées. Si vous exercez en tant que VDI, ces heures « théoriques » seront obtenues en divisant votre revenu par le montant du SMIC.

À NOTER

Pour rappel, si vous êtes salarié en congé parental, vous n'avez pas le droit d'exercer une activité de vente directe.

Vous êtes titulaire d'une allocation ou pension spécifique

Le Revenu de Solidarité Active (RSA)

Le principe du RSA est d'assurer un niveau minimum de revenu si vos ressources sont insuffisantes. Cette allocation est donc tout à fait compatible avec l'exercice d'une activité professionnelle et en particulier d'une activité de vente directe.

Au démarrage, votre activité de vente directe ne vous rapportera peut-être que de faibles revenus qui pourront, selon votre situation, être complétés par le RSA. Par la suite, grâce aux conseils avisés que nous vous prodiguerons, vos revenus exploseront et vous n'aurez plus droit au RSA !

Vous devrez informer chaque trimestre votre Caisse d'allocations familiales de l'évolution de vos ressources en incluant les revenus liés à votre activité de vente directe.

La pension d'invalidité et l'allocation aux adultes handicapés

Si vous êtes apte à travailler, vous pouvez tout à fait cumuler une pension d'invalidité ou une allocation aux adultes handicapés (Aah) avec une activité de vente directe :

Vente directe et handicap

Les métiers de la vente directe offrent de réelles perspectives pour les demandeurs d'emploi en situation de handicap.

En 2013, un diagnostic a été réalisé par le cabinet TH Conseil concernant l'emploi des personnes en situation de handicap dans le secteur de la vente directe. La moitié des vendeurs interrogés admettent que « *leur problématique de santé ou situation de handicap a influencé le choix de la vente directe* ». En effet, la souplesse d'organisation qu'offrent les métiers de la vente directe permet à des personnes en situation de handicap, ou victimes de troubles de santé invalidants, d'adapter leur rythme de travail à leurs capacités et leurs contraintes.

Le handicap ne semble pas être un frein à la réussite. 73 % des animateurs d'équipe interrogés considèrent que « *la situation de handicap n'a pas d'impact sur les résultats de la personne* ». Certaines entreprises offrent des aménagements spécifiques et un accompagnement plus personnalisé à ceux qui en ont besoin. Toutefois, « *40 % des vendeurs handicapés ayant répondu au questionnaire estiment qu'ils auraient besoin d'autres aménagements.* »

Source : *L'emploi des personnes handicapées dans la vente directe : Diagnostique approfondi.*

- **Dans le cas de la pension d'invalidité**, le cumul sera intégral si la somme des revenus de votre activité et de votre pension ne dépasse pas le revenu moyen de la dernière année civile précédent l'arrêt du travail suivi d'invalidité.

- **Dans le cas de l'Aah**, le montant des droits est calculé en fonction des ressources du foyer. L'activité de vente directe viendra donc réduire partiellement les allocations versées.

Suis-je fait pour la vente directe ?

Vous avez découvert qu'exercer une activité de vente directe n'était pas incompatible avec votre situation personnelle, mais vous vous demandez à présent si, pour autant, vous en serez capable.

Un métier ouvert à tous types de qualifications

« *Diplômé d'une école de commerce ou d'ingénieur, vous disposez idéalement de 10 années d'expériences dans une fonction commerciale, vous parlez au moins 4 langues dont le russe et le mandarin. Références exigées !* » Ces petites annonces commencent sérieusement à vous irriter ! Vous aimeriez que l'on vous prenne comme vous êtes, sans tenir compte de votre passé ou de votre CV.

En vente directe, aucun profil type n'est privilégié : on peut être banquier ou artisan, avoir 18 ou 78 ans, être coiffeur ou étudiant, homme au foyer ou femme d'affaire… tout le monde est bienvenu, c'est ce qui fait la richesse de ce métier !

Tous les diplômes sont les bienvenus

Que vous soyez bardé de diplômes ou autodidacte, que vous soyez diplômé en histoire de l'art ou titulaire d'un diplôme de comptabilité, vous pourrez devenir vendeur direct. Aucun diplôme en particulier n'est exigé, ni le baccalauréat, ni même un diplôme lié aux fonctions commerciales.

Le seul examen qu'il est préférable d'avoir est le permis de conduire. Bien qu'il ne soit pas exigé, il vous facilitera bien la vie, surtout si vous exercez en milieu rural. Vous serez, en effet, amené à effectuer de nombreux déplacements ainsi que des livraisons de produits qui pourront être difficiles à acheminer en transports en commun.

Toutes les expériences sont les bienvenues

Vous n'avez jamais rien vendu à part votre vieux canapé la semaine dernière sur leboncoin. Les termes de « prospection », « chiffre d'affaires » et « marge brute » ne vous évoquent rien. La vente directe est quand même à votre portée !

On ne vous demandera pas d'envoyer un CV, ni de faire valoir une quelconque expérience professionnelle. Vous bénéficierez de formations et d'accompagnements pour vous initier dans un premier temps aux bases des techniques de la vente directe, puis l'expérience acquise sur le terrain vous permettra de gagner progressivement en assurance.

Bien qu'inexpérimenté, vous ne partez pas de rien. Vous avez développé, tout au long de votre vie, personnelle et professionnelle, des compétences qui vous seront utiles dans votre métier de vendeur direct.

- Dans votre jeunesse, vous étiez bénévole dans une association humanitaire ? Vous avez développé des compétences relationnelles.
- Vous êtes femme au foyer ? Vous êtes devenue une pro de l'organisation.
- Vous êtes cadre dans une agence de communication ? Vous avez acquis des compétences liées aux médias et aux réseaux sociaux que vous pourrez exploiter.

Des qualités indispensables

Si aucune qualification n'est requise, certaines aptitudes vous aideront à relever les défis auxquels vous devrez faire face. Ces qualités, vous les développerez tout au long de votre carrière, cependant, il est préférable d'avoir quelques prédispositions au démarrage.

Le dynamisme et l'enthousiasme

Vous débordez d'énergie, votre sourire reflète votre joie de vivre, et votre bonne humeur est contagieuse ; c'est un très bon point de départ pour réussir dans votre activité.

Vendre, c'est avant tout communiquer son enthousiasme pour un produit. Vous aurez d'autant plus de facilité à atteindre cet objectif si vous êtes quelqu'un de positif qui s'émerveille facilement du monde qui l'entoure.

Le goût du contact

Si vous êtes du genre ours des cavernes qui ne sort de sa tanière que sous la pression de sollicitations insistantes et si les seuls contacts humains que vous tolérez se font *via* un ordinateur, il vous sera difficile de développer une clientèle en vente directe.

Il n'est pas pour autant nécessaire d'être un adepte des soirées mondaines ou de collectionner des centaines d'amis sur Facebook. Le goût du contact, c'est tout simplement savoir apprécier la compagnie de ses congénères, prendre du plaisir à rencontrer de nouvelles personnes, savoir créer du lien avec les autres, aimer discuter, échanger, rire, partager des moments en groupe.

La persévérance

La vente directe est un métier qui apporte une grande satisfaction : le plaisir de parler avec conviction de produits que l'on aime, de partager des moments de convivialité... Cependant l'exercice d'une activité de vente directe suppose de surmonter ses appréhensions, se confronter à des refus, essuyer des échecs et faire face à des défis à relever.

Si vous n'avez toujours pas refermé ce livre après une telle nouvelle, c'est que vous faites preuve d'un minimum de persévérance et que vous n'êtes pas facilement en proie au découragement. Félicitations ! Vous ferez un excellent vendeur direct.

Il faudra apprendre à vous relever après un échec, continuer de prospecter à la suite d'un refus, ne pas baisser les bras si la performance n'est pas au rendez-vous. Mais rassurez-vous, vous ne serez pas seul, toute une équipe sera à vos côtés pour vous remonter le moral en cas de coup dur.

L'autonomie

En tant que conseiller de vente, vous serez l'acteur de votre succès. Les membres de votre réseau (votre manager, votre équipe…) seront là pour vous aider à atteindre vos objectifs, cependant votre réussite ne dépendra que de vous.

L'autonomie est donc une qualité indispensable du vendeur direct : elle se définit comme la faculté d'organiser son travail par soi-même. Personne ne sera là pour vérifier que vous vous êtes levé le matin ni pour vous rappeler quel client vous êtes supposé visiter aujourd'hui. Vous devrez gérer votre agenda en toute autonomie, prioriser vous-même vos actions et faire preuve d'initiatives.

Faire preuve d'autonomie ne signifie pas travailler en loup solitaire. Dans l'exercice d'une activité de vente directe, la notion d'équipe est importante. L'entraide, le partage et l'esprit d'équipe ne devront pas être en contradiction avec votre capacité et votre volonté de gérer votre travail de façon autonome.

La capacité d'écoute

Vous êtes à l'écoute de vos proches et savez vous montrer disponible et attentif à leur égard. Vous êtes capable d'écouter vos interlocuteurs sans les interrompre et d'accepter qu'ils expriment une opinion différente de la vôtre. Ces qualités vous seront précieuses dans l'exercice de votre activité.

Cette capacité d'écoute devra s'exprimer :

- **vis-à-vis de vos clients :** vous devrez vous montrer attentifs à leurs questions, leurs attentes, leurs objections…
- **vis-à-vis de votre équipe :** faire preuve d'écoute, c'est également être attentif en formation et avoir l'humilité d'accepter les conseils qui vous seront prodigués.

Pour le savoir, une seule solution : essayer !

Vous connaissez à présent les qualités essentielles qui permettent d'exercer ce métier ; vous êtes rassuré sur le fait que cette activité est tout à fait compatible avec votre situation actuelle et vous avez compris que votre absence totale d'expérience ne sera pas un obstacle à votre réussite. Mais pourtant, des doutes persistent, vous vous demandez si vous serez un bon vendeur, si vous serez capable d'animer une réunion, d'appeler des prospects, de conclure une vente… et c'est bien normal, car tout cela est très nouveau pour vous !

Surtout, ne perdez pas trop de temps à tergiverser sur ces questions existentielles ! Inutile de procéder à une introspection ou un bilan de compétences approfondi. La seule façon de savoir si vous serez un bon vendeur direct, c'est d'essayer !

Vous avez peu à perdre

Le risque de passer à côté d'une belle opportunité est plus grand que celui de tenter l'aventure ! Vous avez la possibilité de tester le métier de la vente directe sans engagement et sans quitter votre emploi actuel. Le statut de VDI est tout à fait approprié si vous souhaitez faire un essai en tant que vendeur direct. Vous pourrez démarrer très facilement sans perdre de temps en formalités administratives et vous aurez la possibilité d'arrêter à tout moment.

« Lorsque j'ai démarré, on m'a dit que le plus gros risque que je prenais est que cela me plaise ! J'ai pris le risque et je ne regrette rien. »

Agnès, vendeuse à domicile dans le domaine des ustensiles de cuisine.

Intégrer une entreprise de vente directe en tant que vendeur indépendant n'engage que de très faibles dépenses. Il vous faudra simplement faire l'acquisition d'un kit de démarrage, constitué de quelques produits de démonstration et outils de vente qui, on le rappelle, ne doit en aucun cas vous coûter plus de 200 ou 300 euros maximum.

Certaines enseignes vous remboursent les sommes engagées à l'issue de vos premières ventes. Planifiez donc deux ou trois rendez-vous de vente avant d'acheter votre kit de démarrage, vous aurez ainsi la garantie de vous le faire rembourser ou d'en amortir les frais grâce à vos premières commissions.

Si l'essai ne s'avère pas concluant, vous pourrez à tout moment rompre votre contrat.

Dans le cas où vous exercez en tant que VDI acheteur-revendeur, l'entreprise avec laquelle vous travaillez sera dans l'obligation de reprendre les stocks que vous avez constitués.

Les essais réservent souvent des surprises

Il est très difficile d'évaluer le potentiel d'un vendeur avant qu'il ne démarre. Vous serez le premier à être surpris par vos performances.

Certains conseillers de vente très confiants se sentent déçus de ne pas réussir à décrocher les rendez-vous qu'ils avaient imaginés ou à conclure les ventes qu'ils avaient espérées. Au contraire, d'autres vendeurs, très sceptiques au démarrage quant à leurs capacités à faire signer le moindre bon de commande, sont stupéfaits de constater que non seulement ils sont doués pour la vente directe, mais qu'en plus ça leur plaît !

« J'ai découvert la vente directe par hasard. Une amie VDI m'a invitée à une réunion et a beaucoup insisté pour que je la rejoigne dans son équipe. J'étais très timide à l'époque et je me disais que tout ça n'était pas du tout fait pour moi. J'ai mis trois ans à me décider. Aujourd'hui, mon activité me permet de gagner ma vie et j'anime même une petite équipe de vendeuses. Si c'était à refaire, j'aurai commencé beaucoup plus tôt ! »

Aliénor, conseillère de vente
dans le secteur des cosmétiques.

Ce métier est-il fait pour moi ?

Être un bon vendeur est une bonne chose, être un vendeur épanoui, c'est encore mieux ! Vous êtes peut-être « fait » pour la vente directe, mais pour autant cette activité vous plaira-t-elle ? Correspondra-t-elle à vos envies et vos besoins ? C'est ce que nous allons découvrir ensemble.

On a tous une bonne raison de commencer

Se constituer une source de revenu complémentaire, faire carrière, se lancer dans une activité épanouissante, rencontrer du monde, conjuguer vie de famille et vie professionnelle… On a tous une bonne raison de faire de la vente directe. Analysons vos motivations et vos attentes vis-à-vis de cette activité.

De l'argent et des cadeaux

Pour se faire plaisir, pour partir en voyage de temps en temps, pour rembourser un emprunt, pour payer son loyer… un peu d'argent, ça peut toujours servir !

Que ce soit pour se constituer une source de revenu complémentaire ou un revenu principal, l'aspect financier est souvent le motif qui pousse à envisager l'exercice d'une activité de vente directe.

Vous gagnerez de l'argent dès la réalisation de vos premières ventes. Avec le temps, si vous vous investissez avec conviction et sérieux dans cette activité, vos revenus deviendront plus réguliers et plus conséquents. En recrutant et en animant une équipe de vendeurs, vous pourrez par ailleurs gagner votre indépendance financière et faire de votre métier de vendeur direct une source principale de revenu.

Au-delà des commissions perçues sur vos ventes, vous gagnerez des cadeaux, des voyages et des produits de l'enseigne. Ces cadeaux pourront atteindre des valeurs marchandes importantes (voiture de fonction, voyages, ordinateur…) et constituer un bonus intéressant en plus de vos revenus.

À NOTER

Pour certains d'entre vous, s'équiper en produits d'une marque que l'on apprécie sera la principale source motivation au démarrage.

Un métier de contact

Vous exercez un métier solitaire qui vous conduit à passer vos journées derrière un écran ? Vous êtes père ou mère au foyer et vous aimeriez sortir de chez vous, voir du monde ? Vous êtes retraité et le contact des relations professionnelles vous manque ? L'exercice d'une activité de vente directe vous permettra de faire de belles rencontres, de créer des relations de proximité et de convivialité avec des clients et prospects, et de rejoindre une équipe soudée.

Un travail qui offre de la flexibilité

Travailler d'accord, mais pas au prix de n'importe quel sacrifice ! La qualité de vie est pour vous quelque chose de primordial ? Vous êtes à la recherche d'une activité professionnelle qui vous permette de travailler depuis votre domicile, de vous organiser comme vous l'entendez, d'être disponible pour votre famille et de partir en vacances quand vous en avez envie ?

La vente directe est une des rares activités professionnelles qui vous offre cette flexibilité et vous permette de concilier parfaitement vie de famille et vie professionnelle.

Une reconversion professionnelle

Votre emploi actuel ne vous apporte pas entière satisfaction : il est trop répétitif, ne répond pas à votre désir d'accomplissement personnel, ne vous offre pas les perspectives d'évolution auxquelles vous aspirez… vous êtes donc en quête d'un métier qui ait du sens !

La vente directe peut être envisagée dans le cadre d'une volonté de reconversion professionnelle. Elle a l'avantage d'être une des rares activités professionnelles qui vous permet de démarrer un nouveau métier sans prendre le risque de quitter votre emploi. Vous pourrez, dans un premier temps, réaliser un test en tant que VDI au sein d'une entreprise de vente directe puis, si l'activité vous plaît, vous pourrez faire le choix de « faire carrière » et vous consacrer à temps plein à votre métier de vendeur direct.

Vos motivations pourront évoluer avec le temps. Le motif qui incite un vendeur à démarrer une activité n'est pas toujours celui le pousse à poursuivre dans le métier. Certains sont attirés par la possibilité de se constituer un complément de revenu puis prennent goût à l'activité et restent pour la satisfaction qu'elle leur procure. D'autres cherchent à rencontrer du monde et s'épanouir dans une activité nouvelle puis réalisent que ce métier peut leur permettre de gagner leur indépendance financière, ils décident alors de faire carrière.

« Lorsque j'ai démarré en vente directe, j'avais des difficultés financières à cause d'un emprunt à rembourser ; je cherchais un complément de revenu pour faire face aux mensualités.

Aujourd'hui, mon prêt est remboursé mais je n'ai pas l'intention d'arrêter, car je m'éclate dans ce métier ! J'adore mon équipe et je passe toujours de chouettes moments avec mes clientes. »

Margaux, conseillère de vente
dans le domaine de la mode.

Le B2U, l'entreprise de demain

« Après les modèles B2B et B2C adaptés à la consommation de masse, voici un concept totalement novateur : le B2U, contraction de "*Business to You*". Il associe le commerce de proximité matérialisé par un réseau de vente directe et le commerce à distance matérialisé par Internet.

Liberté totale et indépendance. Le B2U répond au désir de souplesse des rythmes de travail en privilégiant l'efficacité plutôt que le temps de présence. Dans le B2U, l'indépendance est une condition de réussite. Vous avez la main sur votre activité grâce à votre statut de vendeur à domicile indépendant ou d'entrepreneur.

Acteur d'un maillage humain et digital. Indépendant, mais pas seul. Dans le B2U, vous bénéficiez de formations sur mesure et d'accompagnement. Autre avantage, le maillage digital créé vous permet l'acquisition de nouveaux clients en direct ou par l'intermédiaire de votre entreprise partenaire.

Absence de risques. Dans le B2U, c'est votre activité qui vous finance et non pas vous qui financez votre activité. Il n'y a pas de capital d'amorçage, vous pouvez donc vous lancer sans risque. Vous démarrez sans stock, sans investissement. Vous pouvez conserver votre travail, le B2U permet la polyactivité.

Sécurité financière. Avec le B2U, le business fonctionne avec vous et pour vous. Le maillage humain et digital du B2U vous permet de percevoir des revenus complémentaires, de vous constituer une épargne, une retraite, etc. C'est la sécurité financière par la solidarité.

Pas d'élite, pas de limites. Le B2U permet l'équité, qui consiste à attribuer à chacun ce qui lui est dû. Chacun peut réussir, sans conditions de catégorie sociale, de diplôme, d'études, de capital financier…

Reconnaissance. Le travail des conseillers est valorisé : reconnaissances, prix, cadeaux, voyages…

Bien plus qu'un modèle économique, le B2U est un nouveau style de vie ! »

Sylvain Bonnet, président de NL
International France

Surmonter les a priori

Vous envisagez d'intégrer un réseau de vente directe, mais les réactions de votre entourage ne sont pas toutes des plus encourageantes. Alors que certains vous soutiennent et vous appuient dans votre projet, d'autres n'approuvent pas votre choix et n'y vont pas par quatre chemins pour vous le faire comprendre.

La vente directe est parfois mal perçue et le regard négatif que votre entourage porte sur votre choix peut être déstabilisant et constitue souvent une source de démotivation et de découragement.

On entend de tout lorsque l'on démarre son activité. Rassurez-vous, les *a priori* négatifs de votre entourage sont souvent dus à une méconnaissance du métier de vendeur direct. Analysons une à une les idées reçues les plus répandues.

Tu t'es fait arnaquer, c'est un système pyramidal !

« C'est pas vrai, ne me dit pas que tu es tombé dans le panneau ? J'ai vu un reportage à la télé, c'est une arnaque ! »

Le regard compatissant, vos amis vous démontrent, articles à l'appui, que vous avez été victime d'une escroquerie en bande organisée. Certains, bienveillants, tenteront par tous les moyens de vous tirer de ce « pétrin » dans lequel vous vous êtes fourré.

Nous avons abordé dans la première partie le système de la vente pyramidale et l'amalgame fréquent qui est fait entre ces pratiques peu recommandables, qui sont à présent interdites par la loi, et la vente directe, qui est une activité légale et encadrée.

Pour rappel, pour vous assurer que le réseau que vous intégrez n'est pas un système pyramidal illégal, vérifiez que :

- la personne qui vous recrute est rémunérée sur votre chiffre d'affaires et non sur votre recrutement ;
- les frais administratifs à la signature du contrat n'excèdent pas 100 ou 200 € ;
- les produits commercialisés détiennent un réel potentiel de vente ;
- votre contrat est en bonne et due forme.

L'adhésion de l'entreprise à la Fédération de la Vente Directe est également un bon indicateur de confiance, car la FVD exige de ses adhérents l'élaboration de documents et de pratiques conformes au droit et à la déontologie de la profession.

Tu comptes gagner de l'argent avec ça ?

« Bon, mais sérieusement, tu espères gagner de l'argent avec ça ? » ; « Rassure-moi, tu ne comptes pas en faire ton métier ? »

Découvrant votre nouveau projet professionnel, votre famille s'affole et tente de vous remettre dans le droit chemin. Ils avaient ambitionné pour vous un métier plus prestigieux et une situation financière plus stable.

La vente directe a souvent l'image d'un métier instable qui offre des revenus aléatoires et limités. Vos revenus seront fonction de vos performances, ils seront donc instables et limités au démarrage. Cependant, au fur et à mesure que vous construirez une clientèle et gagnerez en compétences, vos revenus seront de plus en plus réguliers et conséquents. Nous avons vu par ailleurs qu'avec un peu de constance dans leur travail, nombre de vendeurs accèdent à des niveaux de vie tout à fait confortables.

Toutes ces années d'études pour ça ?

« Tu pourrais faire tellement mieux ! C'est quand même dommage après un bac + 5 ! »

Plus votre niveau d'étude est élevé, plus l'incompréhension de votre entourage sera grande. Dans la mesure où elle ne requiert pas de diplôme spécifique, la vente directe est souvent considérée comme un métier peu qualifié. Il s'agit pourtant d'une activité qui nécessite des formations régulières et une grande rigueur dans le travail.

« Lorsque j'ai commencé la vente directe, j'étais au chômage. Mes amis n'ont pas compris mon choix ; pour eux, j'étais désespéré et j'en étais "réduit" à faire cela pour payer mes factures. Ils m'ont sermonné pendant plus d'un an pour que je continue d'envoyer des CV. Aujourd'hui, je gagne plus que certains d'entre eux et avec une bien meilleure qualité de vie ! »

Baptiste, animateur des ventes dans le domaine des ustensiles de cuisine.

Tu es sûr que ce n'est pas une secte ?

« Ça ressemble à une secte ton histoire, fais attention à toi ! »

Votre meilleure amie est inquiète, elle a entendu dire que certaines entreprises, sous couvert de développer un réseau de vendeurs directs, recrutent des adeptes qu'elles soumettent à un endoctrinement sournois. Lorsque que vous vous rendez à votre première réunion régionale et que la salle survoltée chante à l'unisson et applaudit frénétiquement le directeur de réseau, le doute vous assaille et vous vous demandez si vous n'êtes pas face au gourou contre lequel on vous avait pourtant mis en garde.

Rassurez votre amie, les réseaux de vente directe n'ont pas de pratiques sectaires. Contrairement à une secte, on ne cherchera pas à vous faire couper les ponts avec votre entourage, bien au contraire ! Contrairement à une secte, on ne tentera pas de vous soutirer de l'argent, mais on cherchera à vous en faire gagner.

Qui va s'occuper des enfants ?

« Si tu te mets à travailler, tu n'auras plus le temps de t'occuper de la maison et des enfants ! Pourquoi est-ce que tu va t'embêter avec ça, je ne t'offre pas déjà tout ce dont tu as besoin ? »

Votre conjoint accepte mal votre « nouvelle lubie », son salaire vous permet de vivre très confortablement et vous êtes déjà bien occupé à élever vos trois enfants. Vous avez beau lui expliquer que vous avez besoin de construire des projets, voir du monde et vous sentir utile pour vous épanouir, il/elle ne comprend pas bien pourquoi vous voudriez mettre en péril l'équilibre familial pour démarrer une activité de vente directe.

Rassurez-le, la vente directe offre une souplesse qui vous permettra de jongler entre vos impératifs familiaux et votre activité professionnelle. Vous serez là pour récupérer les enfants à la sortie de l'école, préparer le repas du soir et partir en vacances en famille. Qui plus est, il/elle aura bientôt le plaisir de vous voir transformé, épanoui et plus assuré, du fait de votre réussite professionnelle.

Soyez indulgent avec ceux qui condamnent votre choix. Vous aussi avez peut-être eu des *a priori* au démarrage. Avec un peu de patience et de pédagogie, vous verrez que les personnes les plus critiques seront souvent vos premières recrues.

Chapitre 5

Je saute le pas, comment commencer ?

Dans ce chapitre :

- Les étapes à suivre pour prendre un bon départ
- Choisir la bonne entreprise de vente directe
- Savoir décrypter son contrat et son plan de commissionnement

Ça y est, c'est décidé, vous avez fait le choix de démarrer une activité de vente directe ! Il ne vous reste plus qu'à régler quelques détails pratiques avant de pouvoir réaliser vos premières ventes. Vous verrez, c'est assez simple, nous vous guiderons pas-à-pas dans toutes les formalités à accomplir.

Mais, avant tout, vous devrez choisir l'entreprise qui vous permettra de vous épanouir et de réussir au mieux dans votre activité. De plus en plus d'entreprises choisissent la vente directe comme mode de distribution, vous aurez donc l'embarras du choix. Nous vous aiderons à faire le tri et trouver le réseau qui vous correspondra le mieux.

Étape 1 : Choisir un secteur d'activité

On a toujours le choix

Vous avez participé à une réunion de vente ou une rencontre individuelle et vous avez été conquis par ce mode de distribution original. Lorsque vous avez choisi de devenir vendeur direct à votre tour, c'est très naturellement que vous vous êtes tourné vers l'entreprise qui vous a fait découvrir ce métier.

L'intégration d'un réseau se fait souvent par cooptation ou parrainage et il est fréquent qu'un nouveau vendeur ne considère pas d'autres options que de rejoindre l'entreprise qui est venue à lui.

Il existe de nombreuses entreprises de vente directe en France dont plus de 140 sont adhérentes de la Fédération de la Vente Directe. Nous vous invitons à faire un petit tour d'horizon des possibilités qui s'offrent à vous avant de vous engager. Si tout va bien, vous ferez un petit bout de chemin aux côtés du réseau que vous intègrerez, il vaut donc la peine de consacrer un peu de temps à ce choix.

Avant tout, une affinité avec le produit

Vendre, c'est communiquer son enthousiasme pour un produit. On est toujours plus convaincant lorsque l'on parle d'un produit que l'on a l'habitude de consommer et pour lequel on a un attachement particulier.

Que vous soyez passionné de mode, fin gourmet ou amateur de loisirs créatifs, il y en a pour tous les goûts. Voici un panorama des secteurs d'activité qui recrutent.

L'amélioration de l'habitat

Si, pour vous, se sentir bien chez soi est la clé du bonheur, ce secteur vous correspondra à merveille. Vous proposerez à vos clients des solutions liées au confort de l'habitat, à la consommation énergétique, au traitement de l'eau ou à la sécurité du logement.

Ce secteur est très varié, il regroupe des activités telles que :

- les travaux d'entretien et de réparation : isolation, toiture, façade ;
- les solutions énergétiques : panneaux solaires, etc. ;
- le traitement de l'eau ;
- l'installation de portes et fenêtres ;
- l'installation de systèmes de sécurité ;
- etc.

On trouve dans ce secteur, des entreprises comme K par K, Cartis, BCS France, Culligan…

Avec 34 % des ventes du marché, l'habitat était, en 2014, le secteur d'activité qui générait le plus de chiffre d'affaires en vente directe (source : Baromètre de la Vente Directe AGEFOS PME/FVD).

Ce secteur, qui exige de ses vendeurs une bonne technicité, emploie généralement une force de vente à temps plein. C'est par ailleurs le secteur qui compte le plus de vendeurs salariés. Les ventes se font le plus souvent en individuel pour répondre au mieux aux besoins de conseils personnalisés des clients.

La gastronomie et l'univers culinaire

Vous aimez manger, boire un verre entre amis, préparer de bons petits plats, ce secteur est fait pour vous ! Le secteur de la gastronomie et l'univers culinaire concentrent 17 % des ventes du marché de la vente directe (source : Baromètre de la Vente Directe).

Ce secteur regroupe des produits tels que :

- le thé et le café ;
- le vin ;
- les confiseries : biscuits, chocolat, etc. ;
- les ustensiles de cuisine ;
- etc.

On y retrouve des entreprises comme Tupperware, Guy Demarle, Mon caviste à la maison, Bonduelle…

Ce secteur privilégie les ventes en réunion car la convivialité de ce mode de distribution correspond bien à l'univers de la gastronomie. Les rendez-vous se font de plus en plus souvent sous la forme d'ateliers cuisine ou dégustation. Les vendeurs exercent à temps plein ou à temps partiel.

Le textile et les accessoires de mode

Le lèche-vitrines est votre activité favorite, vous soignez votre apparence en toutes circonstances et votre armoire ne suffit plus à contenir vos derniers achats compulsifs. Et si votre goût pour la mode se mettait à vous faire gagner de l'argent plutôt que vous en faire dépenser ?

Le secteur du textile et des accessoires de mode suit de près l'univers de la gastronomie, avec 12 % du chiffre d'affaires des entreprises de vente directe (source : Baromètre de la Vente Directe). Les ventes sont le plus souvent réalisées en réunion.

Le secteur regroupe :

- l'habillement homme, femme, enfant ;
- la lingerie et les sex-toys ;
- les bijoux ;
- etc.

Parmi les enseignes de ce secteur, vous trouverez Captain Tortue, Charlott' lingerie, Victoria…

La beauté et les cosmétiques

Vous aimez vous pomponner, vous maquiller, vous parfumer et vous adorez partager vos astuces beauté avec vos amies. Vous qui êtes une experte dans l'achat de produits cosmétiques, pourquoi ne vous mettriez-vous pas à les vendre ?

Souvent organisées sous forme d'atelier beauté, les réunions de vente sont l'occasion pour les clientes de se faire bichonner et conseiller dans une ambiance conviviale.

Les activités incluent :

- le soin du corps, des cheveux et du visage ;
- la parfumerie ;
- le maquillage.

Avec 11 % du chiffre d'affaires du secteur (source : Baromètre de la Vente Directe), ce segment regroupe des enseignes comme Stanhome, Auriège, Club parfum, Dermance…

Le bien-être et la diététique

Vous avez suivi un programme diététique qui vous a bien réussi, vous avez découvert des produits de bien-être dont vous ne vous pouvez plus vous passer, vous aimeriez partager votre expérience et offrir à d'autres le moyen de se sentir bien dans leur corps ou d'affiner leur silhouette.

Parmi les produits proposés dans ce secteur :

- les compléments alimentaires ;
- les huiles essentielles ;
- les produits minceur.

Les ventes se font en individuel ou en réunion. Ce secteur regroupe des entreprises comme NL International, Body Nature, Forever Living...

À NOTER

Les entreprises de beauté et de cosmétique proposent parfois également une gamme bien-être. Si, entre ces deux secteurs, votre cœur balance, vous n'aurez pas nécessairement besoin de choisir.

L'entretien ménager

Vous aimez les intérieurs soignés et les maisons qui sentent le propre. Il n'est pas nécessaire d'être un maniaque de la propreté qui passe son temps à frotter, astiquer et épousseter pour intégrer ce secteur. Au contraire, vous aimez découvrir des produits efficaces qui vous font gagner du temps dans vos tâches ménagères.

Les entreprises d'entretien ménager en vente directe proposent généralement des produits respectueux de l'environnement qui offrent une alternative aux produits chimiques. Si vous avez une sensibilité pour l'écologie, ce secteur vous conviendra d'autant mieux.

Les ventes se font le plus souvent en réunion. Parmi les entreprises du secteur, vous trouverez Stanhome, H2O at home, Swipe...

La décoration et les loisirs créatifs

Vous fabriquez vous-même vos vêtements, vos bijoux, vos objets de décoration. Vous avez toujours de bonnes idées de déco. Avez-vous pensé à faire de votre passion un métier ?

Ce secteur, relativement récent sur le marché de la vente directe, est en plein essor. Il représente aujourd'hui 4 % du chiffre d'affaires du secteur.

Les produits proposés sont pour l'essentiel :

- la décoration intérieure : peinture, accessoires ;
- les parfums et bougies d'intérieur ;
- les loisirs créatifs : scrapbooking, tricot, etc. ;
- les jeux de société.

Voici quelques exemples d'enseignes : Partylite, Phildar, OikaOika...

Les rendez-vous de vente se font essentiellement par réunion. Les réunions peuvent prendre l'allure de cours de travaux manuels ou d'ateliers de jeux, parfois payants.

La télécommunication

Intégrer une entreprise de ce secteur vous permettra de proposer à votre entourage des offres de téléphone, Internet ou mobile, défiant toute concurrence et qui correspondent à leurs besoins.

Les ventes se font le plus souvent en individuel. Les principales entreprises du secteur sont Akeo, Canal +, Numéricable...

L'édition presse

Vous lisez régulièrement des romans, des magazines, des journaux et vous aimez transmettre votre goût pour la lecture. Ce secteur vous conviendra parfaitement.

Les ventes se font le plus souvent en face-à-face. La principale entreprise du secteur est France Loisirs.

À NOTER

Cette liste n'est pas exhaustive, de nouveaux secteurs s'ouvrent régulièrement à la vente directe. Vous trouverez une liste des entreprises qui recrutent sur des sites internet comme *www.entre-vdi.com* ou encore le site de la Fédération de la Vente Directe.

Étape 2 : Choisir une entreprise qui vous mène au succès

Une fois le secteur d'activité défini, il vous faudra choisir une entreprise. Le premier critère de choix sera bien évidemment l'adhésion aux produits et aux valeurs de l'enseigne. Cependant, le coup de cœur ne suffit pas, il vous faudra identifier, parmi les entreprises du secteur, celle qui vous fera réussir au mieux et pour longtemps. Pour cela, vous rechercherez :

- une entreprise qui propose des produits innovants et de qualité ;
- une entreprise au service de ses clients et soucieuse de leurs intérêts ;
- une entreprise qui vous accompagne dans l'apprentissage du métier de vendeur direct ;
- une entreprise qui respecte vos intérêts.

À NOTER

Malgré des réglementations strictes et des contrôles mis en place pour vous protéger et protéger le consommateur, il est impossible d'éradiquer totalement les pratiques illicites ou contraires à la déontologie professionnelle. Il vous faudra donc être vigilant dans le choix de l'entreprise aux côtés de laquelle vous travaillerez et opérer quelques contrôles avant de vous engager.

Laissez-vous guider par vos « coups de cœur »

Une affinité avec la marque

Pour être convaincant, il faut être convaincu. Choisissez donc une entreprise dont vous êtes client ou dont vous seriez volontiers client.

Si vous avez opté pour le secteur du prêt-à-porter, choisissez une entreprise qui propose un style vestimentaire qui vous correspond. Si vous souhaitez travailler dans l'univers de la gastronomie, vous parlerez avec plus de passion des chocolats dont vous raffolez que de ceux de l'entreprise concurrente.

Une adhésion aux valeurs

Chaque entreprise affiche des valeurs qui lui sont propres et qui font son identité : respect de l'environnement, performance, convivialité. En tant que conseiller de vente, vous serez chargé de véhiculer ces valeurs auprès de vos clients.

Assurez-vous que vous adhérez aux valeurs mises en avant par l'entreprise et que les valeurs qui comptent le plus pour vous sont représentées.

Des produits innovants et de qualité

Des produits de qualité

Il est indispensable de tester les produits de l'entreprise pour laquelle vous envisagez de travailler et de vérifier qu'ils sont de qualité. Assurez-vous qu'ils tiennent leurs promesses et qu'ils répondent à vos exigences. Votre rôle sera de satisfaire vos clients, et vous ne pourrez le faire qu'avec des produits d'excellence.

Des produits innovants

Les produits de l'entreprise que vous avez choisie se vendent très bien aujourd'hui, mais plairont-ils demain ?

Si l'enseigne ne s'adapte aux évolutions des goûts et de la demande des consommateurs, vous vous trouverez bientôt contraint de vanter les mérites de produits devenus obsolètes aux yeux de vos clients.

Choisissez une entreprise qui innove, qui est à l'écoute des évolutions du marché et qui saura proposer de nouvelles gammes régulièrement.

Tupperware, par exemple, doit sa longévité au fait qu'elle a su innover et élargir son offre. Sa gamme ne se limite plus aux fameuses boîtes en plastique des années 1950 que l'on trouve désormais en grande surface.

Un marketing et une communication de qualité

Le cadeau de la fête des mères au mois de mai, le plat en forme de cœur offert à vos clients fidèles pour la Saint-

Valentin, quatre collections par an… Les entreprises de vente directe disposent souvent d'un plan marketing très dynamique et proposent chaque mois un événement, un thème, un produit en exclusivité, qui donnera envie à vos clients de vous revoir et dynamisera vos ventes.

C'est un élément clé qui est souvent au cœur du savoir-faire de l'entreprise. Assurez-vous que la société que vous avez choisie dispose d'un plan marketing dynamique.

Une entreprise au service de ses clients

Un client satisfait est un client fidèle qui communique positivement sur le produit dans son entourage. Si votre entreprise met le client au cœur de ses préoccupations, elle vous rendra la tâche beaucoup plus facile.

Un service après-vente de qualité

Vérifiez que l'entreprise propose un service après-vente de qualité :

- Serez-vous en mesure de livrer vos clients en temps et en heure ?
- Quelle est la garantie produit proposée ?
- Quelle est la politique de l'entreprise en cas d'insatisfaction du client ou en cas de déficience de fonctionnement du produit ?

Tous ces éléments contribueront à la satisfaction de vos clients et, par conséquent, à la progression de votre chiffre d'affaires.

Lorsque vous vendez des prestations de service, assurez-vous que celles-ci seront délivrées dans les temps et exécutées par du personnel qualifié.

Une entreprise qui respecte la déontologie professionnelle

Vérifiez si l'entreprise que vous avez choisie vous enseignera des méthodes de vente respectueuses du client et contrôlera que sa force de vente applique le Code éthique de la vente directe. En effet, vous n'avez pas envie que l'image de la marque dont vous faites la promotion soit entachée par l'action de quelques vendeurs peu moraux.

Ce point n'est pas toujours simple à vérifier. L'adhésion à la FVD offre cependant une bonne garantie du respect de la déontologie professionnelle dans la mesure où les enseignes adhérentes et leurs vendeurs s'engagent à respecter le Code éthique de la vente directe.

Une entreprise qui vous accompagne

Une équipe à votre écoute

Votre interlocuteur principal sera votre animateur d'équipe, c'est lui qui vous accompagnera lors de vos premières ventes, qui sera à vos côtés tout au long de votre parcours et répondra à vos nombreuses questions. Le contact que vous aurez avec cette personne est fondamental. Assurez-vous qu'il est à votre écoute, qu'il répond à vos questions, qu'il est attentif à vos craintes et à vos doutes.

Vous serez généralement intégré dans une équipe constituée de plusieurs vendeurs. Des réunions de groupe seront organisées : l'occasion d'échanger sur ses expériences et de partager des astuces de vente. La dynamique de ces réunions est également primordiale. Il est important que vous vous y sentiez bien.

Il est possible de demander à être convié à une réunion d'équipe en tant que « spectateur » avant d'intégrer le réseau. Cela vous donnera un aperçu de l'ambiance qui règne dans l'équipe et de l'accompagnement dont vous bénéficierez.

Des formations adaptées

Comme la plupart des vendeurs directs qui démarrent, vous n'êtes peut-être pas un professionnel de la vente. La formation est donc un élément important à prendre en compte. On ne s'improvise pas vendeur direct, il existe des méthodes que votre entreprise devra vous enseigner.

La plupart des entreprises proposent des formations collectives. Vérifiez qu'elles sont gratuites ou proposées à des tarifs abordables, qu'elles sont dispensées non loin de votre domicile et proposées à des horaires qui vous permettent d'y assister.

Les formations doivent être suffisamment complètes pour vous permettre de maîtriser les notions de base du métier. Assurez-vous que vous recevrez une formation concernant :

- les produits vendus et leurs caractéristiques ;
- les méthodes de vente ;
- la législation.

Des supports de vente

Votre enseigne vous fournira des supports de vente (catalogues, flyers) et des bons de commande.

Vous pouvez demander à les consulter pour vous faire une idée de leur qualité. Le catalogue est-il clairement présenté ? Les prospectus donnent-t-il envie d'acheter les produits ?

Ces supports de vente pourront parfois vous être facturés. C'est tout à fait normal, cela évite que certains vendeurs ne les distribuent de façon inconsidérée. Cependant, les tarifs demandés doivent rester raisonnables et l'entreprise ne doit en aucun cas réaliser de bénéfices sur ces ventes.

Une entreprise qui respecte vos intérêts

Le respect du Code de conduite des entreprises

Nous avons évoqué, dans la première partie de ce livre, les dispositions mises en places par la législation et la déontologie professionnelle pour protéger le vendeur indépendant. Référez-vous au chapitre 3 pour vérifier si l'entreprise que vous avez choisie connaît et respecte ces dispositions, qui concernent notamment :

- l'accès à une information précontractuelle complète ;
- le droit à une formation et un accompagnement ;
- des dispositions pour vous permettre de quitter le réseau facilement ;
- l'interdiction des pratiques commerciales illicites connues sous le nom de ventes pyramidales.

Un plan de rémunération équilibré qui corresponde à vos perspectives de carrière

Vous exigez que vos revenus soient à la hauteur des efforts apportés et vous avez bien raison !

Le plan de rémunération ou de commissionnement définit le mode de calcul de vos commissions. Prenez le temps de l'étudier en détail et choisissez une entreprise dont le plan de rémunération corresponde à vos perspectives de carrière : si votre ambition est de construire rapidement une équipe et de devenir entrepreneur, choisissez une entreprise dont le plan de rémunération valorise les commissions perçues sur les recrues et ne limite pas le nombre de recrutement. Si votre objectif est de vous constituer un complément de revenu et de faire essentiellement de la vente, vous serez attentif aux commissions octroyées sur les ventes.

Nous vous donnons les clés pour une analyse approfondie plus loin dans ce chapitre.

Étape 3 : Décrypter le contrat et le plan de commissionnement

C'est un grand moment, vous avez choisi votre entreprise de vente directe et vous vous apprêtez à signer votre contrat ! Prenons le temps de le décrypter ensemble.

Le contrat

Si votre entreprise vous propose d'exercer votre activité en tant que salarié, vous signerez un contrat de travail qui sera soumis au droit du travail. Si vous êtes indépendant, vous serez lié à votre entreprise par un contrat de distribution.

Nous avons fait le choix de présenter ici les principales caractéristiques d'un contrat de distribution pour un VDI, qui est la forme de collaboration la plus répandue.

À NOTER

La signature d'un contrat en bonne et due forme est obligatoire. Le contrat reprend en général les obligations juridiques présentées aux chapitres 2 et 3 et synthétise les conditions de votre future collaboration.

L'objet du contrat

En premier lieu, le contrat définit le type d'accord qui vous lie à votre entreprise :

- Dans le cas d'un contrat de mandataire, celle-ci vous donne le mandat vous autorisant à la représenter afin de recueillir des commandes en son nom et pour son compte.
- Dans le cas d'un contrat d'acheteur-revendeur, elle vous donne le droit d'acheter des produits de sa gamme en vue de les revendre.

Pour le VDI, ces droits sont toujours octroyés à titre non exclusif et sans contrainte territoriale : vous serez autorisé à vendre les produits de l'enseigne sur l'ensemble du territoire national.

Le contrat rappelle généralement qu'en tant que VDI, vous n'aurez le droit de faire signer de bon de commande qu'à des particuliers et dans des lieux privés habituellement non destinés à la vente.

Les clauses habituelles

Voici une liste non exhaustive des clauses les plus courantes d'un contrat de distribution.

Le libre exercice de l'activité

Par cette clause, le contrat stipule que vous avez le droit de gérer votre temps de travail comme vous l'entendez. L'entreprise s'engage néanmoins à vous accompagner au démarrage et tout au long de votre activité en vous donnant accès à des formations spécifiques et une assistance adaptée.

Vous vous engagez, pour votre part, à faire remonter des informations sur l'état du marché, les besoins de la clientèle, etc.

La cooptation de nouveaux vendeurs

Votre contrat pourra comprendre une clause vous autorisant à coopter de nouveaux vendeurs. Vous vous engagerez alors, dans certains cas, à les former et les accompagner.

Le respect de l'image de la société

L'entreprise vous octroie le droit de fixer votre propre argumentaire commercial. Toutefois, la description des produits devra être conforme aux fiches techniques qui vous seront fournies.

Si vous souhaitez réaliser des documents de communication, vous serez tenu de les faire valider par la société.

La détermination des prix de vente

Le VDI mandataire n'est pas propriétaire de la marchandise qu'il vend. Il est donc tenu d'appliquer les tarifs de vente de l'entreprise.

Le VDI acheteur-revendeur en revanche s'est constitué un stock de produits qu'il pourra revendre au prix qu'il aura lui-même fixé. L'entreprise peut néanmoins contrôler les tarifs pratiqués par ses vendeurs en instaurant un tarif maximum de revente afin de préserver son image de marque.

La clause de non-concurrence

Vous vous engagez à ne conclure aucun contrat de distribution avec une entreprise concurrente. Cela ne vous empêche pas de devenir vendeur direct pour une entreprise d'un autre secteur d'activité.

Vous vous engagez à ne divulguer aucune information confidentielle.

Il vous est également interdit de mener des actions déloyales envers d'autres sociétés : vous ne pourrez ni dénigrer vos concurrents auprès de votre clientèle, ni recruter des vendeurs d'une société concurrente.

La possibilité de se rétracter

Les entreprises adhérentes de la Fédération de la Vente Directe intègrent une clause précisant que vous avez la possibilité de vous rétracter dans un délai fixé à minimum quatorze jours après la signature du contrat, avec un remboursement intégral des sommes engagées.

Cette clause intègre généralement pour le VDI acheteur-revendeur les conditions de rachat des stocks qu'il aura constitués.

L'obligation de souscrire à des assurances

Le contrat doit préciser les assurances auxquelles le vendeur est obligé de souscrire.

Les caractéristiques du contrat

Le contrat doit préciser les éléments suivants :

- **Le statut social du vendeur :** les caractéristiques de votre statut social et notamment le versement par l'entreprise des charges sociales. Vous vous engagez, pour votre part, à vous acquitter de vos impôts et informer votre entreprise si votre niveau de rémunération ne vous permet plus de bénéficier du statut de VDI.
- **La législation en vigueur** : vous vous engagez à respecter la législation relative au démarchage à domicile. Les entreprises adhérentes à la Fédération de la Vente Directe ajoutent également au contrat une clause précisant que le vendeur s'engage à respecter le Code éthique de la vente directe.
- **Le mode de rémunération :** le contrat précisera (parfois en annexe) le mode de rémunération et le taux de commissionnement.
- **La durée du contrat :** le contrat sera à durée déterminée ou indéterminée. Dans tous les cas, une rupture est possible à tout moment avec un délai prévu au contrat ou sans délai en cas de faute de l'une des parties.
- **L'*Intuitu Personnae :*** un peu de latin, ça fait toujours chic dans un contrat. Mais pas de panique, ce terme compliqué signifie simplement que l'enseigne signe le contrat avec vous pour vos qualités personnelles et que vous ne pouvez pas vous faire remplacer par un ami, un cousin ou une tante sans l'accord de l'entreprise si vous souhaitez quitter le réseau.

Le plan de commissionnement

Après toutes ces considérations juridiques un peu rébarbatives, parlons de votre rémunération.

Votre entreprise vous fournira ce que l'on nomme un plan de commissionnement, parfois appelé plan de rémunération ou plan de compensation. Il s'agit des règles qui seront appliquées pour définir vos revenus.

La rémunération du vendeur salarié

Si vous exercez en tant que salarié, votre rémunération sera constituée d'un salaire de base souvent complété par des primes. Ces commissions pourront porter :

- sur votre chiffre d'affaires ;
- sur vos marges.

Les commissions sur la marge sont utilisées dans le cas où vous aurez la possibilité d'ajuster les tarifs en cas de négociation avec le client. Votre employeur aura alors à cœur de vous sensibiliser sur la préservation de votre marge.

Lorsque vous rejoignez une entreprise, intéressez-vous aux perspectives de carrière. Quel est le salaire d'un manager ? Les commissions évoluent-elles par palier en fonction du chiffre d'affaires réalisé ?

La rémunération du vendeur indépendant

En tant que vendeur indépendant, vous ne percevrez pas de salaire fixe, votre niveau de revenu dépendra exclusivement de vos performances. Vous serez rémunéré sur vos ventes et éventuellement les ventes réalisées par vos recrues.

Les commissions sur vos ventes

Le calcul de votre rémunération dépendra du type de contrat qui vous lie à votre entreprise :

- L'acheteur-revendeur est essentiellement rémunéré sur sa marge commerciale, soit la différence entre le prix d'achat et le prix de vente.
- Le vendeur mandataire perçoit une commission sur son chiffre d'affaires. Celle-ci varie entre 15 et 35 % des ventes réalisées. Le pourcentage se calcule en général sur le chiffre d'affaires H.T.

Vous démarrerez généralement avec un taux plancher qui progressera par palier en fonction du niveau de chiffre d'affaires que vous aurez atteint et des éventuels recrutements réalisés.

Le bonus de parrainage

Si vous n'êtes pas dans une entreprise dite de vente directe par réseau, le recrutement de nouveaux vendeurs n'entraînera pas automatiquement une rémunération sur le chiffre d'affaires de ces derniers. On vous proposera alors parfois un bonus de parrainage sur vos premiers recrutements. Il s'agit d'une somme fixe que vous percevrez sous deux conditions :

- la réalisation d'un minimum de chiffre d'affaires personnel ;
- la réalisation, par votre recrue, d'un chiffre d'affaires minimum.

Le plan d'animation

Les challenges et concours vous permettront de gagner des cadeaux, des voyages et de vous équiper en produits de l'entreprise. Ces avantages constituent un bonus à votre rémunération.

Les perspectives d'évolution

Peut-être déciderez-vous un jour de faire carrière au sein de l'entreprise que vous avez choisi d'intégrer aujourd'hui. Les perspectives d'évolution qui vous sont offertes peuvent être un critère de choix. Le plan de commissionnement présente en général les perspectives d'évolution qui vous seront offertes au sein de l'entreprise et notamment :

- **Les conditions d'accès à une fonction d'animation :** pour que l'on vous confie la responsabilité d'une équipe de vente, il vous sera généralement demandé la réalisation d'un chiffre d'affaires minimum sur plusieurs mois consécutifs et un nombre minimum de recrutements.
- **Le plan de rémunération d'un manager :** tout comme le conseiller de vente, le manager est rémunéré en fonction du chiffre d'affaires réalisé. Il percevra également un pourcentage sur le chiffre d'affaires réalisé par son équipe s'il continue de dégager un minimum de chiffre d'affaires personnel.

La rémunération du vendeur en vente directe par réseau

L'originalité du plan de commissionnement d'une entreprise de vente directe par réseau est qu'il vous permet, **dès le premier jour de votre activité**, de coopter de nouveaux vendeurs et de percevoir des commissions sur le chiffre d'affaires réalisé par ces derniers en rémunération du travail d'accompagnement accompli.

Par ailleurs, les plans de rémunération des entreprises de vente directe par réseau sont construits de sorte qu'ils encouragent leurs vendeurs à constituer une équipe dans l'optique de créer une entreprise : des commissions d'animation élevées, peu ou pas de limitation sur le nombre de recrues sur le chiffre d'affaires desquelles vous êtes rémunéré pour votre travail d'animation…

Certaines entreprises limitent le nombre de « descendants » sur les ventes desquels vous serez rémunéré. Les deux formes de plan de rémunération les plus courants se distinguent l'un de l'autre par le nombre de « lignées » et le nombre de « générations » sur les ventes desquelles vous percevrez une rémunération pour votre travail de formation et d'accompagnement :

- **Le plan unilevel :** ce plan ne vous impose pas ou peu de limites dans vos recrutements. Vous percevez des commissions sur l'ensemble de votre descendance avec des taux dégressifs d'une génération à une autre.
- **Le plan matriciel :** il est très similaire au plan unilevel à la différence que vous serez limité sur votre rémunération « en largeur » (en général 4 ou 5 lignées maximum) et « en profondeur » (jusqu'à la 3e ou 4e génération maximum). L'objectif de ce système est de vous pousser à concentrer vos efforts d'accompagnement sur un nombre plus restreint de vendeurs. En compensation de cette forte restriction, les taux de commissionnement seront plus élevés.

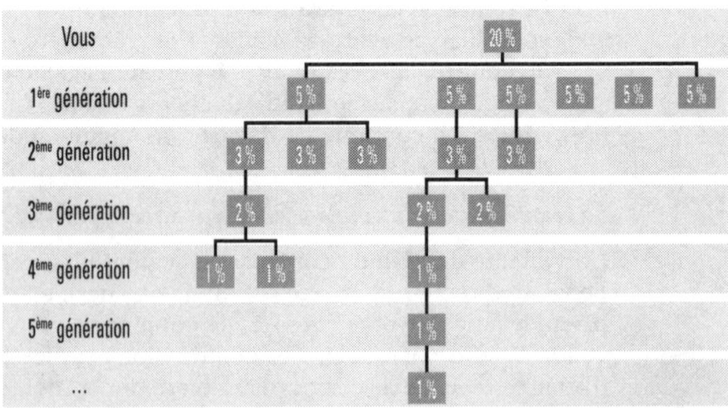

Figure 5-1 : Exemple de plan unilevel.

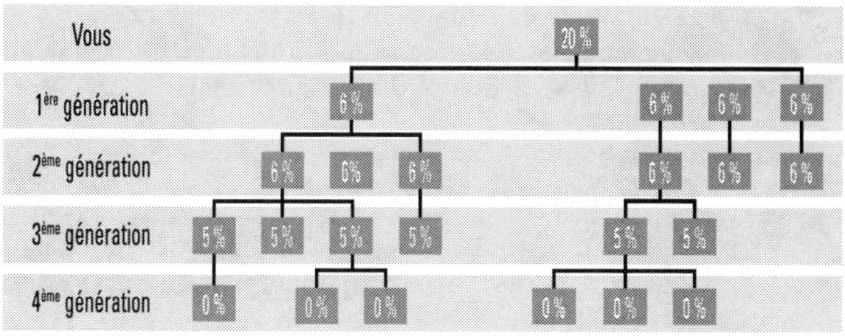

Figure 5-2 : Exemple de plan matriciel.

À NOTER

Pour complexifier un peu le tout, certaines entreprises font évoluer les taux de commissionnement par palier en fonction des niveaux de chiffre d'affaires réalisés par l'équipe.

Pourquoi faire simple lorsque l'on peut faire compliqué ? Un tableau à double entrée, des schémas complexes, une page entière d'explications… Les plans de compensation des entreprises de vente directe par réseau mettront vos neurones à rude épreuve. Cependant, ces documents n'ont pas été conçus de la sorte pour tester votre niveau en mathématiques mais pour orienter vos actions en fonction de la stratégie de l'enseigne et vous inciter à recruter et former des distributeurs qui seront à leur tour des leaders.

Étape 4 : S'attaquer à la paperasse

Nous développerons dans ce paragraphe les formalités liées au démarrage d'une activité de vente directe sous le statut de Vendeur à Domicile Indépendant.

Les formalités de cotisation URSSAF

Votre numéro d'immatriculation à la Sécurité sociale

Votre entreprise de vente directe se chargera de calculer, prélever et reverser pour votre compte vos cotisations auprès des organismes de Sécurité sociale. Pour ce faire, vous devrez lui fournir votre numéro d'immatriculation à la Sécurité sociale.

Si vous n'avez jamais été immatriculé, ce sera à vous de faire une demande de numéro de Sécurité sociale auprès de la Caisse primaire d'assurance maladie de votre lieu de résidence.

La déclaration URSSAF

Dans le mois qui suit la signature de votre contrat, vous devrez déclarer votre activité auprès du Centre des formalités des entreprises de l'URSSAF.

Cette déclaration peut être réalisée en ligne sur le site : *www.cfe.urssaf.fr*

Dans la rubrique « Déclarer une formalité », choisissez « Artistes, auteurs, taxi-locataires, vendeurs à domicile », puis cliquez sur « Un début d'activité, une création d'activité ».

Cette formalité vous permettra de vous identifier auprès des services fiscaux et de choisir votre régime fiscal.

Dans le formulaire :

- Ne cochez pas l'option EIRL, qui n'est pas applicable aux VDI.
- Optez pour le régime BNC ou BIC en fonction du contrat qui vous lie à votre entreprise, soit respectivement mandataire ou acheteur-revendeur.
- Optez pour la franchise en base de TVA.

En cas de changement dans votre activité, il faudra penser à réaliser sur le même site la déclaration qui convient en cliquant sur le lien approprié : « modification » ou « cessation d'activité-radiation ».

Souscrire à une assurance professionnelle

Hormis l'assurance liée à votre véhicule, il n'est pas obligatoire pour un vendeur direct de contracter une assurance professionnelle. En revanche, votre société de vente directe est en droit de vous l'imposer. Elle vous proposera généralement dans ce cas des contrats d'assurance négociés auprès d'assureurs partenaires.

À NOTER

Les offres ainsi négociées sont en général très compétitives et tout à fait adaptées à vos besoins. Rien ne vous interdit néanmoins de contracter auprès d'une compagnie d'assurance concurrente.

Déclarer votre voiture en usage professionnel

Votre seule obligation légale en termes d'assurance est de déclarer votre voiture en usage professionnel si vous l'utilisez pour vos rendez-vous de vente et vos livraisons.

Pour cela, vous avez deux options :

- Contacter votre assureur et lui signaler votre nouvelle activité. Il effectuera lui-même cette modification sur votre contrat et majorera votre prime d'assurance en conséquence. Si vous exercez votre activité de façon occasionnelle, spécifiez-le à votre assureur.
- Contracter une « assurance complément professionnel automobile » auprès d'un professionnel spécialisé. Cette assurance viendra s'ajouter à votre assurance de base. Vous pouvez trouver sur le site de la fédération (`www.fvd.fr`) les coordonnées d'assureurs partenaires agréés qui connaissent les spécificités du statut de VDI et proposent de ce fait des contrats très compétitifs.

Assurer la marchandise

Dans le cadre de votre activité, vous serez peut-être amené à livrer des clients. Vous aurez donc à un moment donné en votre possession de la marchandise chez vous ou dans votre voiture. Vous aurez, par ailleurs, constamment en votre possession des produits de démonstration.

Dans la vie, tout peut arriver : votre résidence peut être cambriolée ou votre voiture volée. Vous pourrez perdre des quantités importantes de marchandise. Dans certains cas, cela peut représenter une somme conséquente que votre assurance multirisque habitation ou votre assurance automobile ne prendront pas en charge.

Il est donc recommandé de souscrire à une assurance spécifique pour les risques de perte, vol ou destruction de la marchandise professionnelle.

Contracter une assurance « Responsabilité Civile Professionnelle »

L'assurance « Responsabilité Civile Professionnelle » vous protège au cas où vous causeriez un dommage à un tiers dans le cadre de votre activité. Par exemple, vous vous rendez chez un client et brisez par mégarde le vase qui ornait la table basse, vous organisez un atelier culinaire et l'un des convives se brûle...

Cette assurance n'est pas obligatoire, mais elle est fortement recommandée. Certaines entreprises de vente directe la contracteront à votre place en vous décomptant ses coûts ou parfois même sans vous la facturer. Vous n'aurez, dans ce cas, aucune procédure à réaliser.

Ouvrir un compte bancaire dédié

Certaines entreprises recommandent d'ouvrir un compte bancaire dédié à l'activité afin de vous faciliter la gestion de votre budget.

Il n'est pas nécessaire d'ouvrir un compte professionnel. Par ailleurs, cette démarche ne génèrera pas nécessairement de frais si vous faites le choix d'un compte bancaire sans carte bleue.

Étape 5 : Commencer... mais surtout s'accrocher

Félicitations, vous avez signé votre contrat, rempli les principales formalités administratives, il ne vous reste plus qu'à partir à la rencontre de vos premiers clients.

Préciser votre projet

Préciser votre projet consiste à définir vos objectifs, les revenus que vous tirerez de votre activité, le temps que vous choisirez d'y consacrer et les actions à mettre en place.

Selon que vos motivations soient financières ou qualitatives, vous procéderez de deux façons différentes.

Des objectifs d'ordre financier

Si vos objectifs sont d'ordre financier, vous avez choisi de démarrer une activité de vente directe pour constituer une source principale ou secondaire de revenus. Vous préciserez dans l'ordre suivant :

- **Vos objectifs chiffrés** : précisez le projet que vous souhaitez financer ou le niveau de revenu auquel vous comptez accéder – vous équiper en produits de l'enseigne, financer votre voyage au Maroc, gagner 500 € / mois pour payer vos factures…
- **Des actions à mettre en place :** vous en déduirez les actions à mettre en place pour atteindre ces objectifs – organiser quatre réunions par mois, visiter un client par semaine…
- **Le temps à consacrer :** cela vous permettra d'en conclure le temps que vous devrez consacrer à votre activité pour atteindre ces objectifs.

Des objectifs d'ordre qualitatif

Si vos objectifs sont d'ordre qualitatif : partager des moments de convivialité, faire connaître des produits que vous aimez, rencontrer du monde… Vous procéderez dans un ordre un peu différent :

- **Le temps à consacrer** : définissez le temps que vous souhaitez consacrer à votre activité – deux jours par semaine, deux week-ends par mois…
- **Les actions à mettre en place** : vous en déduirez les actions que vous parviendrez à mettre en place dans le temps imparti – organiser deux réunions par mois, visiter deux clients par semaine…
- **Les revenus possibles :** vous en conclurez le revenu que vous pourrez atteindre en conséquence…

À NOTER

Votre manager pourra vous assister dans cette démarche, cependant, ce sera à vous de vous fixer vos propres objectifs et mobiliser l'énergie nécessaire pour les atteindre.

Vos premières ventes

La réunion de lancement

Si vous intégrez une entreprise de vente par réunion, votre activité débutera par ce que l'on appelle une réunion de lancement.

Vous convierez vos proches à une réunion qui sera animée par votre manager. Cette réunion de lancement constituera un vrai tremplin dans votre activité, elle sera l'occasion d'annoncer à vos proches que vous avez choisi de démarrer une activité de vente directe, leur expliquer votre choix et leur faire découvrir les produits de l'enseigne que vous représentez.

Votre animateur d'équipe vous aidera à « dater » vos premiers rendez-vous pour que votre agenda commence à se remplir.

Gardez bien les yeux ouverts, cette première vente est l'occasion d'observer la méthode à appliquer, car ce sera bientôt à vous de jouer !

Si vous intégrez une entreprise de vente en individuel, votre manager vous aidera à fixer vos premiers rendez-vous de vente et vous accompagnera au démarrage pour vous montrer comment conduire un entretien de vente.

La deuxième vente, à vous de jouer !

Après un débriefing complet du premier rendez-vous de vente et quelques conseils de dernière minute, vous conduirez seul les réunions ou les entretiens de vente qui suivront.

Dans la mesure où la vente directe s'appuie dans un premier temps sur le réseau relationnel, vous conduirez vos premiers rendez-vous ou animerez vos premières réunions chez des amis ou des proches, ce qui sera beaucoup moins intimidant. Et si vous commettez quelques erreurs, vous aurez bien d'autres occasions pour vous rattraper.

« Ma première réunion de vente a été un vrai désastre ! Je présentais des produits d'entretien ménagers chez ma cousine. J'étais tellement stressée que j'ai confondu le détachant avec le produit d'entretien pour le bois. J'ai fait une grosse tâche sur son canapé, ma démonstration était complètement ratée ! Sur le

moment j'étais très gênée, maintenant j'en rigole souvent avec mes amies conseillères de vente. »

Aurélie, conseillère de vente dans l'univers de l'entretien ménager.

Patience, le succès n'est pas loin !

Un temps de mise en route nécessaire

Si, après trois mois d'activité, votre agenda n'est pas aussi chargé de rendez-vous que vous l'aviez espéré, si vos ventes peinent à décoller et si vos commissions vous semblent encore bien dérisoires, c'est normal !

En vente directe, un temps de mise en route est nécessaire pour acquérir le savoir-faire lié à la prospection, développer les compétences indispensables à la réalisation d'une vente et se constituer une clientèle.

Le succès peut sembler long à venir, cependant, ne perdez pas patience, vos efforts seront bientôt récompensés.

La démotivation, l'ennemi n° 1 du vendeur direct

On constate en général, après l'euphorie du démarrage et une fois le premier cercle d'amis contacté, une période d'essoufflement dans l'activité. Cette phase délicate, qui intervient quelques semaines seulement après le début de l'activité, est une source de découragement qui pousse beaucoup de vendeurs à jeter l'éponge.

Devenir vendeur direct est, nous l'avons vu, relativement simple. Survivre aux six premiers mois d'activité et persévérer face aux difficultés rencontrées est une autre paire de manches.

Selon une étude menée par le Crédoc en 2011, « *les départs interviennent majoritairement la première année d'activité, et même le plus souvent dans les trois à six premiers mois.* » Selon cette même étude, ces départs sont causés par trois facteurs :

- une difficulté relationnelle dans la relation de vente ;
- un manque de persévérance dans la formation ;
- des difficultés d'organisation.

Dans la suite de ce livre, nous vous aiderons à surmonter ces difficultés pour que vous dépassiez avec aisance le cap de la première année.

« Cinq mois après la signature de mon contrat, j'ai dit à ma manager que je voulais arrêter. J'avais épuisé tous mes contacts et les rendez-vous se faisaient de plus en plus rares. Elle m'a proposé un accord : elle passerait avec moi des appels de prospection pour m'aider à décrocher de nouveaux rendez-vous ; en échange, je devais persévérer pendant encore trois mois. Ça a été un peu long, mais j'ai fini par y arriver ! Aujourd'hui, je réalise en moyenne une à deux ventes par semaine et je parviens à me dégager un revenu de 800 € par mois. »

Cindy, conseillère de vente dans le secteur des loisirs créatifs.

Gardez votre « PEPS » !

« Vous avez décidé d'être vendeur à domicile. Avec ou sans diplôme, disposant ou pas d'une expérience, exerçant une activité professionnelle ou demandeur d'emploi, votre succès en vente à domicile va essentiellement dépendre de vous.

C'est comme une recette de cuisine ; un savant dosage de **P**ersévérance et d'**E**nthousiasme, un brin de **P**ositive attitude et une pointe de **S**implicité. Ce "P.E.P.S.", ainsi obtenu vous permettra d'accroître votre confiance en vous pour vous épanouir professionnellement et personnellement.

Comme tous les indépendants, quels que soient leur métier et leur statut, vous n'aurez de compte à rendre qu'à vos clients et à... vous-même !

C'est ce qui fait de la vente à domicile un mets idéal à consommer sans modération. »

Patrice Jacquelin, président fondateur de Guy Demarle.

Chapitre 6

La vente directe, avant tout une attitude à adopter

Dans ce chapitre :

- Adopter une attitude positive
- Gagner la confiance de son interlocuteur
- Développer son expression corporelle

L'attitude du vendeur direct n'est pas simplement un comportement à adopter en situation de vente mais une façon d'être tout au long du processus de commercialisation, de la première rencontre avec un prospect jusqu'à la livraison de la marchandise.

Or, nous l'avons vu, le travail de prospection s'effectue au jour le jour dans toutes vos relations sociales ; vous devrez donc adopter l'attitude du bon vendeur direct quotidiennement. C'est un très bon exercice qui aura des répercutions positives bien au-delà de votre activité de vente.

Vous découvrirez dans ce chapitre comment opérer cette métamorphose dans votre comportement tout en restant vous-même.

Entrez dans la peau du vendeur direct

Afin de mieux vous faire comprendre l'attitude qu'il vous faudra adopter dans votre activité, arrêtons-nous un instant sur la fonction du conseiller de vente : en tant que vendeur direct, votre mission sera de faire connaître à votre entourage une offre de produits que vous aimez et dont vous êtes vous-même utilisateur. Vous serez un ambassadeur de la marque

que vous représentez, chargé d'apporter du conseil aux clients de l'enseigne avec qui vous construirez une relation privilégiée fondée sur la confiance et la convivialité.

Analysons cela pas à pas.

Un utilisateur enthousiaste

Un conseiller de vente est avant tout un utilisateur enthousiaste qui partage avec ses prospects et clients sa propre expérience des produits de l'entreprise qu'il représente.

Un utilisateur convaincu

En vente directe, vendre consiste à communiquer son enthousiasme pour un produit.

Comment se montrer convaincant ? C'est très simple, il suffit d'être soi-même convaincu. Lorsque vous parlez à vos amis du dernier film qui vous a marqué, votre enthousiasme transparaît de lui-même : votre visage s'illumine, votre entrain s'entend dans votre voix et les mots justes vous viennent naturellement pour décrire l'émotion que vous avez ressentie en regardant ce film.

Il en va de même pour les produits de l'enseigne que vous ferez découvrir à vos prospects. Dans un premier temps, imprégnez-vous du produit, apprenez à l'utiliser et à l'apprécier. Votre enthousiasme se manifestera naturellement dans vos propos, dans votre voix et se lira sur l'expression de votre visage si vous parlez avec sincérité de produits que vous aimez et dont vous êtes convaincu qu'ils apporteront de la satisfaction à votre interlocuteur.

Une attitude positive

Votre attitude positive et enjouée ne devra pas se limiter à votre discours autour du produit. C'est en faisant preuve d'optimisme en toutes circonstances que vous transmettrez votre enthousiasme à vos interlocuteurs. Adopter la « positive attitude » consiste à faire évoluer le regard que vous portez sur le monde : voir la vie en rose plutôt qu'en gris, percevoir le verre à moitié plein plutôt qu'à moitié vide…

Évitez par ailleurs de ressasser vos problèmes et vos angoisses et n'abordez avec vos prospects et clients que des sujets positifs et joyeux.

Vous constaterez que cette attitude positive deviendra contagieuse, vos interlocuteurs seront bientôt contaminés par votre optimisme débordant et se laisseront par conséquent plus facilement gagner par votre enthousiasme autour du produit présenté.

Un ambassadeur de l'entreprise

En tant que conseiller de vente, vous serez le représentant de votre entreprise auprès de sa clientèle. C'est donc sur vous que reposera la lourde responsabilité de véhiculer une image positive de l'enseigne auprès des consommateurs.

Une apparence soignée

L'image que vous véhiculez passe avant tout par votre apparence : votre tenue vestimentaire, votre coiffure, votre maquillage, votre posture conditionneront la toute première impression que votre interlocuteur se fera de vous.

Votre apparence doit refléter :

- **Le professionnalisme de votre démarche**. Lorsque vous rencontrez un prospect ou un client, votre apparence doit être impeccable : une tenue propre et repassée, une coiffure soignée, un maquillage discret et élégant. Le soin que vous apportez à votre apparence reflète l'importance que vous accordez à votre interlocuteur. Il constitue par ailleurs un gage de sérieux qui permettra d'asseoir la crédibilité et le professionnalisme de votre démarche.
- **L'image de marque**. Ajustez votre tenue et votre style vestimentaire à l'image de la marque que vous représentez. Selon les recommandations de l'entreprise, votre tenue sera sobre et élégante, tendance et glamour, chic et décontractée… Si vous représentez une entreprise dans le domaine de la mode, vous porterez les vêtements et accessoires de l'enseigne.

- **La proximité de la relation**. Le costume cravate ou le tailleur strict sont rarement de rigueur, vous préfèrerez sans doute une tenue moins formelle qui favorisera l'instauration d'un climat de convivialité. Vous pouvez également ajuster votre tenue en fonction du style de votre interlocuteur si vous le connaissez : décontracté, sobre ou habillé.

Un sourire authentique

Musclez vos zygomatiques, nous allons les mettre à contribution !

Véhiculer une image positive de l'enseigne auprès des consommateurs, c'est également arborer un sourire authentique qui laisse transparaître votre bonne humeur et votre joie de vivre en toutes circonstances. Cette attitude positive vous rendra avenant et donnera envie au consommateur potentiel de découvrir l'offre que vous présentez.

Un sourire authentique ne s'exprime pas que par la bouche, il doit également se lire dans vos yeux. Testez votre sourire dans le miroir : si vous cachez votre bouche, on doit se rendre compte que vous souriez.

Un rôle de conseil

Le rôle du conseiller de vente est d'initier le consommateur aux produits de l'enseigne et lui apporter un conseil dans le choix de l'article qui lui conviendra le mieux. Vous devrez par conséquent adopter une attitude d'écoute et vous comporter en tant d'expert auprès de vos interlocuteurs.

Soyez à l'écoute

« *Si l'homme a deux oreilles et une bouche c'est pour écouter deux fois plus qu'il ne parle* », Confucius.

Cet équilibre entre temps d'écoute et temps de parole s'applique parfaitement au vendeur direct. Votre rôle de conseil débutera par une phase d'écoute et la prise en compte des besoins et attentes de votre interlocuteur.

Si vous êtes un moulin à paroles, vous devrez apprendre à vous contrôler. Tournez votre attention vers votre interlocuteur, restez à l'écoute, soyez attentif à ce qu'il dit et invitez-le à s'exprimer :

- **Ne coupez pas la parole**. Cela semble évident et pourtant ce n'est pas toujours simple. Il faut écouter son interlocuteur jusqu'au bout et s'assurer qu'il a bien terminé d'exprimer sa pensée avant de lui répondre.
- **Marquez des pauses**. Le silence fait peur et on a tendance à chercher à le combler. Sachez au contraire faire des pauses dans votre discours. Il ne s'agit pas de restez muet comme une carpe pendant cinq minutes devant une assemblée inerte mais d'aménager des moments de silence qui permettront à votre auditoire d'intervenir.
- **Posez des questions**. Encouragez votre interlocuteur à réagir en lui posant des questions. « Qu'en pensez-vous ? » « Tout est bien clair ? » « Avez-vous une expérience de ce produit que vous souhaiteriez partager ? »

Positionnez-vous en tant qu'expert

Le conseiller de vente doit être perçu comme un expert de l'offre qu'il présente.

Vous positionner en tant qu'expert ne signifie pas devenir un spécialiste pointu de vos produits et utiliser un vocabulaire technique dès que l'occasion s'en présente. Il vous suffira de devenir un utilisateur aguerri des produits de l'enseigne, savoir en parler avec des mots simples et partager une expérience vécue autour du produit.

Vous parviendrez à vous positionner en tant qu'expert en montrant de l'assurance dans vos propos et en adoptant une attitude professionnelle. N'hésitez pas, par ailleurs, à apporter des conseils, à formuler des suggestions et être force de proposition lorsque vous guiderez vos prospects dans leurs choix.

Un interlocuteur privilégié

Le conseiller de vente est un interlocuteur privilégié des clients de l'enseigne, que ces derniers ont du plaisir à retrouver régulièrement.

Un rapport de proximité et de convivialité

Vous construirez avec vos clients et vos hôtes des relations simples et amicales. Restez vous-même, préservez votre authenticité, soyez naturels dans votre démarche et votre rapport aux autres ; une grande complicité s'établira bientôt entre vous et vos clients.

En vente directe, les rencontres doivent se faire en toute simplicité. Ne vous projetez pas dans le rôle d'un commercial conquérant, mais dans celui d'un utilisateur convaincu qui aime faire découvrir de nouveaux produits… tout simplement.

Une relation de confiance

Les clients des entreprises de vente directe recherchent à travers ce mode de vente une humanisation des relations commerciales. Votre rôle sera de construire avec eux une relation de confiance. C'est en vous intéressant à vos interlocuteurs et en faisant preuve d'une sincère bienveillance à leur égard que vous parviendrez à construire des relations saines et durables avec eux.

C'est par ailleurs en accueillant chaque rendez-vous et chaque réunion de vente comme l'opportunité de réaliser de belles rencontres que vous vous épanouirez dans votre activité.

« Depuis que j'exerce le métier de conseiller de vente, j'ai changé. Mes proches me le disent souvent. Je suis devenue plus coquette, j'ai une attitude plus positive et j'ai beaucoup gagné en assurance. »

Sandra, conseillère de vente dans le domaine de la diététique.

Faites parler votre corps

Nous venons de vous présenter ce que doit être l'attitude d'un bon vendeur direct. Voyons à présent comment votre corps tout entier devra être réquisitionné pour exprimer cette attitude.

Prenez conscience de votre langage non verbal

Vous vous exprimez même lorsque vous ne dites rien ! Prendre conscience du fait que, par votre corps et par votre posture, vous véhiculez un message, parfois à votre insu, vous permettra de le contrôler, et le cas échant, de le corriger.

La voix dans tous ses états

Faible ou puissante, douce ou autoritaire, parfois aigüe lorsque l'on s'énerve ou chevrotante lorsque l'on a peur ; votre voix en dit long sur vos émotions et votre personnalité. Si on est en général attentif aux mots que l'on prononce, en va-t-il de même sur la façon de les prononcer ?

- **Le volume** : avez-vous tendance à parler d'une voix forte et imposante ou avez-vous, au contraire, du mal à vous faire entendre ? Parler trop fort peut se révéler désagréable pour un auditoire ; une voix trop faible, en revanche, peut être perçue comme un manque d'assurance.
- **Le rythme** : soyez attentif à votre rythme d'élocution. Est-il plutôt lent ou rapide ? Avez-vous tendance à augmenter votre débit lorsque vous êtes nerveux ou très enthousiaste ? Un rythme modéré assorti d'une articulation claire donne une impression de calme et de sérieux et facilite la compréhension du discours.
- **L'intonation :** l'intonation est l'ensemble des inflexions que prend la voix. Ces variations de hauteur dans la voix donnent du sens et de la vie à un discours. Avez-vous des intonations très marquées ou un discours monocorde ? Faire varier les accentuations dans une phrase permet de capter l'attention de son interlocuteur.

CONSEILS ET ASTUCES

Lorsque vous parlez au téléphone, votre voix est, avec les mots prononcés, votre seul moyen d'expression. Il sera donc d'autant plus important de soigner votre élocution. Votre interlocuteur perçoit votre humeur à travers votre voix, c'est pourquoi il est conseillé de sourire lorsque l'on est au téléphone.

Le langage corporel

De la tête au pied, votre corps s'exprime :

- **Le visage :** votre visage compte plus de 60 muscles, il est de ce fait capable des contorsions les plus extravagantes, ce qui le rend très expressif. Votre visage est le reflet de vos émotions, il peut exprimer tour à tour votre joie, votre tristesse, votre surprise... Certaines personnes ont un visage très animé qui trahit la moindre de leur humeur, d'autres au contraire semblent impassibles en toute situation. Qu'en est-il pour vous ? Un visage impassible est souvent lié à un manque de confiance et une extrême pudeur dans l'expression de ses émotions. Travaillez l'expression de vos émotions afin de rendre votre discours plus personnel et plus convaincant. Votre visage tout entier doit s'animer : la bouche, le regard, les sourcils, la position de la tête...
- **Le regard :** la direction du regard est fondamentale, un regard fuyant est signe de malaise ou de désintéressement, un regard fixe en revanche peut gêner votre interlocuteur.
- **La posture :** votre posture exprime votre rapport à l'autre et votre état d'esprit. Les mains sur les hanches sont, par exemple, l'expression d'une position dominante ; les bras croisés ou les épaules rentrées peuvent être un signe de malaise.
- **Les gestes** : avez-vous l'habitude de parler avec vos mains ou avez-vous tendance à les garder bien au chaud dans vos poches ? Les gestes et les mouvements du corps sont le signe d'un enthousiasme. Les personnes qui parlent avec les mains sont perçues comme chaleureuses et énergiques. Ne restez pas statique et accompagnez votre discours des gestes adéquats.

Pratiquez l'écoute active

En tant que conseiller de vente, vous devrez vous montrer à l'écoute de vos interlocuteurs. Or, écouter n'est pas une action qui se perçoit visuellement. Alors, comment rendre visible ce qui ne l'est pas ? Comment faire dire à votre corps tout entier « je suis à votre écoute », « je m'intéresse à vous ».

Tournez votre corps vers votre interlocuteur

Lorsque l'on vous parle, arrêtez tout ce que vous êtes en train de faire et tournez-vous vers votre interlocuteur.

- **Des pieds à la tête :** assurez-vous que vous êtes tourné vers votre interlocuteur de la tête aux pieds. Si vous avez le buste dans sa direction mais que vos pieds pointent vers la porte, vous donnerez l'impression d'être pressé. Si votre tête est tournée vers la fenêtre, vous donnerez l'impression de vous ennuyer.
- **Le regard :** regardez votre interlocuteur dans les yeux, sans le fixer.
- **Le buste légèrement penché en avant :** afin de montrer que vous êtes investi dans la conversation, penchez légèrement votre buste vers l'avant. Se pencher en arrière dans sa chaise, le dos appuyé contre le dossier est le signe que l'on prend du recul par rapport à la conversation et que l'on cherche à s'en extraire.

Réagissez

Lorsque vous ne parlez pas, ne restez pas apathique. Un hochement de tête ou un sourire montrera que vous êtes sensible à ce que le prospect est en train de vous dire. Pencher la tête vers le côté sera perçu comme un signe de compassion.

Suscitez la confiance

Quelle attitude corporelle adopter pour instaurer une relation de confiance avec un interlocuteur ?

Adoptez la bonne distance

Dans le cadre de votre activité, vous vous rendrez au domicile de personnes dont vous n'êtes pas forcément familier et entrerez dans leur intimité ; n'envahissez pas en plus leur espace personnel ! Il est souhaitable de se tenir à une distance respectable d'un prospect ou client, surtout en début de relation.

Edward T. Hall, un anthropologue américain, a identifié quatre niveaux de distances qui séparent deux individus en interaction, en fonction du type de relation qu'ils entretiennent :

- **La distance intime**, une distance de 15 à 45 cm sépare les individus. Ce niveau de distance est réservé à la famille ou aux amis proches ainsi qu'aux relations amoureuses.
- **La distance personnelle**, 45 à 120 cm vous séparent de votre interlocuteur. Cette distance est réservée aux relations amicales ou aux conversations entre collègues.
- **La distance sociale** de 1,2 m à 3,6 m. Cette distance est appropriée dans le cadre d'une relation commerciale ou professionnelle. Elle implique un certain détachement.
- **La distance publique** au-delà de 3,6 m. Cette distance concerne les discours face à un groupe, lors d'une conférence par exemple.

Inutile d'emmener un mètre mesureur en entretien ou en réunion de vente pour vous assurer que vous vous tenez à une distance respectable de vos prospects. Gardez néanmoins en tête que la distance qui vous sépare de votre interlocuteur a une signification et qu'elle déterminera le type de relation que vous cherchez à construire.

En vente directe, vous oscillerez entre distance sociale et distance personnelle. En début de relation, une certaine distance doit être tenue pour que le prospect ne se sente pas envahi. Par la suite, lorsque la confiance est instaurée, vous pourrez vous rapprocher pour présenter un produit ou faire signer un bon de commande.

Pratiquez le mimétisme comportemental

Le mimétisme comportemental ou « synchronisation non verbale » consiste à adopter l'attitude de son interlocuteur afin de le conforter dans un sentiment de ressemblance et de proximité, et développer ainsi une relation de confiance. Cette notion de synchronisation a été développée par la programmation neurolinguistique (PNL) : un ensemble de techniques dans le domaine de la psychologie qui concerne la communication et le changement.

Selon le dicton – « Qui se ressemble s'assemble » –, nous sommes plus enclins à faire confiance à quelqu'un qui nous ressemble.

Attention, il ne s'agit pas de singer grossièrement votre interlocuteur qui va rapidement se demander si vous n'êtes pas en train de vous moquer de lui. Vous adopterez simplement le même registre de langage que lui et imiterez sa posture.

Véhiculez une image d'expert

Votre expertise ne doit pas transparaître uniquement dans vos propos, votre corps tout entier doit véhiculer une image d'expert.

Montrez de l'assurance

La confiance en soi est souvent synonyme d'expertise pour un auditoire. Cette assurance pourra vous faire défaut si vous êtes nerveux à l'idée de rencontrer des clients ou d'animer une réunion de vente. Voyons comment éviter que votre stress ne soit trop visible.

Pour bien comprendre le langage non-verbal, il faut se rappeler que nous sommes des animaux. Or, face au danger, un animal aura deux réactions : la fuite et la dissimulation.

Une situation de stress est une situation dans laquelle on se sent en danger. L'inquiétude que provoque chez vous une situation de vente fera ressortir vos pulsions animales. Fort heureusement, vous avez intégré quelques règles de bienséance qui vous éviteront de céder à ces pulsions : face à un client un peu intimidant, vous ne partirez pas en courant et résisterez à la tentation de vous jeter sous sa table basse.

Cependant, votre attitude pourra trahir l'animal qui sommeille en vous :

- **La fuite :** dans une situation de stress, le corps se prépare instinctivement à la fuite. Votre respiration s'accélère pour oxygéner votre sang et vous permettre de courir plus vite. Vos pieds, voire votre buste, se tournent vers la sortie. Vous avez du mal à rester statique. Si vous souhaitez donner une impression de confiance, respirez doucement, évitez de bouger sur vos jambes et tournez-vous vers votre auditoire.
- **La dissimulation :** lorsque l'on est en danger, on a tendance à dissimuler instinctivement les parties de son corps qui sont les plus vulnérables. Le cou va rentrer dans les épaules, les bras vont se croiser pour protéger l'abdomen. Essayez d'éviter ces gestes de protection, ne collez pas vos bras contre vous et gardez la tête haute.

Une personne nerveuse aura également tendance à multiplier les gestes dits d'**auto-contact**. Ce sont des gestes que l'on fait pour s'apaiser. Si vous voyez un enfant apeuré, vous allez tout naturellement lui poser la main sur l'épaule ou le prendre dans les bras pour le rassurer. Ce sont ces gestes réconfortants que cherchent à reproduire les auto-contacts. Le geste le plus courant est de se tenir les mains, certains se massent la nuque ou le cou, d'autres se touchent le visage ou jouent avec leurs cheveux. On voit souvent des personnes nerveuses se frotter les jambes ou se tenir le bras. Essayez d'identifier quels sont vos gestes d'auto-contact pour essayer de les limiter.

CONSEILS ET ASTUCES

Pour montrer votre assurance, donnez de l'importance à votre discours. Tout ce que vous dites est intéressant et a de l'importance : exprimez-vous d'une voix forte et posée, parlez d'une rythme lent, soignez votre articulation et accompagnez votre discours de gestes cohérents.

Adoptez une attitude professionnelle

En vente directe, bien que les échanges soient conviviaux et l'atmosphère parfois décontractée, vous ne devez pas perdre de vue que vous êtes en situation professionnelle. Il n'est pas toujours facile, lorsque l'on présente des sous-vêtements chez sa meilleure amie et que l'ambiance est à la rigolade, de réaliser que l'on est en train de travailler. Et pourtant, vous devrez garder une attitude professionnelle en toutes circonstances.

Cela ne doit pas vous empêcher de plaisanter et de partager un bon moment avec les autres convives. Évitez cependant d'être trop décontracté, gardez une posture droite : ce n'est pas le moment de vous avachir dans le canapé du salon avec les pieds sur la table.

À NOTER

Votre réussite en tant que conseiller de vente dépendra essentiellement de l'attitude que vous adopterez face à vos interlocuteurs. C'est donc sur cette attitude que vous devrez travailler en priorité.

Troisième partie

Réaliser une vente

Dans cette partie...

Ça y est, vous êtes devenu vendeur direct ! Mais au fait, où allez-vous trouver des consommateurs potentiels ? Comment fixer avec eux vos premiers rendez-vous ? Comment préparer une rencontre ou une réunion de vente ? Comment animer une réunion ou conduire un entretien de vente en individuel ?

Vous apprendrez dans cette partie les méthodes les plus utilisées en vente directe pour réaliser une vente, de la prise de contact avec le prospect jusqu'à la livraison du client.

Chapitre 7

Prospecter

Dans ce chapitre :

- Identifier des consommateurs potentiels
- Fixer un rendez-vous ou une réunion de vente
- Surmonter ses appréhensions

La vente directe se caractérise par la présence physique d'un consommateur et d'un vendeur lors de la prise de commande. La démarche de prospection consiste à provoquer cette fameuse rencontre entre vous et un potentiel acheteur : prospecter, c'est fixer des rendez-vous ou programmer des réunions de vente.

La prospection est le cœur de métier du vendeur direct. Votre succès est conditionné aux nombres de rendez-vous que vous parviendrez à décrocher. Votre réussite dans ce métier dépend donc de votre capacité à prendre rendez-vous avec vos proches et les proches de vos proches afin de leur faire découvrir des produits que vous aimez et dont vous êtes généralement vous-même consommateur. Avouez tout de même que cela ne semble pas bien sorcier comme boulot !

Cet exercice requiert pourtant un peu de méthode, d'énergie et parfois du courage : il faudra identifier un consommateur potentiel, éveiller sa curiosité, trouver au moins deux heures dans son agenda parfois chargé, le rassurer sur le sérieux de votre démarche et l'aider à surmonter les *a priori* liés à ce mode de distribution.

À NOTER

Dans le cadre d'une vente en réunion, le rendez-vous aura généralement lieu chez un hôte qui invitera des proches à participer à une présentation de produits. Dans ce cas, prospecter signifie trouver des hôtes / hôtesses.

Qui prospecter ?

Pour rappel, la vente directe s'adresse exclusivement à des particuliers. Vous prospecterez uniquement des individus réalisant un achat en dehors de leur champ de compétence professionnel.

Définissez votre cible

Du consommateur potentiel au client

Attachons-nous à éclaircir quelques éléments de vocabulaire.

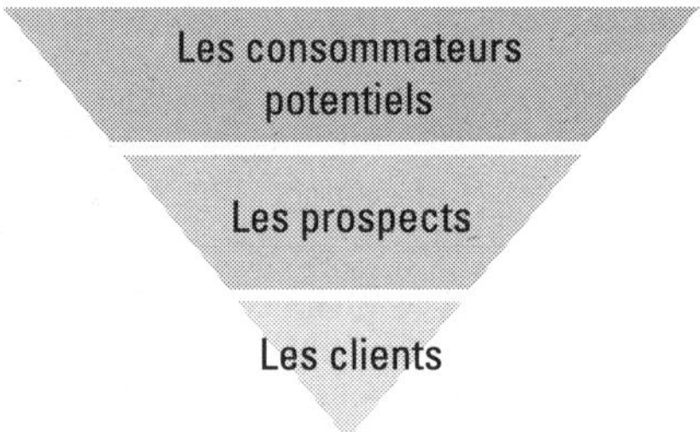

Figure 7-1 : L'entonnoir de vente.

Un parcours de vente est souvent représenté sous la forme d'un « entonnoir » composé de trois étages :

- **Les consommateurs potentiels** : ce sont de potentiels clients qui n'ont pas encore montré leur intérêt pour votre offre. Et pour cause, vous ne les avez pas encore contactés !
- **Les prospects** : lorsque vous parvenez à éveiller la curiosité d'un consommateur potentiel et planifiez avec lui un rendez-vous ou une réunion de vente, il passe dans la catégorie « prospect ». On perd toujours un peu de monde en route, d'où l'image de l'entonnoir. Attention, un classement n'est jamais définitif, un consommateur potentiel qui a refusé votre offre de rendez-vous pourra revenir sur sa décision et intégrera peut-être plus tard la catégorie « prospect ».
- **Les clients** : certains de ces prospects finiront par acheter vos produits ou services et deviendront alors des clients.

Les deux étapes de la réalisation d'un acte de vente sont :

- **La prospection** : cette action consiste à transformer un maximum de consommateurs potentiels en prospects. Ce sera l'objet de ce chapitre.
- **La vente** : cette action consiste à transformer un maximum de prospects en clients. Ce sera l'objet d'un prochain chapitre (cf. chapitre 9).

Établir un portrait du consommateur potentiel

Afin d'identifier des consommateurs potentiels, commencez par établir un portait robot du consommateur type des produits de votre entreprise. Quelles sont ses principales caractéristiques ? Quel est son mode de vie ? Quelles sont ses habitudes d'achat ?

Une première façon de définir une cible est de caractériser les critères sociaux et démographiques des individus qui la composent :

- **Le sexe** : votre offre s'adresse-t-elle plutôt à des hommes ou à des femmes ?
- **La tranche d'âge** : votre offre attire-t-elle essentiellement une clientèle jeune ou plutôt d'âge mûr ?
- **La catégorie socioprofessionnelle** : des produits de luxe s'adresseront en priorité à des catégories socioprofessionnelles dites supérieures aux revenus généralement plus élevés.

Le cadre de vie permettra également de caractériser un consommateur « type », en particulier si vous exercez dans le secteur de l'amélioration de l'habitat. Les clients de votre entreprise vivent-ils en maison ou en appartement ? Sont-ils plutôt citadins ou ruraux ? Sont-ils nécessairement propriétaires de leur logement ?

Les habitudes de consommation peuvent permettre d'identifier un consommateur potentiel :

- Quels sont les centres d'intérêts de vos clients ? Les loisirs créatifs, la cuisine, la mode, etc.
- Quelles sont leurs valeurs ? La préservation de l'environnement, une préférence donnée au « made in France », etc.

- Quelle est la répartition du budget familial d'un client « type » ? La priorité est donnée aux loisirs, à l'éducation, à la maison, etc.

Bien connaître les utilisateurs des produits et services que vous proposez permettra d'identifier plus facilement des individus susceptibles d'être intéressés par votre offre.

Élargissez votre cible

Partez sans *a priori*

Vous avez défini votre consommateur cible comme étant une femme active de 45 ans, soucieuse de l'environnement et qui aime soigner son image. Ce profil vous permettra de savoir à qui vous devrez offrir des rendez-vous **en priorité**. Cependant, votre offre pourra séduire des individus qui ne correspondent pas en tous points au portrait que vous venez de tracer :

- Votre ligne de vêtements s'adresse aux jeunes ? Votre grande-tante qui cherche à rajeunir son image pourra, elle aussi, être intéressée.
- Votre amie a de faibles revenus ? Elle peut néanmoins vouloir se faire plaisir avec un produit haut de gamme pour une occasion particulière.
- Votre collègue déteste cuisiner ? Des ustensiles de cuisine efficaces pourront justement lui être utiles pour passer moins de temps aux fourneaux.
- Votre amie ne porte jamais de bijoux, elle en possède très peu ? C'est justement l'occasion pour elle de s'équiper.

Partez sans *a priori*. N'hésitez pas à offrir des rendez-vous à des proches que vous ne percevez pas comme étant des consommateurs cibles de vos produits. Vous serez souvent surpris de leur réponse.

Une petite histoire pour mieux comprendre

Au début du siècle dernier, un fabricant de chaussures envoie deux représentants commerciaux en Afrique avec pour mission de sonder le marché en vue d'un éventuel développement des ventes sur le continent.

Le premier revient sceptique : « *Monsieur, je crois que nous faisons fausse route. Ils se promènent tous pieds nus là-bas. Nos produits ne les intéresseront jamais* ». Les conclusions du second sont totalement différentes : « *Monsieur, c'est formidable, ils se promènent tous pieds nus là-bas ! Le potentiel est énorme, il y a des millions de pieds à chausser !* »

Lequel de ces représentants commerciaux serez-vous ? Le sceptique ou l'optimiste ?

Trois interlocuteurs à cibler

Le consommateur n'est pas le seul interlocuteur que vous devrez cibler dans le cadre de votre démarche de prospection. Une décision d'achat peut faire intervenir jusqu'à trois acteurs. Il est important de n'en négliger aucun si vous voulez optimiser vos chances de réussite.

- **Le consommateur** est l'utilisateur final, c'est lui qu'il faudra séduire.
- **L'acheteur** est celui qui concrétise l'acte d'achat. C'est lui qu'il faudra convaincre. Lorsqu'un client achète un produit pour son usage personnel, le consommateur et l'acheteur sont une seule et même personne. Dans certains cas, vous aurez deux interlocuteurs distincts. Si vous vendez des croquettes pour chiens ou des vêtements pour enfants, ce n'est pas le consommateur final qui tient les cordons de la bourse ! Il vous faudra séduire le consommateur sans négliger l'acheteur, qui prendra la décision finale.
- **Le prescripteur** est un intermédiaire qui, par ses recommandations, va influencer l'acheteur dans son choix. Une femme peut recommander un produit à son mari, une mère à sa fille… Le prescripteur peut également être un professionnel qui, par son métier, côtoie des consommateurs potentiels : l'architecte sera à même d'influencer le choix de ses clients dans le domaine de l'amélioration de l'habitat, la coiffeuse pourra communiquer sur votre offre de soins…

Vos interlocuteurs ne se limiteront donc pas aux consommateurs potentiels ; vous pourrez également proposer des rendez-vous de vente à des acheteurs potentiels et parler de votre activité à des prescripteurs.

Un individu qui n'est pas directement concerné par votre offre pourra offrir ou recommander vos produits à un ami. Tout le monde est donc potentiellement soit consommateur, soit acheteur, soit prescripteur d'une offre. Votre cible se compose ainsi de plus de 65 millions d'individus !

Où trouver des consommateurs potentiels ?

Parmi vos proches (et les proches de vos proches)

L'offre de produits que vous proposez s'adresse à des particuliers, vous trouverez donc aisément des consommateurs potentiels au sein de votre entourage. Pourquoi aller chercher plus loin ? Commencez par explorer votre réseau relationnel.

Prenez conscience de l'étendue de votre réseau relationnel

Vous êtes quelqu'un de très entouré, nous sommes là pour vous en faire prendre conscience !

Au démarrage de votre activité, votre manager vous conseillera peut-être de constituer une liste de 150 à 200 noms des membres de votre entourage. Ce chiffre vous paraît extravagant ? Vous êtes convaincu de ne pas être aussi populaire que votre manager semble le croire ? Construisons ensemble cette liste, vous verrez que c'est à votre portée !

Commencez par prendre cinq feuilles de papier. En haut de chacune d'elles, inscrivez respectivement : « Famille », « Amis », « Collègues », « Voisins », « Autres relations ». Écrivez ensuite tous les noms qui vous viennent à l'esprit. Ne vous imposez aucune censure, n'omettez pas le nom des personnes qui vous impressionnent ou celles qui, selon vous, ne sont pas des consommateurs potentiels. Si vous avez oublié le nom de famille ou le prénom de certains, notez quand même. N'hésitez pas à écrire : « *le voisin du dessus qui met sa musique à fond* » ou « *la boulangère sympa* » ; personne d'autre que vous ne verra cette liste.

Pour vous assurer que nul ne manque à l'appel, n'hésitez pas à utiliser votre carnet d'adresses et la liste de vos contacts sur votre téléphone ou sur les réseaux sociaux.

N'oubliez personne :

- **La famille**. Parents, frères, sœurs, cousins germain, cousins issus de germain, neveux et nièces, tout le monde a sa place sur cette liste.
- **Les amis**. Procédez par ordre chronologique pour n'oublier personne : amis d'enfance, amis du lycée, amis d'université, amis de vacances, amis du club de sport...
- **Les collègues**. Le lieu de travail est souvent synonyme de lieu d'échanges et de lien social. Si vous avez un emploi en parallèle de votre activité, tous ceux qui travaillent avec vous ou en lien avec votre entreprise peuvent apparaître : vos supérieurs, les membres de votre équipe, la standardiste, le livreur... (il vous sera possible, si votre employeur vous y autorise, d'organiser une réunion de présentation entre collègues entre midi et 14 h 00).
- **Les voisins**. Inscrivez tous les habitants de votre immeuble ou de votre quartier avec qui vous avez déjà eu des interactions. Pensez également aux commerçants du quartier.
- **Les autres relations**. Ajoutez toutes les personnes que vous côtoyez, que vous croisez régulièrement mais qui n'entrent dans aucune des catégories précédentes. Les mamans des camarades de vos enfants, les collègues de votre conjoint, le facteur, vos relations de la salle de sport...

La liste est longue ? C'est bon signe. Elle va encore s'allonger avec le temps grâce à toutes les rencontres que vous ferez à partir d'aujourd'hui.

À NOTER

Ces 150 à 200 contacts que vous venez de lister connaissent, à leur tour, 150 à 200 personnes chacune. Exploiter son réseau de connaissances donne accès à une infinité de contacts.

La théorie des six poignées de main

En 1929, un journaliste hongrois, Frigyes Karinthy, formule l'hypothèse suivante : si l'on prend deux individus au hasard sur Terre, on constatera qu'ils sont liés l'un à l'autre par une chaîne de relations individuelles de moins de six maillons. Le premier connaît quelqu'un, qui connaît quelqu'un, qui connaît quelqu'un… qui connaît le second.

Cette théorie également connue sous le nom des six degrés de séparation a fait l'objet d'une étude dans les années 1960 sans toutefois être démontrée. Elle a cependant eu le mérite de nous laisser fantasmer sur les liens très étroits qui nous unissent à Georges Clooney ou Angelina Jolie.

Aujourd'hui, avec l'utilisation des réseaux sociaux, les connexions entre individus deviennent plus faciles à identifier. Une étude réalisée en 2011 démontre que deux utilisateurs Facebook pris au hasard sont reliés entre eux par une chaîne de 4,75 maillons en moyenne. Cette étude a néanmoins le défaut de ne prendre en compte que les utilisateurs de Facebook.

Quoi qu'il en soit, vous êtes à seulement quelques poignées de main de chacun des 65 millions de consommateurs que compte la France. Vous ne devriez avoir aucune difficulté à vous constituer un réseau de prospects très dense.

Par où commencer ?

L'idée d'appeler un à un les 150 à 200 contacts qui figurent sur votre liste vous épuise par avance ? Rassurez-vous, nous ne vous demanderons pas de vous atteler à cette tâche titanesque en une seule fois.

Pour ne pas vous décourager, commencez par identifier quelques proches qui seront à même de vous aider dans votre démarrage. Ce seront eux que vous contacterez en priorité :

- **Les consommateurs et acheteurs potentiels**. Prenez un surligneur jaune et identifiez les individus qui correspondent le mieux à la description que vous avez faite du consommateur cible : votre amie Agathe qui renouvelle sa garde-robe tous les mois, votre cousin Pierre qui a besoin de travaux d'isolation dans sa nouvelle maison… Surlignez également les noms de ceux qui, pour toute autre raison, recevront volontiers un rendez-vous ou une réunion de vente chez eux : votre meilleure amie qui sera ravie de passer un moment de détente entre copines, votre mère qui voudra vous donner un petit coup de pouce en vous présentant ses amies…

- **Les prescripteurs**. Prenez ensuite un surligneur vert et identifiez les prescripteurs potentiels. Ceux qui, par leur activité, leur statut ou leur tempérament pourraient être des prescripteurs intéressants. Votre amie coiffeuse qui est une vraie pipelette et qui parlera sans doute de votre activité à toutes ses clientes. Votre frère qui travaille dans l'immobilier…

À NOTER

Au fil des mois, vous prendrez contact avec toutes les personnes inscrites sur votre liste. Il sera alors intéressant de vous demander si votre première analyse a été la bonne. Ceux que vous aviez identifiés comme des consommateurs potentiels se sont-ils révélés intéressés par votre offre ? Ceux que vous aviez exclus de votre liste prioritaire ne sont-ils pas finalement devenus des clients fidèles ?

CONSEILS ET ASTUCES

Gardez cette liste de côté, nous la ressortirons lorsque l'on parlera « cooptation ».

Parmi vos clients (et les proches de vos clients)

Les rendez-vous pris auprès de vos proches constitueront un tremplin au démarrage de votre activité. Cependant votre réseau relationnel, aussi riche soit-il, connaît ses limites, il vous faudra donc assez rapidement identifier des consommateurs potentiels parmi vos clients (en les invitant à passer de nouvelles commandes) et parmi les proches de vos clients (*via* la recommandation).

À NOTER

Avec le temps, lorsque votre activité deviendra plus régulière, cette source de contacts deviendra très largement majoritaire.

Le suivi client : l'occasion de prendre des rendez-vous

Les entreprises de vente directe proposent généralement de larges gammes de produits, ce qui vous permet d'offrir des rendez-vous ou des réunions de vente à des consommateurs qui ont déjà passé commande.

À la suite d'une première commande, la relation avec un client ne fait que commencer ! Vous serez en contact régulier et étroit avec ce dernier, que vous appellerez et visiterez régulièrement : à l'occasion de l'appel de satisfaction, de la sortie d'une nouvelle collection ou simplement dans le cadre d'un appel de courtoisie. Ces contacts seront l'occasion de fixer de nouveaux rendez-vous de vente.

Nous développerons les méthodes liées au suivi client au chapitre 12.

La réunion de vente : identifier de nouveaux hôtes

Dans le cadre d'une réunion de vente, un hôte invite quelques proches à participer à une présentation. De ce fait, chaque hôte vous donne accès à son réseau relationnel en vous présentant quelques proches qui pourront à leur tour accueillir une réunion chez eux. Chaque participant est un hôte potentiel avec lequel vous pourrez fixer un rendez-vous pour une réunion de vente.

Au chapitre 9, nous vous donnerons les méthodes pour trouver de nouveaux hôtes lors d'une réunion de vente.

Le parrainage : faire fonctionner le bouche-à-oreille

Chaque client est un prescripteur potentiel qui pourra vous mettre en relation avec des proches. Prenez l'habitude de demander systématiquement à vos prospects et clients s'ils ont dans leur entourage des proches susceptibles d'être intéressés par votre offre.

Au chapitre 10, nous verrons comment obtenir les coordonnées de consommateurs potentiels auprès de vos clients.

Les autres sources de contacts

Si l'exploitation de votre réseau relationnel et du réseau relationnel de vos clients ne suffit pas à générer suffisamment de rendez-vous de vente, vous pourrez alors compléter votre liste de contacts par le biais d'un démarchage terrain.

À NOTER

Ces méthodes ne sont pas utilisées par toutes les entreprises de vente directe. Renseignez-vous auprès de votre manager.

Les fichiers de contacts

L'entreprise que vous représentez pourra vous fournir une liste de contacts de consommateurs potentiels collectés *via* :

- les appels entrants des internautes qui ont rempli une demande de renseignements sur le site de l'entreprise ou les demandes spontanées reçues par le siège ;
- le fichier client d'un collègue qui a choisi de quitter l'entreprise.

Les foires et salons

La participation à des foires et salons spécialisés, en coordination avec votre entreprise de vente directe, pourra vous permettre d'identifier de nouveaux consommateurs potentiels.

Nous développerons ce point au chapitre 12.

La prospection « à froid »

La prospection « à froid » consiste à entrer en contact avec un consommateur potentiel avec lequel vous n'avez aucune relation commerciale ou personnelle préalable. Ce mode de prospection, d'un autre temps, est de moins en moins utilisé par les entreprises de vente directe. Très consommateur de temps et d'énergie, il demande audace et persévérance. Il peut néanmoins se révéler efficace dans certains cas et, en particulier, s'il s'agit de :

- **Votre propre voisinage**. Pensez à rendre visite à vos voisins pour vous présenter (si ce n'est pas déjà fait) et présenter votre nouvelle activité. Si votre voisin n'est pas intéressé par votre offre, vous n'aurez pas perdu votre temps ; vous aurez brisé la glace et, la prochaine fois que vous vous trouverez en tête-à-tête avec lui dans l'ascenseur, vous aurez enfin un autre sujet de conversation que la météo.
- **Le voisinage d'un client ou prospect**. Si cela fait partie du mode opératoire de l'entreprise que vous représentez, vous pouvez réaliser une visite impromptue auprès des voisins d'un client, par exemple, à la suite d'un rendez-vous de suivi. Cette méthode vous permettra de rentabiliser vos déplacements. Exemple : « *J'ai équipé votre*

> *voisin d'un adoucisseur ce mois-ci, est-ce que cela vous intéresse de bénéficier vous aussi de l'information qu'il a reçu ? »*

Pour rappel, il est interdit de contacter par téléphone des individus que vous ne connaissez pas et qui sont inscrits sur une liste d'opposition au démarchage téléphonique.

Prendre rendez-vous

Pour transformer un consommateur potentiel en prospect, il suffit de convenir avec lui d'un rendez-vous à l'occasion duquel vous lui ferez découvrir votre offre.

Il existe deux formes de rendez-vous de vente :

- **le rendez-vous en individuel** : votre mission sera de trouver un consommateur potentiel et fixer un rendez-vous à son domicile ;
- **la vente en réunion chez un hôte** : votre mission sera de trouver un hôte qui accueillera chez lui une réunion de vente avec plusieurs de ses proches.

Les méthodes de prospections sont propres à chaque enseigne et chaque secteur d'activité ; elles doivent être ajustées selon le profil du consommateur cible de chaque entreprise. Nous vous présenterons dans ce paragraphe les pratiques les plus courantes. Cependant, si celles-ci se révélaient être en contradiction avec les méthodes enseignées par votre entreprise, il est recommandé de vous conformer à ces dernières.

Comment prendre contact ?

Pour entrer en contact avec un consommateur potentiel, vous disposez de différents moyens de communication : le téléphone, l'e-mail, les réseaux sociaux...

En toutes circonstances

Les consommateurs font partie de votre entourage, vous en rencontrez tous les jours. Saisissez toutes les opportunités qui se présenteront pour parler de votre activité et offrir des rendez-vous de vente : vous vous rendez à la fête d'anniversaire d'une amie, vous discutez avec des parents d'élèves à la sortie de l'école, vous attendez que votre cours de sport commence…

Si vous représentez une entreprise dans le domaine de la mode, pensez à porter régulièrement les bijoux, vêtements ou accessoires de mode de l'enseigne pour susciter l'intérêt et provoquer l'occasion d'engager la conversation sur votre activité.

Ce mode de prise de contact présente un triple avantage :

- **Il est très peu consommateur de temps.** Qui n'a jamais rêvé de travailler en étant au bar, dans une salle de sport ou en faisant ses courses ? Cela représente un gain de temps considérable.
- **Vous êtes en face-à-face.** Contrairement à une prise de contact par téléphone, vous avez votre interlocuteur en face de vous. Vous pourrez ainsi mettre en pratique les techniques liées au langage non verbal que nous vous avons enseignées, ce qui vous rendra d'autant plus convaincant.
- **Il est très peu intrusif.** Vous êtes déjà en interaction avec votre interlocuteur ; vous savez que celui-ci est disponible et disposé à échanger avec vous. Vous êtes sûr de ne pas le déranger.

À partir de maintenant, vous serez toujours en train de prospecter. La prospection ne doit pas être perçue comme une activité à part entière mais plutôt comme un état d'esprit. Il faut toujours garder dans un coin de sa tête son objectif : fixer des rendez-vous. Cela vous permettra de saisir toutes les opportunités qui se présenteront.

L'appel téléphonique

L'appel téléphonique est un mode de communication très efficace pour entrer en contact avec un consommateur potentiel, qu'il s'agisse d'un proche, d'un client, ou du proche d'un client. Il a l'avantage d'être rapide et peu coûteux. Vous n'aurez pas besoin de vous déplacer et vous pourrez effectuer un grand nombre d'appels en peu de temps. Il est cependant plus difficile d'être convaincant par téléphone qu'en face-à-face.

Il est impératif de préparer un appel téléphonique, de le planifier et de se mettre en condition. Si vous n'êtes pas encore familier avec cet exercice, préparez sur une feuille de papier une liste de points à aborder avec des mots clés à utiliser. Une bonne prospection téléphonique doit, par ailleurs, respecter trois règles d'or :

- **Mettez-vous en tenue de travail** : ne sortez pas votre survêtement fétiche réservé aux journées de paresse pour passer vos appels.
- **Restez souriant** : le sourire s'entend au bout du fil.
- **Mettez-vous au calme** : choisissez un moment opportun pour passer vos appels téléphoniques. Lorsque vous êtes au supermarché ou au parc avec les enfants, il vous sera difficile de rester concentré sur votre conversation.

Contacter vos proches ou vos clients par téléphone pour leur offrir des rendez-vous vous effraie ? Il est possible de réaliser cet exercice en groupe : réunissez-vous avec quelques conseillers de vente de votre équipe autour d'un manager et passez vos appels à tour de rôle. Ainsi, vous vous sentirez soutenu. Par ailleurs, votre équipe pourra vous aider à corriger vos erreurs si besoin.

L'e-mail et les réseaux sociaux

L'envoi de messages électroniques est le mode de communication le plus facile et le plus rapide, mais probablement le moins efficace. N'espérez pas fixer de rendez-vous de vente uniquement par ce biais. Il ne faut pas pour autant négliger ce moyen de communication qui peut permettre de préparer le terrain avant un appel téléphonique.

Vous pouvez également présenter votre activité et offrir des rendez-vous à vos proches *via* votre page Facebook. Ces derniers pourront « partager » votre message sur leur propre page ce qui vous permettra d'entrer en relation avec les proches de vos proches.

Nous approfondirons ce sujet au chapitre 12.

Les étapes de la prise de rendez-vous

Dans ce paragraphe, nous développerons le cas d'une prise de rendez-vous par téléphone auprès d'un proche. L'objectif d'un appel de prospection est de fixer un rendez-vous. L'appel doit être bref : il doit durer entre cinq et dix minutes.

Fixer un rendez-vous de vente doit rester l'unique objet de votre appel. N'entamez pas la conversation en annonçant que vous appeliez pour papoter un peu et prendre des nouvelles.

Restez naturel dans votre démarche de prospection. Pour rappel, vous n'êtes pas un commercial à la conquête de nouveaux marchés, mais un utilisateur convaincu qui souhaite faire découvrir des produits innovants à ses proches.

Se présenter

Dans le cadre d'un appel auprès d'un proche, votre interlocuteur vous connaît, il suffit simplement de resituer qui vous êtes.

« Bonjour madame Dubois, je suis Claire, la maman de Zoé, nos filles vont à la gym ensemble. »

Une simple phrase de présentation sur un ton clair et enjoué suffit. Ne tentez pas de briser la glace en engageant la conversation sur des sujets futiles, votre interlocuteur va s'impatienter et se demander ce que vous lui voulez. Passez directement au vif du sujet.

Éveiller la curiosité

Restez concis, vous avez environ 20 secondes pour capter l'attention de votre interlocuteur avant qu'il ne vous interrompe. À ce stade, votre objectif n'est pas de lui donner envie d'acheter vos produits mais simplement d'éveiller sa curiosité afin de l'inciter à venir découvrir votre offre à l'occasion d'un rendez-vous de vente.

Personnalisez votre approche pour que votre interlocuteur se sente directement concerné.

« Je propose des ateliers culinaires. Toi qui adore cuisiner, je pense que cela pourra te plaire. » ; « J'organise des dégustations de vin à domicile. Je sais que tu es un connaisseur, j'ai tout de suite pensé à toi. »

Offrir un rendez-vous

Positionnez-vous en tant qu'« offreur » et non « demandeur ». Il ne faut en aucun cas que vous donniez l'impression d'être en train de demander un service « *Est-ce qu'éventuellement cela ne te dérangerait pas de me laisser te présenter rapidement quelques produits ?* » Ce genre de phrase est à bannir !

Vous offrez l'opportunité à votre interlocuteur de découvrir une offre en laquelle vous croyez, c'est vous qui lui rendez service !

On préfèrera l'expression « offrir un rendez-vous » à celle de « fixer un rendez-vous ». En effet, le rendez-vous ou la réunion de vente sont des prestations en elles-mêmes : votre prospect aura l'occasion d'expérimenter des produits (essayer des vêtements, goûter du vin, réaliser des recettes de cuisine…) dans un cadre convivial ; il sera initié à l'utilisation de ceux-ci et bénéficiera d'un conseil personnalisé. Or, cette prestation est gratuite et sans obligation d'achat ! Ayez conscience que c'est un cadeau que vous offrez à votre interlocuteur lorsque vous lui proposez un rendez-vous.

« J'utilise des produits d'entretien très efficaces, j'aimerais t'offrir l'occasion de les découvrir. »

« Nous sommes spécialisés dans l'isolation thermique de la maison. Je souhaiterais vous offrir un bilan énergétique gratuit de votre habitation. »

Dans le cadre d'une vente en réunion, la perspective de la rencontre entre amis et l'aspect convivial du moment doivent être mis en avant. Vous pouvez également évoquer les cadeaux à gagner.

« Les réunions sont souvent très conviviales, vous invitez quelques amis, on passe toujours un très bon moment ! Il y a pleins de cadeaux à gagner pour l'hôtesse et ses invités. »

Traiter les objections

Malgré la force de conviction dont vous avez fait preuve, il est rare qu'à ce stade votre interlocuteur brandisse son agenda et vous implore de lui accorder le rendez-vous que vous venez de lui offrir.

Les objections sont fréquentes. Elles ne doivent en aucun cas être interprétées comme un refus de la part de votre interlocuteur. Elles sont le reflet de ses doutes et ses inquiétudes. Votre rôle sera de l'écouter et le rassurer.

Je n'ai pas le temps

« *J'ai un agenda très chargé, ça va être difficile.* » ; « *Je suis très pris en ce moment.* »

Si votre interlocuteur est très occupé, proposez-lui de l'aider dans l'organisation de la réunion pour le soulager un peu.

« *J'ai noté que vous n'aviez pas beaucoup de temps, rassurez-vous, nous pouvons vous faire une démonstration en 1 h 30 au moment qui vous convient ; je peux vous proposer de prendre en charge une partie de l'organisation de votre réunion : envoi des invitations…* »

Vous pouvez également souligner que les personnes très occupées font généralement de très bons hôtes, car ils savent s'organiser, ce qui est une qualité précieuse pour recevoir une réunion chez soi.

J'ai mes habitudes avec un autre fournisseur

« *Ma crème de soin me donne entière satisfaction.* » ; « *J'achète généralement mon vin chez un caviste qui propose des tarifs intéressants.* »

Ne jetez pas l'éponge face à une telle réaction, rassurez-vous, ces habitudes ne sont pas immuables. Respectez le mode de consommation actuel de votre interlocuteur et expliquez-lui qu'un rendez-vous de vente n'engage en rien à changer ses habitudes.

« *Rassurez-vous, cela ne vous engage en rien à changer de prestataire. Il s'agit simplement d'un moment de découverte. Je vous propose un rendez-vous convivial au cours duquel vous pourrez tester nos produits en toute liberté et bénéficier d'un conseil personnalisé.* »

J'ai déjà ce qu'il me faut

« *Mes placards sont pleins d'ustensiles de cuisine !* » ; « *J'ai fait des folies dernièrement, je vais arrêter d'acheter des bijoux.* »

Les offres des entreprises de vente directe sont généralement suffisamment étendues pour vous donner la possibilité de rebondir face à ce genre d'objections.

« *Notre robot de cuisine est très innovant, il remplace à lui seul un grand nombre d'ustensiles de cuisine. C'est justement l'occasion de vider vos placards.* »

« *Si vous avez trop de bijoux, c'est que vous les aimez ! Et sinon vous pourrez en faire profiter vos amis !* »

Une contrainte matérielle

« *Mon mari ne voudra pas !* » ; « *J'ai des enfants en bas âge, c'est compliqué.* » ; « *Ma maison est trop petite.* »

Dans le cadre d'une réunion de vente, les contraintes liées à l'organisation de la réunion sont fréquentes. Rassurez votre interlocuteur et aidez-le à relativiser l'ampleur de l'événement.

« *Il s'agit simplement de recevoir quelque amis chez vous en toute simplicité ; si vous disposez de peu d'espace, nous pourrons nous limiter à 4 ou 5 convives.* »

Une contrainte liée aux invitations

« *Je ne connais personne, je ne saurai pas qui inviter* » ; « *Je connais mes amis, ils n'achèteront rien !* »

Ce type d'objection montre que vous êtes face à un interlocuteur soucieux de la réussite de l'événement, c'est très bon signe ! Expliquez-lui que vous l'aiderez dans les invitations et que les réunions génèrent toujours des commandes et de nouveaux rendez-vous.

« *Je viendrai chez vous pour dresser avec vous la liste des invités. L'expérience m'a appris que nous trouvons toujours des convives intéressés lorsque l'hôte est motivé.* »

Je ne suis pas intéressé

« *Non merci, ça ne m'intéresse pas.* »

Cette formulation peut être l'expression d'un désintérêt réel pour le produit que vous proposez ou le signe d'une inquiétude liée au mode de distribution qu'est la vente directe. Si votre interlocuteur rejette votre offre sans plus de justification, il faudra le questionner afin d'en comprendre la raison et tenter de gagner sa confiance.

« *Pouvez-vous m'en dire plus ? Est-ce notre offre qui ne vous intéresse pas ou le principe d'une réunion de vente qui ne vous convient pas ?* »

S'il s'avère que le rejet est lié à des inquiétudes vis-à-vis de la vente directe, rassurez votre interlocuteur et donnez-lui des explications concernant ce mode de distribution.

Si, malgré vos efforts, votre interlocuteur n'est pas intéressé par votre offre, n'insistez pas, il n'est peut-être pas un consommateur potentiel de vos produits.

Ne vous arrêtez pas pour autant en si bon chemin ! Nous avons vu que tout interlocuteur, s'il n'est pas lui-même consommateur pourra être soit « acheteur », soit « prescripteur » des produits que vous proposez.

« *C'est bientôt Noël, avez-vous déjà préparé vos cadeaux ? Si vous-même ne portez pas de bijoux, ce sera l'occasion de trouver des idées de cadeaux pour vos proches. Nous proposons des coffrets qui plaisent beaucoup.* »

En vente directe, on dit parfois : « *1 non = 100 noms* ». Un interlocuteur qui refuse un rendez-vous pourra toutefois devenir prescripteur et vous orienter vers d'autres consommateurs potentiels.

« *Vous ne souhaitez pas bénéficier d'un diagnostic thermique gratuit ? Vous connaissez sûrement des personnes qui pourraient être intéressées par cette offre. Est-ce que vous accepteriez que je leur téléphone de votre part ?* »

L'objection prétexte

Votre interlocuteur n'est pas intéressé, mais il n'ose pas le formuler clairement, il énonce alors toute une série de prétextes pour décliner votre offre de rendez-vous. À chaque fois que vous répondez à une objection, il en formule une nouvelle : « *Je suis très prise en ce moment, en plus j'ai un appartement tout petit et mon mari ne voudra jamais que je reçoive une réunion chez moi !* »

Face à ce type d'objections, sachez accepter le refus de votre interlocuteur. En effet, si vous insistez et « forcez » le rendez-vous, ce dernier l'annulera probablement.

Fixer une date

Une fois les objections levées, le moment est venu de fixer une date de rendez-vous. Ne remettez pas cette étape à plus tard, si vous avez convenu du principe d'un rendez-vous mais que vous raccrochez sans avoir convenu d'une date, le rendez-vous n'aura probablement jamais lieu.

Il faudra vous montrer suffisamment directif pour amener votre interlocuteur à sortir son agenda et fixer une date.

Les formulations à éviter :

- **La question ouverte**. « *Quand pouvons-nous nous rencontrer ?* » Votre interlocuteur vous répondra probablement qu'il est « *très pris en ce moment* », ce qui risque de remettre votre rencontre aux calendes grecques.
- **La question fermée.** « *Je vous propose le lundi 22 à 15 h 00.* » Cette formulation est trop restrictive. Si votre interlocuteur n'est pas disponible ce jour-là, il vous sera difficile de rebondir. Vous risquez de proposer une succession de dates qui ne lui conviendront pas et il finira par conclure que vos agendas sont incompatibles.

Optez pour la question sous forme d'alternative.

« *Vous êtes disponible en journée ou en soirée ? En journée ? Très bien, je peux vous proposer le mardi ou le jeudi après-midi, qu'est-ce qui vous convient le mieux ? Le mardi 24 mars à 14 h 00 vous irait ?* »

Menez ainsi le questionnement jusqu'à fixer une date.

Évitez les dates trop lointaines. Plus la date est lointaine, plus l'annulation est probable. Il est recommandé de ne pas dater de rendez-vous à plus de deux ou trois mois.

Si votre interlocuteur vous répond qu'il n'a pas son agenda sur lui et propose de vous rappeler, ne le laissez pas prendre le contrôle du rythme de l'échange. Si vous convenez que c'est lui qui vous rappellera, il vous sera très difficile de le relancer.

« Si vous le permettez, je vous rappellerai demain en soirée pour que l'on fixe une date. »

Prendre congé

Une fois le rendez-vous fixé, vous avez rempli votre mission, il est temps de prendre congé.

Résumez brièvement la date, l'heure et le lieu de rendez-vous.

« On se voit donc mardi 24 mars à 14 h 00 à votre domicile, je vous envoie tout de suite un mail de confirmation. »

Dans le cadre d'une vente en réunion, précisez également comment se déroulera la préparation et fixez dès à présent une date de rencontre pour préparer la réunion.

Le rendez-vous est confirmé, ne vous éternisez pas. Assurez-vous que votre interlocuteur n'a plus ni questions ni inquiétudes et prenez congé en le saluant poliment.

Il est recommandé de confirmer la date et l'heure par e-mail dans les 24 h qui suivent la prise de rendez-vous.

Quelques cas fréquents

Le rendez-vous reporté à l'infini

« Désolée Sarah, je vais encore devoir reporter notre rendez-vous, ma meilleure amie fête son anniversaire. »

Le contrôle de maths à faire réviser à son aîné, l'otite du petit dernier, son mari qui veut regarder son match de foot : c'est la quatrième fois que votre amie reporte ce rendez-vous, vous commencez à désespérer !

Il est important de faire prendre conscience à votre interlocuteur, avec le tact nécessaire, que ces rendez-vous reportés sont du temps perdu pour vous et des rendez-vous perdus pour d'autres hôtes ou prospects, car vous risquez de ne pas pouvoir les remplacer au pied levé. Faites-lui comprendre que vous avez un agenda chargé et que vous ne pourrez pas faire preuve de souplesse à chaque fois.

Un rendez-vous plusieurs fois reporté peut être le signe :

- d'une inquiétude sous-jacente – essayez dans ce cas d'identifier ce qui préoccupe votre interlocuteur ;
- d'une difficulté de votre interlocuteur à exprimer sa volonté de refuser un rendez-vous. Si vous avez identifié, après de nombreux reports, que votre prospect souhaite en réalité annuler son rendez-vous, offrez-lui la possibilité de le faire en abordant ouvertement le sujet ; il se sentira probablement soulagé. Vous aurez certes perdu un rendez-vous, mais vous aurez gagné du temps et de l'énergie !

CHOISIR SES MOTS

« Soyons franches l'une avec l'autre, vous ne voulez pas prendre ce rendez-vous ? Dites-le moi franchement, car il faut que j'organise mon agenda. »

Les rendez-vous qui s'annulent en cascade

Vous aviez réussi à planifier cinq rendez-vous ce mois-ci, mais quatre ont été annulés. Des annulations en cascade peuvent être le signe d'un ton trop directif et trop insistant lors de la prise de rendez-vous. Si, à force d'insistance, vous avez extorqué un rendez-vous à un prospect qui n'a pas osé dire non, il est probable que celui-ci cherche à l'annuler à la première occasion.

Ces annulations peuvent être le signe que vous ne vous positionnez pas suffisamment en tant qu'« offreur ». On est parfois tentés, lorsque l'agenda peine à se remplir de demander à des proches de nous donner un coup de pouce : « *Tu ne voudrais pas organiser une réunion chez toi, ça me rendrait service !* »

Par cette démarche :

- Vous dévalorisez votre offre. Rappelez-vous, un rendez-vous est un cadeau !
- Vous aurez du mal à vous épanouir dans votre métier. Dans l'exercice d'une activité de vente directe, la satisfaction provient du bien-être et du plaisir que l'on apporte à ses clients.

Pour inverser la tendance, soyez davantage à l'écoute et assurez-vous que votre interlocuteur a bien compris votre démarche et donne de la valeur au rendez-vous que vous lui offrez.

Les principales appréhensions

L'idée d'aborder un consommateur potentiel vous donne la chair de poule, vous remettez constamment à plus tard vos appels téléphoniques, vous n'osez pas parler de votre activité en toutes circonstances… La prospection est rendue difficile par une série de blocages psychologiques et culturels que nous allons analyser ensemble.

La peur du refus

Vous avez parfois tellement peur que votre interlocuteur rejette votre offre que vous préférez ne pas la lui soumettre.

Le « non », un passage obligé

Comme le souligne un fameux slogan publicitaire : « *100 % des gagnants du loto ont tenté leur chance* ». En vente directe également, on n'obtient jamais de réponse positive sans s'exposer au risque d'un refus.

Il n'est pas rare de devoir passer une dizaine d'appels téléphoniques pour ne décrocher qu'un seul rendez-vous. Tous les conseillers de vente, même les plus chevronnés, essuient un grand nombre de refus ; cela fait partie du métier. Votre force sera de savoir persévérer en dépit des obstacles rencontrés.

Votre manager vous dira peut-être : « *Si tu n'as pas assez de "oui", c'est que tu n'as pas eu assez de "non".* » Cela signifie que la seule façon d'obtenir plus de rendez-vous est de prospecter davantage et donc de se confronter à davantage de refus.

Une peur du rejet

Si nous voulions faire un peu de psychologie de comptoir, nous vous dirions qu'une peur du refus traduit souvent une peur du rejet. Si vous avez tendance à vivre un refus comme une forme de rejet, ne perdez cependant pas trop de temps à chercher dans des traumatismes liés à votre plus tendre enfance une explication à ce sentiment très commun.

Gardez simplement en tête que lorsque votre interlocuteur vous refuse un rendez-vous, ce n'est pas vous qu'il rejette, mais votre offre. Vous n'êtes en réalité qu'un messager de l'entreprise de vente directe que vous représentez. Le « non » ne vous est pas adressé à vous personnellement mais à votre entreprise, par votre intermédiaire.

« *Lorsque j'ai démarré, j'avais beaucoup de mal à supporter les refus. Maintenant lorsque quelqu'un me refuse un rendez-vous, je ne vois plus cela comme un échec. Je me dis simplement que mon interlocuteur vient de passer à côté d'une belle opportunité !* »

Caroline, conseillère de vente dans le domaine du prêt-à-porter.

La timidité

La timidité se définit comme un manque d'assurance dans ses rapports aux autres.

Un manque de confiance en soi

La timidité résulte souvent d'un manque confiance en soi. La piètre idée que vous vous faites de votre propre capacité à affronter une situation de prospection constitue un frein dans la prise de contact avec un consommateur potentiel : « *Je ne vais pas être capable de lui présenter les choses correctement, d'utiliser les bons mots, d'être assez convaincant !* » ; « *S'il me pose une question, je ne saurai pas répondre !* » ; « *S'il accepte le rendez-vous, je vais devoir animer la réunion, cela m'angoisse déjà !* »

La formation et l'expérience vous permettront de gagner peu à peu de la confiance et de l'assurance dans votre démarche de prospection. Commencez par prendre contact et offrir des rendez-vous à des proches avec lesquels vous vous sentez à l'aise. À force d'expérience, vous constaterez que vous êtes capable d'éveiller la curiosité chez vos interlocuteurs, de décrocher des rendez-vous, de conduire un entretien de vente ou d'animer une réunion. Il sera alors plus facile de parler de votre métier ou prendre contact avec des personnes qui vous sont moins familières.

Une peur de l'autre

La timidité se manifeste par une gêne ressentie au contact des autres qui entraîne généralement l'évitement de certaines situations sociales. Il existe autant de formes de timidité que de relations sociales : certains timides craignent de prendre la parole en public, d'autres d'aborder un inconnu…

Ce sentiment de gêne est souvent irrationnel, vous êtes généralement incapable de définir ce que vous craignez dans les situations sociales que vous tentez d'éviter. Plus on cherche à vous démontrer qu'il n'y a rien à craindre, plus vous êtes inquiet, « *De quoi as-tu peur ? Il ne va pas te mordre !* ». Comme le phobique de l'avion à qui l'on présente des statistiques rassurantes sur la sécurité aérienne, la démarche de rationalisation ne fait qu'accentuer votre anxiété face à une situation donnée.

C'est encore une fois par l'expérience que vous parviendrez à surmonter ce blocage. En vous confrontant à des situations anxiogènes de façon progressive, vous prendrez de l'assurance.

« *J'avais décidé de placer des prospectus dans une boulangerie de mon quartier en prévision d'une journée portes ouvertes mais pour cela, il fallait que je surmonte ma grande timidité pour parler de l'événement à ma boulangère. À chaque fois que je rentrais dans la boulangerie, je me disais, "cette fois, c'est la bonne" et, irrémédiablement, je ressortais avec une baguette de pain… sans avoir abordé le sujet des prospectus. Un jour, je me suis jetée à l'eau, la boulangère a accepté les prospectus avec enthousiasme et a promis d'en parler autour d'elle. J'étais moi-même étonnée de la facilité avec laquelle cela s'était déroulé !* »

Nathalie, conseillère de vente dans le domaine des bijoux.

Lancez-vous des défis de plus en plus difficiles à surmonter : parler de votre activité à votre prof de sport, offrir un rendez-vous à une collègue… jusqu'à ce que vous soyez complètement à l'aise avec cette démarche de prospection.

Des tabous à surmonter

La vente directe, un métier parfois mal perçu

La démarche de prospection implique que vous parliez de votre métier à votre entourage ; or, lorsque vous dites que vous exercez une activité de vente directe, vous êtes parfois confronté à des réactions déplaisantes de la part de vos interlocuteurs : « *Ah bon mais pourquoi tu fais ça ?* » ; « *Ce n'est pas vraiment un travail* » ; « *Tu fais de la vente en "porte-à-porte" en fait, c'est bien ça ?* »

La peur du jugement des autres au sujet de votre activité de vente directe, qui n'est parfois pas considérée comme un « vrai métier », et la crainte de ne pas être pris au sérieux dans votre démarche peut constituer un frein dans vos actions de prospection.

La vente directe est un secteur d'activité qui génère chaque année en France plus de 4 milliards d'euros de chiffre d'affaires et emploie plus de 600 000 vendeurs. Ce métier offre la possibilité de développer une source de revenu grâce à l'exercice d'une activité épanouissante et à terme de constituer et manager une équipe de vendeurs. Il est un mode de distribution moderne et convivial. **Vous pouvez être fier de votre métier !**

N'évitez pas de parler de votre activité en anticipant de réactions blessantes. Il est au contraire de votre devoir de parler de la vente directe autour de vous et d'expliquer ce qu'est le métier de conseiller de vente afin que cette profession soit comprise et reconnue par tous.

Un tabou autour de l'argent

Nous allons citer un peu de Max Weber pour vous donner l'occasion de briller lors de votre prochain dîner mondain. Max Weber est un économiste et sociologue allemand de la fin du XIXe siècle. Il est notamment connu pour son ouvrage intitulé *L'Éthique protestante et l'esprit du capitalisme*, qui analyse les effets de la réforme protestante sur l'activité économique capitaliste.

Tout cela est bien éloigné de vos préoccupations, vous ne voyez pas en quoi cela vous concerne, vous vouliez simplement que l'on vous aide à décrocher un rendez-vous de vente ! Cependant, Max Weber nous offre peut-être, à travers son ouvrage, une explication au fait que vous ayez parfois du mal à parler avec fierté de votre activité et assumer le fait qu'elle vous rapporte de l'argent.

Le livre part d'un constat : à l'époque, dans les régions à populations mixtes, les protestants travaillent mieux et gagnent plus d'argent que les catholiques. L'objet de l'ouvrage est de donner une explication à cela. Nous ne présenterons pas un résumé des diverses hypothèses avancées ; ce qui nous intéresse est la mise en lumière d'une perception très différente de la richesse et de la réussite professionnelle d'une religion à l'autre.

Tandis que le protestantisme retient comme « *un signe de la bénédiction divine la richesse comme fruit du travail professionnel* », le catholicisme perçoit avec suspicion l'enrichissement. Si vous avez du mal à être fier de votre démarche commerciale, c'est peut-être à cause de saint Marc (pas la lessive, l'apôtre), qui a dit : « *Il est plus aisé pour un chameau de passer par le chas d'une aiguille que pour un riche d'entrer dans le royaume de Dieu* » (Marc, X, 25).

Ne voyez pas là une excuse pour sécher la messe du dimanche matin. Que l'on pratique ou non cette religion, nous sommes, en France, imprégnés d'une culture catholique qui influe nos pratiques et notre comportement.

CONSEILS ET ASTUCES

Parlez de vos appréhensions avec votre manager et les conseillers de vente de votre équipe. Vous vous rendrez compte qu'un grand nombre d'entre eux ont fait face aux mêmes difficultés que vous et sauront vous aider à les surmonter.

Chapitre 8

Préparer un rendez-vous de vente

Dans ce chapitre :

- Préparer une réunion de vente avec un hôte
- Préparer son matériel pour ne rien oublier
- Soigner son apparence en vue du rendez-vous

Félicitations ! Vous avez fixé votre premier rendez-vous de vente ou votre première réunion. Attelons-nous à présent aux préparatifs afin que tout se déroule au mieux le jour J.

La préparation de l'hôte

Dans le cadre d'une vente en réunion, le rendez-vous se déroule chez un hôte ou une hôtesse qui accueille chez lui quelques convives.

Le bon déroulement de la réunion dépend fortement du degré d'implication de l'hôte qui constitue le lien entre vous et ses invités. Son rôle sera de leur transmettre :

- **Son enthousiasme** – Ce sentiment est contagieux, un hôte motivé et positif quant à l'offre que vous présenterez vous aidera à soulever plus facilement l'enthousiasme des consommateurs potentiels que vous aurez face à vous.
- **Sa confiance** – Pour construire une relation de confiance avec chaque prospect présent à la réunion, il vous faudra dans un premier temps gagner la confiance de l'hôte. Si ce dernier se fie à vous, ses invités le ressentiront et vous accorderont leur confiance à leur tour.

La préparation de l'hôte consiste donc à gagner sa confiance et lui transmettre votre enthousiasme. Un hôte bien briefé et motivé vous aidera à concrétiser plus facilement des ventes et décrocher de nouveaux rendez-vous.

Cette préparation est essentielle, ne la négligez pas ! Si l'hôte est un habitué de ce mode de distribution et qu'il se sent tout à fait à l'aise, maintenez tout de même cette préparation, car chaque réunion est unique et nécessite une mise au point préalable.

La préparation de l'hôte doit avoir lieu environ deux semaines avant la réunion, dans l'idéal à son domicile.

À quoi sert la préparation de l'hôte ?

Rassurer

Si votre hôte organise une réunion de vente pour la première fois, il aura peut-être quelques appréhensions. Votre rôle sera de le rassurer. Les principales craintes d'un hôte concernent généralement les invitations : « *Vais-je avoir suffisamment de personnes à inviter ?* » ; « *Et si personne ne vient !* » ; « *Et si on est trop nombreux !* »… Les questions d'ordre pratique peuvent également inquiéter : « *Dois-je prévoir des boissons ?* » ; « *Et s'ils ont faim ?* » ; « *À quelle heure va-t-on finir ?* » ; « *Où va-t-on s'installer ? Je n'ai pas assez de chaises !* ».

Restez à son écoute, prenez le temps de répondre à toutes les questions et montrez que vous serez à ses côtés pour organiser la réunion et prendre les choses en main. Si vous êtes confiant, vous saurez vous montrer rassurant.

« *Votre rôle sera de convier vos amis et de leur préparer une collation légère ; le mien sera de m'assurer du bon déroulement de la réunion !* »

Accompagner dans l'organisation

Recevoir une réunion de vente chez soi nécessite un minimum de préparation de la part de l'hôte : il devra inviter ses amis, les convaincre de venir assister à la réunion, les rappeler quelques jours avant pour s'assurer qu'ils n'ont pas oublié le rendez-vous, préparer sa maison pour qu'elle soit propre et accueillante et prévoir une collation légère pour tout le monde.

L'accueil d'une réunion de vente ne doit cependant pas se transformer en une contrainte, cela doit rester un plaisir pour l'hôte. Vous serez là pour l'accompagner pas-à-pas dans cette préparation afin de lui rendre la tâche plus facile.

Motiver

Dans le cadre d'une vente en réunion, l'hôte est votre meilleur allié. S'il est motivé et bien préparé, c'est lui qui donnera l'impulsion nécessaire au moment du recueil des commandes et dans l'offre de nouveaux rendez-vous.

Pour y parvenir, il faut que votre hôte partage votre enthousiasme et qu'il ait intérêt, comme vous, à ce que la réunion soit un succès. La plupart des enseignes ont bien compris le rôle déterminant de la motivation de l'hôte et lui proposent généralement des cadeaux en fonction du chiffre d'affaires réalisé et des nouvelles réunions programmées. Votre mission sera d'attirer son attention sur ces cadeaux.

CONSEILS ET ASTUCES

Si l'hôte est un utilisateur convaincu de vos produits, car il a déjà participé à une réunion, il transmettra sans difficulté son enthousiasme à ses convives. S'il n'est pas encore client de l'enseigne, vous pouvez lui prêter quelques produits afin qu'il les teste avant la réunion. Il en parlera avec d'autant plus de conviction le jour J s'il les a essayés avant.

Établir une relation de confiance avec l'hôte

Dans le cadre de cette préparation, vous vous trouverez en tête-à-tête avec votre hôte, ce sera l'occasion de faire connaissance et d'établir une relation plus personnelle avec lui.

CONSEILS ET ASTUCES

Afin de personnaliser votre relation avec l'hôte, appelez-le par son prénom. N'hésitez pas à prononcer régulièrement son prénom lorsque vous vous adressez à lui. En revanche, choisissez le vouvoiement tant que votre interlocuteur ne vous a pas permis de le tutoyer.

Quelles sont les étapes d'une préparation d'hôte ?

N'hésitez pas à consacrer à cette rencontre le temps nécessaire. Prévoyez un créneau pendant lequel votre hôte est disponible (lorsque ses enfants sont à l'école par exemple) et montrez-vous disponible pour lui (coupez votre téléphone portable). La réussite de votre réunion dépend en grande partie de la préparation de l'hôte.

Expliquer le déroulement

Prenez le temps d'expliquer pas-à-pas le déroulement d'une réunion de vente. Précisez à chaque étape le rôle de l'hôte. Utilisez le terme « nous » pour que ce dernier se sente investi dans le déroulement des événements.

Commencez par remercier l'hôte d'accueillir cette réunion chez lui. Assurez-le ensuite de votre présence à ses côtés le jour J pour préparer les lieux.

« Le jour de la réunion, je viendrai à 16 h 00, nous préparerons ensemble l'arrivée des invités. Une fois que tout le monde sera là, je présenterai rapidement l'entreprise puis nous réaliserons une recette de gâteau au chocolat. Est-ce que cela vous convient ? Je vais vous donner la liste des ingrédients qu'il vous faudra prévoir. »

Fixez un horaire de début pour la réunion et précisez à l'hôte de veiller à ce que tout le monde arrive à l'heure. Fixez également un horaire de fin ; cela permet à l'hôte et ses invités de s'organiser et évite que certains ne quittent la réunion avant son terme.

Dresser la liste des invités

Proposez à votre hôte de réaliser avec lui la liste des invités.

Une réunion doit compter idéalement entre quatre et dix à douze convives maximum. Si vous réunissez moins de quatre personnes, vous aurez des difficultés à atteindre un chiffre d'affaires intéressant au regard du temps que vous aurez consacré à cette réunion. Avec plus de dix ou douze convives, vous ne pourrez pas prendre le temps de conseiller chaque prospect individuellement.

Vous en avez fait l'expérience vous-même, lorsque l'on offre un rendez-vous de vente à ses proches, on essuie souvent quelques refus. Il en ira de même pour votre hôte. Pour réunir une dizaine de personnes, il faudra qu'il en invite au moins trois fois plus.

Vous demanderez donc à votre hôte de réaliser une liste d'une trentaine de noms. Privilégiez les membres de son entourage qui correspondent à la description du consommateur type et ceux avec qui votre hôte a envie de partager ce moment afin que la rencontre soit agréable et conviviale.

Vous êtes là pour lui faire prendre conscience de l'étendue de son réseau relationnel.

Comment inviter ? Qui inviter ? « La liste magique »

« Lors de la préparation avec l'hôtesse, une des difficultés est de dresser la liste des invités, l'hôtesse ne sachant pas toujours qui inviter. Nous utilisons, ce que nous appelons la liste magique. Cette liste reprend par catégorie les réseaux, cercles ou connaissances de l'hôtesse. Elle est catégorisée comme suit : Famille, Enfants, Amis, Travail, Lieux fréquentés, Loisirs, Commerçants, Sport.

Pour chaque catégorie, nous listons les personnes à contacter. Pour prendre un exemple, dans la liste *Commerçants*, nous avons noté la boulangère, le garagiste, l'épicier, le boucher, la pharmacienne, l'esthéticienne, le marchand de journaux, le coiffeur… Sans oublier qu'il est utile de proposer à son hôtesse de parcourir le répertoire de son téléphone.

Nous conseillons enfin l'hôtesse sur les manières d'inviter : téléphone, courrier, Facebook mais aussi par email.

Il est recommandé de faire ce travail avec l'hôtesse pour s'assurer qu'elle invitera suffisamment de personnes à sa réunion. C'est une phase importante de la préparation. Nous suggérons à nos hôtesses d'inviter au moins 30 personnes pour espérer en avoir entre douze et quinze.

La réussite de la réunion est à 80 % liée à une bonne préparation. Une réunion réussie est le gage d'une hôtesse satisfaite qui reprendra l'année suivante une réunion pour la nouvelle collection. »

Nathalie Graevenitz,
directrice générale Victoria France.

« Former » à l'invitation

Inviter des amis à venir chez soi, cela ne semble pas nécessiter une formation particulière ! Et pourtant, ce n'est pas si simple ; ayez conscience que vous êtes en train de déléguer à votre hôte une partie de votre travail de prospection. La tâche sera aussi ardue pour lui qu'elle ne l'a été pour vous. Reprenez en détail les étapes de la prise de rendez-vous que nous avons étudiée au chapitre précédent :

- Aidez-le à se débarrasser de ses *a priori* : les consommateurs potentiels ne sont pas toujours ceux que l'on croit.
- Préparez-le à essuyer quelques refus.
- Transmettez-lui les mots justes pour éveiller la curiosité.
- Apprenez-lui à répondre aux principales objections.

L'hôte devra contacter ses invités par téléphone ou leur transmettre l'invitation de vive voix. Une confirmation pourra ensuite être envoyée par e-mail ou par courrier. Un grand nombre d'entreprises de vente directe fournissent des cartons d'invitation que l'hôte peut remplir et distribuer à ses invités.

L'hôte devra, dans un premier temps, s'enquérir de la disponibilité de son interlocuteur le jour de la réunion avant de présenter l'objet de la rencontre. Cette formulation entraîne beaucoup plus de réponses positives de la part des convives.

CHOISIR SES MOTS

« *Qu'est-ce que tu fais samedi soir ? (si disponible) Ça tombe bien, j'organise une vente chez moi pour une super collection de bijoux, je suis sûre que ca va te plaire. Tu peux amener une amie ou un parent.* »

À NOTER

Les participants doivent avoir connaissance du fait qu'ils participent à une réunion à caractère commercial. L'hôte doit le leur mentionner de façon explicite. Ils doivent également être rassurés sur le fait qu'il n'y a aucune obligation d'achat.

CONSEILS ET ASTUCES

Les invités qui ne sont pas disponibles à la date prévue pour participer à la réunion mais qui sont intéressés par les produits peuvent mandater l'hôte pour prendre commande à leur place. Vous pouvez également demander à l'hôte de vous transmettre leurs coordonnées afin d'organiser chez eux une autre réunion à une date qui leur conviendra mieux.

Encouragez votre hôte à rappeler aux invités de prévoir un moyen de paiement. Si tout le monde arrive les poches vides, vous aurez quelques difficultés à recueillir des commandes.

Fixer les objectifs

Si vous voulez transformer votre hôte en allié, faites-lui partager vos objectifs : un chiffre d'affaires élevé et de nouveaux rendez-vous de vente programmés. La plupart des enseignes prévoient un cadeau pour l'hôte si ces objectifs sont atteints.

Présentez les différents cadeaux dont l'hôte pourra bénéficier et laissez le choisir ce qui lui ferait plaisir. Expliquez-lui ensuite quelles sont les conditions nécessaires pour le gagner.

« Cette parure vous plaît ? Si nous réalisons 500 € de chiffre d'affaires, elle est à vous. C'est tout à fait faisable. Si nous avons six invités, il suffit que chacun se fasse plaisir avec un peu plus de 80 € de bijoux, c'est la dépense moyenne lors une réunion de vente. »

Vous formez désormais une équipe avec votre hôte et partagez les mêmes objectifs. Il se sentira investi dans l'organisation de la réunion.

Effectuer un repérage des lieux

Dans l'idéal, la préparation doit avoir lieu au domicile de l'hôte ; vous pourrez ainsi en profiter pour effectuer un repérage des lieux.

Cette étape vise à :

- **Définir où se déroulera la réunion** : dans quelle pièce : la cuisine, le salon ? Comment l'espace sera-t-il agencé ?
- **Vérifier l'équipement**. Assurez-vous que l'équipement dont vous avez besoin est disponible sur place : chaises en quantité suffisante, etc. Vous pourrez apporter ce qu'il manque ou adapter votre présentation en conséquence : vous aviez prévu un atelier cupcake, mais le four est en panne ? Il faudra trouver une autre recette ; vous projetiez de présenter un nettoyant miracle pour moquettes, mais l'hôte n'a que du parquet ? Vous adapterez votre programme.

- **Vérifiez que vous disposerez d'un endroit calme** : assurez-vous que les enfants iront jouer dans le jardin et que le conjoint de votre hôte n'a pas prévu de regarder son feuilleton préféré au milieu du salon.

Confirmez ensuite que votre hôte a épuisé son stock de questions et prenez congé. Pensez à lui laisser votre carte de visite et encouragez-le à vous appeler s'il rencontre des difficultés dans la réalisation de ses invitations.

Après la rencontre...

Cinq à six jours avant la réunion, n'hésitez pas à passer un petit coup de fil à votre hôte pour vous assurer que tout se passe bien. Demandez-lui combien de personnes ont répondu positivement à l'invitation et profitez-en pour collecter quelques informations concernant le profil des convives : connaissent-ils les produits ? Quelles sont leurs habitudes de consommation ? Cela vous permettra d'ajuster le contenu de votre présentation si nécessaire.

CONSEILS ET ASTUCES

Si votre hôte n'a reçu que peu de réponses positives, maintenez tout de même la réunion : le succès d'une réunion ne dépend pas uniquement du nombre de convives. Encouragez-le à collecter des commandes auprès de ceux qui ne pourront être présents.

Quand l'hôte est inquiet

Certains hôtes inquiets sont parfois saisis d'un moment de panique à l'approche d'une réunion. Ils vous appelleront à de nombreuses reprises pour vous faire part de leurs préoccupations au sujet de détails pratiques (le nombre de chaises, la collation à préparer...). Par ailleurs, si des convives se désistent en nombre, ils seront tentés d'annuler la réunion : « *J'ai eu beaucoup de désistements, je crois qu'il serait sage d'annuler, je ne voudrais pas vous faire venir inutilement !* »

Face à un hôte inquiet, vous devrez vous montrer encore plus serein qu'à l'accoutumée ; si vous êtes confiant, votre hôte le sera également. Remerciez ce dernier de l'attention qu'il prête au succès de cette rencontre et témoignez-lui votre confiance quant à sa capacité à accueillir une réunion. Aidez-le également à relativiser la portée de l'événement : « *S'il n'y a pas de chaises pour tout le monde, on s'arrangera avec des tabourets, le principal, c'est d'être entre amis et de passer un bon moment !* »

La préparation de la rencontre

J-7 : S'informer et construire le programme

Une semaine avant le rendez-vous, il est essentiel de revoir vos connaissances sur les produits et d'organiser le programme de la rencontre.

Actualiser ses connaissances

Avant de partir en rendez-vous, surtout si vous exercez votre activité de façon occasionnelle, une petite séance de révision s'impose :

- **Testez les nouveaux produits** : pour parler des produits de votre enseigne avec enthousiasme, vous devrez en être vous-même un utilisateur aguerri et convaincu. Il est indispensable, avant chaque rendez-vous de présentation, de tester les produits que vous ne connaissez pas encore : réalisez quelques recettes avec le nouvel ustensile de cuisine, portez les vêtements de la nouvelle collection, testez le nouveau gommage pour le corps ou le produit d'entretien pour parquet afin de vous rendre compte par vous-même des bénéfices de ces produits.
- **Tenez-vous au courant des offres du moment** : informez-vous des promotions du moment et des promotions annoncées pour les mois à venir.
- **Actualisez vos connaissances concernant le marché** : connaître l'offre de vos principaux concurrents vous permettra de rebondir en cas d'objection : « *Pourquoi vos concurrents sont-ils moins chers que vous ?* » ; « *Votre concurrent propose un produit similaire, quelle est votre différence ?* » Votre entreprise vous tiendra régulièrement informé des évolutions du marché ; soyez attentif aux messages qui vous sont adressés, ils vous seront très utiles lors de votre entretien de vente.

Construire le programme de la rencontre

Chaque rencontre est unique, vous devrez adapter votre présentation en fonction du public auquel vous vous adressez : novice, connaisseur, jeune, âgé… ; du temps disponible ;

du calendrier événementiel : Noël, Pâques… ; ainsi que des nouveautés et promotions en cours.

Préparer le programme de la rencontre consiste à définir :

- **le thème de la rencontre** : la collection été, les cadeaux de Noël, etc. ;
- **les produits à mettre en avant** : la promotion du mois, la présentation du nouveau kit déco, etc. ;
- **l'activité ou animation éventuelle** : choix d'une recette pour un atelier culinaire, sélection d'une création pour un atelier de loisirs créatifs, etc.

Définissez votre programme suffisamment à l'avance pour vous organiser en conséquence : imprimer les recettes pour un atelier cuisine, prévoir le matériel nécessaire pour l'activité prévue…

J-2 : les préparatifs de dernière minute

La confirmation du rendez-vous

48 h avant le rendez-vous, passez un dernier coup de fil à l'hôte, ou au prospect dans le cas d'une rencontre en individuel, afin de vérifier qu'il ne vous a pas oublié. Dans le cadre d'une vente en réunion, profitez-en pour demander à votre hôte d'effectuer ce même rappel auprès de ses invités ou de vous fournir les coordonnées de ceux-ci s'il préfère que vous vous en chargiez.

Attention aux mots utilisés pour confirmer le rendez-vous. Évitez les tournures maladroites : « *Nous avons rendez-vous demain, c'est toujours bon pour vous ?* » Vous offrez une opportunité en or à votre prospect d'annuler le rendez-vous. Il risque de vous rétorquer que, justement, ça ne l'arrange pas et qu'il préfèrerait décaler.

Optez plutôt pour la formulation suivante :

CHOISIR SES MOTS

« *Comme convenu, demain, j'arriverai à 15 h 00, pouvez-vous me redonner le code d'accès de votre immeuble ?* »

CONSEILS ET ASTUCES

Dans le cadre d'une vente en réunion, si votre hôte annule un rendez-vous ; rien n'est perdu ! Demandez-lui si l'un des invités peut le remplacer pour recevoir la réunion chez lui à sa place.

Le matériel, partir léger sans rien oublier

Vous serez peut-être tenté d'emmener avec vous tous les produits de la marque que vous avez en votre possession. Ne vous chargez pas inutilement, vous n'aurez pas le temps de tout présenter. Laissez-en pour une prochaine fois ! Cela vous donnera un prétexte pour fixer de nouveaux rendez-vous. Choisissez un échantillon représentatif de produits de démonstration, en relation avec le thème que vous aurez défini.

Cette recommandation n'est pas applicable dans tous les secteurs d'activité, certaines entreprises vous inciteront au contraire à présenter toute la collection pour offrir du choix au consommateur.

Outre les produits destinés à être présentés, il vous faudra tout un attirail pour conduire un rendez-vous de vente. Voici une check-list qui vous permettra de vérifier que vous n'avez rien oublié :

- des bons de commande et documents d'information précontractuels en nombre suffisants ;
- des catalogues ;
- des stylos pour tout le monde ;
- une calculatrice pour faire les comptes ;
- une montre pour vous assurer que vous tenez les délais fixés ;
- le matériel nécessaire pour réaliser la démonstration. Par exemple, des miroirs, de l'alcool pour désinfecter les boucles d'oreille, des ingrédients pour la recette de cuisine ;
- la liste des tarifs ;
- l'offre commerciale du moment.

Pour éviter d'arriver en retard, vérifiez bien l'adresse et préparez votre trajet à l'avance. Ayez avec vous le numéro de téléphone de l'hôte / prospect afin de le prévenir si vous êtes coincé dans des embouteillages.

Une tenue vestimentaire irréprochable

Vous êtes un ambassadeur de l'entreprise que vous représentez, votre apparence joue un rôle fondamental dans l'image de marque que vous contribuez à bâtir. S'habiller, se maquiller et se pomponner avant une vente est un élément clé de la préparation du rendez-vous. Votre tenue doit être professionnelle et soignée.

Si vous présentez des accessoires de mode, des bijoux ou des vêtements, pensez toujours à porter en réunion des articles proposés par l'enseigne.

Chapitre 9

Animer une réunion de vente

Dans ce chapitre :

- Accompagner les participants dans l'expérimentation des produits
- Apporter un conseil personnalisé
- « Dater » de nouvelles réunions

Si vous vous figuriez la réunion de vente comme une version live du téléachat, que vous rêviez d'entrer dans la peau d'une speakerine vantant les mérites d'un détachant miracle devant une assemblée de prospects bouche bée et sagement assis sur un canapé… vous vous rendrez compte que les méthodes ont bien changé !

La réunion de vente est une expérience unique autour d'un produit. Elle constitue une parenthèse dans la journée de vos prospects pendant laquelle ils s'offriront un moment de détente et de convivialité, le temps de découvrir, tester, toucher, sentir ou goûter de nouveaux produits. Ils bénéficieront d'un conseil personnalisé et d'un accompagnement dans la rencontre avec le produit.

Les réunions revêtent de plus en plus souvent la forme d'ateliers : atelier mode, café déco, atelier culinaire, atelier de dégustation. De ce fait, l'expérience du produit est au cœur du rendez-vous de vente.

Le déroulement d'une réunion s'établit en cinq étapes :

- l'installation ;
- l'accueil des invités ;
- l'expérimentation du produit et le conseil personnalisé ;
- le traitement des objections ;
- le recueil des commandes.

L'installation

Le jour J est arrivé. Présentez-vous chez votre hôte au moins une demi-heure avant les convives afin de les accueillir dans les meilleures conditions possibles.

Créer l'ambiance

En compagnie de votre hôte, vous vous attèlerez à transformer son intérieur. Lorsqu'il arrive, le prospect doit être plongé dans un nouvel univers. Il ne se rend pas chez Laurence, sa voisine de palier, mais dans une boutique éphémère de la marque que vous représentez.

Il ne faut pas pour autant dénaturer le lieu. Vous avez la chance d'accueillir vos prospects dans un cadre privé et chaleureux. Préservez à tout prix cette authenticité si vous souhaitez privilégier la convivialité de la rencontre.

Confort et convivialité

Votre objectif est de créer un environnement :

- **Confortable**. Les convives doivent se sentir à l'aise : prévoyez de quoi s'assoir pour tout le monde, évitez les courant d'air… Pensez également aux aspects pratiques : si vous présentez des instruments culinaires, ne vous installez pas trop loin de la cuisine, prévoyez une salle pour les essayages si vous présentez des vêtements…
- **Convivial**. Aménagez un espace qui permette l'échange et les discussions : des chaises agencées en forme de U ou positionnées autour d'une table. Si les convives sont en rang d'oignons, cela donnera probablement un aspect trop scolaire qui ne favorisera pas les échanges.

CONSEILS ET ASTUCES

Pour donner un côté moins formel à la réunion, vous pouvez disposer des poufs, des fauteuils et un canapé autour d'une table basse.

La difficulté sera d'utiliser au mieux les meubles et objets qui sont à votre disposition pour créer un espace qui réponde aux besoins de la réunion.

La mise en scène des produits

La mise en scène des produits contribuera à créer l'atmosphère adaptée. Vous disposerez sur une table ou dans un coin de la pièce les produits de démonstration. Cette mise en scène, parfois appelée « boutique éphémère », permettra d'éveiller la curiosité des invités dès leur arrivée.

Placez sur une table, sans trop la charger, un échantillon de produits. Pensez à l'harmonie des couleurs et des formes ; n'alignez pas les produits, disposez-les de façon asymétrique pour attirer l'œil.

Il est possible de disposer le tout sur une belle nappe et l'agrémenter de quelques objets décoratifs : des bougies, des fleurs, des petites lampes colorées… Il faut que la présentation soit harmonieuse et reflète le thème de la réunion : nature, bien-être, Pâques…

CONSEILS ET ASTUCES

Placez toujours sur la table quelques articles que vous ne présenterez pas. Cela éveillera la curiosité et donnera envie aux participants d'assister à une prochaine réunion au cours de laquelle ces produits seront présentés.

Mobiliser les cinq sens

Aidez le prospect à plonger dans votre univers en vous appuyant sur ses cinq sens, et notamment :

- **L'ouïe** : prévoyez un fond musical adapté – une musique douce et apaisante pour une rencontre sur le thème du bien-être, une musique plus rythmée si vous présentez des vêtements. La musique ne doit pas être trop forte pour ne pas perturber la conversation.
- **La vue** : soyez attentif aux détails visuels – l'espace d'accueil doit être ordonné, la boutique éphémère bien visible. Jouez également sur l'éclairage, la lumière ne doit être ni trop forte, ni trop tamisée.
- **L'odorat** : selon le thème de la réunion, il est possible d'allumer quelques bâtonnets d'encens ou bougies parfumées. Si vous présentez des parfums ou des produits qui ont des caractéristiques olfactives, évitez toutefois les odeurs trop fortes qui pourraient perturber votre démonstration.

Prendre les choses en main sans être intrusif

Vous êtes le maître de cérémonie, c'est donc à vous d'être force de proposition en ce qui concerne l'organisation de la rencontre. N'hésitez pas à faire des suggestions à votre hôte « *Je propose que l'on s'installe au salon* » ou bien « *On sera mieux dans la cuisine* ».

Cependant, rappelez-vous que vous n'êtes pas chez vous. Ne prenez pas l'initiative de déménager les meubles du salon sous prétexte que l'agencement n'est pas assez feng-shui à votre goût ou de préparer vous-même du café pour que l'atmosphère soit plus conviviale. Demandez systématiquement le consentement de l'hôte pour tout ce qui concerne les questions d'ordre domestique. « *Lucie, me permettez-vous de déplacer votre table basse ? Nous aurons plus de place pour la présentation.* »

Un moment d'échange avec l'hôte

Un moment de complicité

Tandis que vous êtes affairé à relooker le salon et votre hôte à préparer l'apéro ou le café, maintenez le dialogue avec lui. Profitez de ces derniers moments où vous êtes seul avec lui pour partager un moment de complicité et d'échange informel.

PAROLE DE VENDEUR

« *Les préparatifs avant l'arrivée des invités est le moment que je préfère. Je prends le temps avec l'hôtesse d'installer une jolie table, de décorer un peu, de préparer du café. Tout est calme, on papote, on plaisante, on apprend à se connaître, c'est un grand moment de complicité !* »

Coralie, conseillère de vente dans le secteur de l'entretien de la maison.

Régler les derniers détails

Une fois que tout est installé, prenez le temps de vous asseoir au calme avec votre hôte et passez en revue la liste des invités. Demandez à votre hôte de vous signaler, parmi les convives, ceux qui seraient susceptibles d'accueillir chez eux une réunion ou ceux qui sont à la recherche d'une activité professionnelle. Cela vous aidera à dater de nouvelles réunions et identifier de potentiels futurs conseillers de vente.

Revenez sur le déroulement de la réunion en insistant sur les points importants et assurez-vous d'avoir bien répondu à toutes les questions.

L'accueil des invités

L'objectif de cette étape est de créer une atmosphère chaleureuse et conviviale et de gagner la confiance des participants.

L'arrivée des convives

Ça sonne, qu'est-ce qu'on fait ?

Dès que le premier convive sonne à la porte, arrêtez tout ce que vous êtes en train de faire et consacrez-vous pleinement à l'accueil des invités. Ce n'est plus le moment de déballer vos affaires ni de peaufiner la décoration de la table de présentation.

Votre hôte est le maître de maison, c'est lui qui est en charge d'ouvrir la porte à chaque convive et de l'accueillir à son domicile. Ensuite, c'est à vous de jouer, allez à la rencontre de chaque participant avec un sourire radieux et serrez-lui la main. Saluez-le, présentez-vous et échangez quelques mots informels pour le mettre à l'aise.

L'échange informel

Laissez les invités arriver tranquillement, s'installer, se dire bonjour et poser leurs affaires.

Ce moment d'échange informel ne doit pas s'éterniser. Une fois que les invités auront eu le temps de partager les derniers potins, invitez tout le monde à s'asseoir et signalez que la présentation va commencer. Lorsque vous aurez réussi à obtenir un calme relatif, vous pourrez prendre la parole.

Profitez de ce moment pour distribuer une fiche de contact à remplir à chaque participant. Si certains convives devaient partir avant la fin, vous auriez ainsi leurs coordonnées pour effectuer un suivi.

La réunion de vente : une rencontre en toute simplicité

Une réunion de vente, c'est avant tout un groupe d'amis ou de proches qui se retrouvent dans un cadre privé pour partager un moment ensemble et découvrir de nouveaux produits. Cet événement doit garder toute sa simplicité et se dérouler dans une atmosphère détendue.

Vous parviendrez à instaurer ce climat en restant vous-même et en vous montrant proche des autres. Faites-vous plaisir, appréciez ce moment de convivialité ; si vous passez un moment agréable, il en sera de même pour les participants.

La présentation

Se présenter soi-même

Commencez par dire qui vous êtes et présentez rapidement votre parcours professionnel. Il ne s'agit pas de dérouler votre CV, mais de montrer que la vente directe peut être pratiquée par tous. Cela peut susciter des vocations chez vos interlocuteurs ; l'un de vos objectifs, rappelons-le, est d'identifier de potentiels futurs conseillers de vente. Restez bref, ce n'est pas le moment d'endormir votre assistance.

« *Bonjour, je m'appelle Alexandra, je suis conseillère de vente chez Maisonpropre depuis trois ans. Je suis également institutrice. Je pratique cette activité de vente directe à temps choisi : j'y consacre une partie de mes vacances et mes week-ends.* »

Pour avoir toute l'attention des convives pendant la présentation, demandez à votre hôte de ne pas servir de collation avant la fin de la réunion. Par ailleurs, ne distribuez pas de catalogues, car votre auditoire risque de les feuilleter pendant que vous parlez.

Si l'entreprise pour laquelle vous travaillez est adhérente de la Fédération de la Vente Directe, elle vous fournira une carte d'identification avec votre photo. C'est l'occasion de la sortir, cela vous donnera de la crédibilité.

La carte de visite orale, quèsaco ?

La carte de visite orale est votre présentation personnelle et celle de votre activité en quelques mots, utilisable quelle que soit la situation. C'est un outil indispensable et incontournable dans votre métier relationnel et de conseils. Elle doit être : authentique, courte (2 min), claire, positive, dynamique et surtout DONNER ENVIE !

Exemple : « *Je m'appelle Clarence, je travaille depuis neuf ans déjà chez Éléonore Déco, le temps passe vite ! C'est une société de vente directe qui crée, fabrique et vend des produits de décoration pour relooker toute sa maison (peintures, patines, pochoirs, béton ciré…) et en plus SANS décapage ! On ne jette plus ses meubles maintenant, ni ceux de la grand-mère, on garde tout et on relooke ! C'est aussi une réelle satisfaction de le faire soi-même, avec des produits très simples d'utilisation, naturels et à moindre coût. Que du bonheur ! J'ai découvert Éléonore Déco à un salon Créativa. La semaine suivante, j'assistais à une présentation de leurs produits et tout de suite, j'ai été séduite. J'ai commencé quelques jours après, c'était le début d'une grande aventure faite de rencontres et d'échanges très enrichissants. C'est un véritable plaisir de travailler avec des produits que l'on aime, de pouvoir créer rapidement une équipe, c'est devenu une vraie passion pour moi. De plus, je n'ai pas de contrainte horaire et m'organise comme je le souhaite, c'est formidable !* »

Clarence Le Jeune, responsable formation chez Éléonore Déco.

Présenter le rôle de l'hôte

Remerciez l'hôte de vous recevoir et les convives d'être venus. Expliquez le déroulement de la réunion et signalez que l'hôte recevra un cadeau dont la valeur dépendra des commandes réalisées, cela donnera envie aux participants d'accueillir à leur tour une réunion chez eux.

« *Je remercie Alice de nous recevoir et je vous remercie d'être venus. J'aurai le plaisir de lui offrir tout ou partie de cet ensemble.* »

Présenter l'entreprise

Présenter l'entreprise pour laquelle vous travaillez est une obligation juridique.

« Une pratique commerciale est trompeuse [...] Lorsque la personne pour le compte de laquelle elle est mise en œuvre n'est pas clairement identifiable. »

Source : Code de la consommation.

Dire quelques mots sur l'entreprise que vous représentez permettra par ailleurs de rassurer sur l'existence d'une structure pérenne, solide et sérieuse. En vente directe, il est d'autant plus important d'asseoir la crédibilité de votre démarche que vous ne disposez pas d'un magasin en dur pour attester de l'existence d'une entreprise à vos côtés.

Présenter des éléments comme la date de création de l'entreprise, le nombre de vendeurs ou encore son adhésion à la Fédération de la Vente Directe contribuera à rassurer vos interlocuteurs.

Présenter la gamme de produits

Précisez ce qui distingue l'entreprise que vous représentez de ses concurrents : elle est leader sur son marché, elle cherche à préserver l'environnement, elle utilise une technologie breveté... Votre présentation donnera au consommateur une vision globale de l'offre de produits et services proposés par l'entreprise.

Tout cela doit être résumé en deux ou trois phrases maximum.

Personnalisez votre présentation en expliquant pourquoi vous avez choisi cette entreprise en particulier.

« Maisonpropre offre une gamme complète de produits naturels pour prendre soin de votre maison. Avant de découvrir cette marque, j'avais beaucoup de problèmes d'allergie liés aux produits chimiques présents dans les lessives et les détergents. J'ai choisi d'être conseillère chez Maisonpropre pour partager mon expérience. »

Gardez en tête vos trois missions

À l'occasion d'une réunion de vente, vous aurez trois missions à remplir :

- **Vendre des produits**. Votre rôle est de recueillir des commandes auprès des participants. L'accomplissement de cette mission dépendra de votre capacité à transmettre votre enthousiasme pour les produits de l'enseigne.
- **Offrir des rendez-vous.** Une réunion de vente est l'occasion de programmer de nouvelles réunions avec les participants. Tous les convives présents sont des hôtes potentiels. Vous parviendrez à dater de nouvelles réunions si les convives ont passé un bon moment en votre compagnie.
- **Présenter un métier**. Une réunion de vente est l'occasion d'identifier de potentiels futurs conseillers de vente. Nous développerons le sujet du recrutement dans un prochain chapitre. Pour atteindre cet objectif, il vous faudra communiquer votre passion pour votre métier.

Tout au long du rendez-vous de vente, vous aurez donc à cœur de faire passer un bon moment aux convives, transmettre votre enthousiasme pour les produits et parler de votre métier avec passion.

L'expérimentation du produit

Un des principaux avantages de la vente directe réside dans le fait que les prospects peuvent voir, toucher, goûter, sentir ou essayer les produits qu'ils achètent.

Partager une expérience autour du produit

Essayages, popote, travaux manuels ou dégustations, le moment est venu de se lever du canapé et passer à la phase la plus ludique de la réunion. Invitez les participants à se rassembler autour de votre offre de produits afin de démarrer l'expérimentation.

Un moment de convivialité entre amis

Vous avez l'opportunité d'offrir à vos prospects une expérience agréable et ludique autour de produits dont ils seront bientôt consommateurs. Mettez l'accent sur le plaisir partagé, votre principale préoccupation étant de faire passer un bon moment aux participants.

PAROLE D'EXPERT

Dites « oui » au shopping convivial !

« Nous nous sommes tous déjà confrontés aux magasins bondés, aux cabines d'essayage exiguës, à l'indifférence des vendeurs, à l'attente en caisse et aux humeurs des autres clients. L'expérience d'une vente à domicile est une alternative de choix !

Une vente réussie tient à quelques éléments clés : le plaisir et la convivialité. Et cela passe avant tout par votre enthousiasme et votre expertise. Vous le savez, l'enthousiasme est communicatif… Le vôtre se transmettra dans un premier temps à votre hôte pour se répercuter ensuite sur les invités.

Votre hôte ? Parlons-en… Car une bonne préparation de l'hôte est primordiale. Elle servira à le rassurer, l'accompagner et le motiver. Profitez-en pour vérifier avec lui la configuration des lieux pour optimiser au mieux l'espace. Si vos clients sont à l'aise, vous avez déjà gagné le début de la partie !

Vous y voilà… Le jour J est arrivé. Vos produits installés, votre hôte rassuré et vos invités présents ! S'ensuit donc la présentation de votre *boutique éphémère*, rondement menée grâce à votre expérience et à votre connaissance des produits. Optez d'ailleurs pour le *nous* afin d'instaurer un climat de proximité et de confiance. Partage, plaisir et convivialité seront forcément au rendez-vous de cette vente à domicile. Soyez-en sûr, en partageant votre enthousiasme, vous ferez de vos clients des clients conquis ! »

Lydia Bertrand, directrice France,
Captain Tortue Group.

L'hôte a invité des proches qu'il a plaisir à retrouver le temps d'un après-midi ou d'une soirée, il a rassemblé autour de lui un groupe de convives qui se connaissent et s'apprécient ; il a préparé sa maison pour qu'elle soit propre et accueillante : tous les ingrédients sont là pour créer une ambiance conviviale et festive.

Faire participer les invités

Veillez à ce que chaque participant expérimente les produits : dans le cadre d'un atelier cuisine, répartissez les rôles afin que chacun élabore une partie de la recette ; encouragez les convives à essayer autant de vêtements, bijoux ou accessoires de mode qu'ils le souhaitent ; dans le secteur des loisirs créatifs, chaque invité doit prendre part à un jeu de société ou une création…

« Eh bien mesdames, je vous invite à essayer tous les bijoux que vous souhaitez. »

Favorisez les interactions entre les participants en constituant des petits groupes ou des binômes autour d'un jeu ou d'une activité. Pour dynamiser l'ambiance et favoriser les liens de complicité entre les participants, vous pouvez également mettre un convive à l'honneur.

« Baptiste va monter ces blancs en neige en moins de quinze secondes avec notre batteur, attention je le chronomètre ! »

Une initiation à l'utilisation d'un produit

Les produits distribués par le biais de la vente directe sont des produits originaux et innovants dont l'utilisation nécessite une initiation et un accompagnement. L'enseignement que vous prodiguez autour du produit est au moins aussi important que le produit lui-même. Votre démarche ne se limite pas à présenter des ustensiles de cuisine, des vêtements, des cosmétiques ou du vin ; vous apportez à vos prospects une solution pour cuisiner plus facilement, mettre en valeur leur silhouette, se procurer du bien-être ou découvrir le plaisir du vin.

Pour guider vos prospects dans la découverte des produits de l'enseigne, inutile d'apprendre par cœur les caractéristiques de chaque élément de l'offre ou d'être incollable sur la composition de chaque produit ; en revanche, vous devez être un utilisateur convaincu et aguerri des produits que vous présentez.

Faites découvrir les caractéristiques des produits

Tout au long de la phase d'expérimentation du produit, vous distillerez des informations le concernant. Lorsqu'un prospect manie un ustensile de cuisine, déguste un vin, essaie un vêtement ou applique une crème, profitez-en pour lui présenter les caractéristiques et avantages du produit qu'il a en main.

La méthode dite « C.A.P. » est un moyen mnémotechnique pour retenir les étapes de l'argumentaire de vente. Il tient pour : Caractéristiques, Avantages, Preuves. Chaque **caractéristique** doit être associée à un **avantage**, présentez ensuite la **preuve** de ce que vous avancez. Exemple :

- **Caractéristique** : La crème que vous appliquez est fabriquée à base de pépins de raisin.
- **Avantages** : Cela lui confère des vertus hydratantes et une odeur très agréable.
- **Preuve** : Je vous invite à la toucher et la sentir pour vous en rendre compte par vous-même.

Partagez vos trucs et astuces

En tant que conseiller de vente, votre rôle est d'initier le consommateur à l'utilisation des produits que vous lui proposez. Comment assortir un vêtement ? Comment accompagner un vin ? Comment mettre un meuble en valeur à l'aide d'un objet décoratif ? Quelles recettes élaborer grâce à un ustensile de cuisine ? Vous apporterez à vos prospects tout un enseignement et un accompagnement dans l'utilisation des produits au quotidien.

Vos conseils et astuces pourront également se référer à l'entretien des produits : Comment nettoyer un bijou ? Comment conserver du thé ou du chocolat ?

« Une petite astuce toute simple pour nettoyer votre bijou : laissez-le tremper dans de l'eau tiède avec un peu de shampoing pour bébé. »

Partagez votre propre expérience du produit

Si vous avez l'habitude d'utiliser les produits que vous présentez, nous vous recommandons de parler de votre expérience et d'expliquer votre attachement à ces derniers.

Par cette pratique :

- **Vous développerez votre capital sympathie.** En vous livrant et en parlant de vous, vous paraîtrez plus proche et votre relation avec vos prospects deviendra plus personnelle.
- **Vous renforcerez la crédibilité de vos propos.** Une présentation personnalisée est la preuve que vous n'êtes pas en train de réciter un argumentaire commercial tout fait mais que vous partagez une expérience réellement vécue.

- **Vous laisserez transparaître votre enthousiasme.** Il est plus facile de se montrer enthousiaste lorsque l'on parle de sa propre expérience que lorsqu'on liste les caractéristiques techniques d'un produit.

« *J'adore utiliser ce plat quand je reçois mes amis. Il est très pratique, car je n'ai pas besoin de surveiller la cuisson ; je peux profiter de l'apéro tranquillement !* »

Invitez les participants qui sont déjà utilisateurs à partager leur expérience de vos produits.

Le conseil personnalisé

À l'occasion de la phase d'expérimentation du produit, vous apporterez un conseil personnalisé à chaque participant et le guiderez dans son choix.

Laissez les produits en libre accès et invitez les participants à les manipuler. Alors qu'ils s'affairent à des essayages, dégustent, jouent ou testent vos produits, vous serez disponible pour répondre aux questions de chacun individuellement.

Montrez-vous disponible et à l'écoute

Par votre attitude, **montrez-vous accessible**. Les participants doivent sentir qu'ils peuvent vous aborder pour vous poser une question ou demander conseil. Pour cela, mêlez-vous aux invités et montrez-vous disponible. Lorsque l'on s'adresse à vous, arrêtez ce que vous êtes en train de faire pour écouter activement.

« *Je suis à votre disposition pour vous aider dans votre choix.* »

Votre regard doit porter à 360 °, **soyez observateur et à l'écoute** : vous devez être à l'affût d'un signe, un geste, un regard ou une remarque qui signale qu'un participant a besoin de vos conseils. Approchez individuellement chaque participant qui en manifeste le souhait et proposez-lui votre aide.

L'analyse du langage non verbal des participants vous aidera à distinguer les convives qui ont besoin d'être accompagnés dans leur choix de ceux qui préfèrent qu'on les laisse découvrir l'offre sans être dérangés. Respectez le choix de chaque convive et laissez la liberté à ceux qui le souhaitent de manipuler seuls les produits que vous présentez.

Précisez le besoin du prospect

Le conseil personnalisé débute par une phase d'écoute qui consiste à définir les attentes de votre prospect. Adoptez une attitude d'écoute active : n'interrompez pas votre interlocuteur, tournez-vous vers lui, penchez-vous légèrement en avant pour indiquer que vous êtes impliqué dans la conversation.

La précision des besoins s'articule en trois étapes :

- **Questionnez** votre futur client sur l'utilisation qu'il envisage de faire du produit, ses goûts, son équipement actuel…
- **Observez** les produits vers lesquels il s'est spontanément dirigé, ses réactions, son attitude. Soyez également attentif à des éléments plus précis en lien avec le produit proposé : sa nature de peau, sa morphologie, son style vestimentaire… Cette phase d'observation vous permettra d'identifier des besoins dont votre interlocuteur n'a pas forcément conscience.
- **Reformulez ses attentes.** Résumez en une phrase votre échange afin de vous assurer que vous avez bien cerné ses attentes et de montrer à votre interlocuteur qu'il a bien été entendu. « *Si je comprends bien, vous cherchez une crème de nuit, je vois que vous avez plutôt une peau sèche, il vous faudra quelque chose d'assez hydratant.* »

Soyez force de proposition

Vous connaissez désormais les attentes de votre prospect et, grâce à votre connaissance de l'offre, vous êtes à même de lui proposer le produit qui lui conviendra le mieux. N'hésitez pas à faire des suggestions, guidez votre prospect vers une offre qui selon vous lui plaira, encouragez-le à essayer, goûter, manipuler ou tester un produit vers lequel il ne s'est pas spontanément dirigé. Positionnez-vous en tant qu'expert, montrez de l'assurance dans vos propos.

Argumentez ensuite autour de votre sélection. Un acte d'achat repose généralement sur un mobile : la raison subjective ou le sentiment qui pousse le client à acheter. La méthode dite du SONCAS vous aidera à définir quel est l'élément de motivation sur lequel il vous faudra insister dans le cadre de votre argumentation. Le terme SONCAS est un acronyme des mots Sécurité, Orgueil, Nouveauté, Confort, Argent, Sympathie :

- **Sécurité** – Certains prospects sont très sensibles à la fiabilité du produit. Ils auront tendance à se diriger vers des marques ou des produits qu'ils connaissent pour ne pas prendre de risque. Il faudra insister sur la solidité du produit ou les garanties proposées.
- **Orgueil** – Votre interlocuteur cherche par son achat à se mettre en valeur. Il privilégiera des marques de luxe ou des vêtements et accessoires qui le valoriseront. Il faudra le complimenter et le rassurer dans son choix.
- **Nouveauté** – L'attrait de la nouveauté peut être un motif d'achat. Les nouvelles technologies, les innovations plairont à votre interlocuteur. Mettez en avant les nouveautés.
- **Confort** – Le prospect privilégiera le vêtement confortable, souple, qui se repasse facilement, le sac à main pratique avec plein de poches ou l'ustensile de cuisine qui passe au lave-vaisselle.
- **Argent** – Votre interlocuteur cherche la bonne affaire, le meilleur rapport qualité-prix. Il faudra alors insister sur les promotions du moment ou sur les économies que le produit permet de réaliser.
- **Sympathie** – C'est l'effet coup de cœur, mais également le capital sympathie de la marque ou du vendeur qui seront déterminants. Le cadre de vente, le climat de confiance et de convivialité seront alors très importants.

CONSEILS ET ASTUCES

Faites intervenir les autres convives, invitez-les à donner leur avis sur le choix des autres participants : les conseils et avis d'un proche ou d'un ami sont toujours très convaincants, ils rassureront votre interlocuteur dans son choix.

Gestion des individus et dynamique de groupe

Une réunion rassemble des participants aux personnalités très diverses : certains timides, d'autres exubérants ; certains râleurs, d'autres enthousiastes ; certains sympathiques, d'autres agaçants... Vous devrez composer avec le tempérament de chacun et adapter votre comportement à vos interlocuteurs.

La difficulté sera de prendre en compte chaque individu pour constituer une dynamique de groupe positive. Le râleur ne doit pas affecter l'enthousiasme des autres convives, l'exubérant ne doit pas empêcher les plus timides de s'exprimer...

Voici un échantillon des personnalités fréquemment rencontrées en réunion.

Celui qui déborde d'enthousiasme

« C'est vraiment super ! » ; « C'est exactement ce qu'il me le faut ! »

Aucun superlatif ne suffit à exprimer son enthousiasme ; il donne l'impression de vouloir tout acheter (ce qu'il ne fera pas forcément), tout lui plaît, il est joyeux, positif et souriant.

Faites de ces participants vos alliés, appuyez-vous sur leur enthousiasme pour le communiquer aux autres : encouragez-les à prendre la parole et à partager leur expérience du produit ou leur opinion concernant l'article que vous présentez.

Ces personnes font de très bons conseillers de vente. Pensez à leur proposer de rejoindre votre équipe.

Celui qui « n'achètera rien »

« Je vous préviens, je suis juste venu pour accompagner mon ami, mais je n'achèterai rien ! »

Rassurez cette personne et rappelez-lui qu'il n'y a aucune obligation d'achat. Laissez-lui découvrir l'offre en toute liberté et ne cherchez pas à la convaincre à tout prix des bénéfices des produits proposés.

« Vous avez bien fait de venir, il n'y a aucune obligation d'achat. Vous aurez l'occasion de découvrir de nouveaux produits et de passer un bon moment avec nous ! »

Vous serez surpris de constater que les convives qui vous abordent avec cette entrée en matière sont souvent ceux qui repartent avec le bon de commande le plus rempli.

Celui qui critique tout

« *Je ne vois pas à quoi sert ce produit* » ; « *Je connais bien votre marque et je n'ai eu que de mauvaises expériences !* »

Certains participants semblent être venus avec l'intention de vous mettre en difficulté. Leur comportement pourra être très déstabilisant pour vous et risque d'affecter l'enthousiasme d'autres convives.

Rassurez-vous, vous n'êtes pas la cible de ces critiques, un tel comportement est souvent lié à un besoin de se mettre en avant ou à une mauvaise expérience en lien avec l'entreprise que vous représentez.

Pendant la présentation, octroyez à ce participant l'attention qu'il réclame en lui offrant l'opportunité de se mettre en avant : proposez-lui de vous assister dans la réalisation d'une recette ou de servir de modèle lorsque vous présentez un accessoire de mode. Échangez avec lui en individuel au moment du conseil personnalisé pour lui donner l'occasion d'exprimer un éventuel mécontentement. Essayez de comprendre si cette personne a eu une mauvaise expérience avec des produits de la marque que vous représentez ou avec un conseiller de vente de votre entreprise. Montrez-vous à l'écoute et faites preuve d'empathie à son égard.

Celui qui ne dit rien

Certains convives pourront se montrer très discrets, ce n'est pas pour autant qu'il ne faut leur prêter aucune attention. Si l'un des participants n'ose pas vous aborder, ne prend pas la parole et ne pose aucune question, ce sera à vous de faire le premier pas en lui offrant votre aide dans le cadre du conseil personnalisé.

En revanche, ne contraignez pas un participant timide à prendre la parole en public ou poser des questions face au groupe s'il ne le souhaite pas.

Celui qui distrait le groupe

Ça papote, ça rigole, chacun discute du dernier film qu'il a vu ou donne des nouvelles de ses proches… Votre réunion s'est transformée en joyeuse fête entre amis !

Vous êtes le maître de cérémonie, il vous revient de recentrer les discussions autour du thème de la rencontre ou de l'activité proposée. Avec de la bonne humeur, une touche d'humour et beaucoup de tact, invitez cette joyeuse assemblée à se concentrer sur le sujet qui vous réunit. Identifiez celui qui distrait le groupe et tentez de l'impliquer dans l'activité.

« *J'entends que ça papote de ce côté ! Nadine, venez plutôt nous donner votre avis sur cette veste, vous trouvez que la couleur va bien à votre amie ?* »

Le traitement des objections

Le traitement des objections est souvent la partie qu'appréhendent le plus les conseillers de vente ; pourtant, les objections sont une marque d'intérêt de la part de votre prospect. Si votre interlocuteur n'a absolument pas l'intention d'acheter vos produits, il ne prendra même pas la peine de formuler une objection.

Les participants qui semblent les plus râleurs sont souvent les plus acheteurs !

Être à l'écoute

Les objections clairement formulées

Les objections les plus évidentes sont celles qui sont clairement formulées par le prospect :

- sous forme de question : « *Est-ce que ce pull ne risque pas de déteindre en machine ?* » ;
- sous forme d'affirmation : « *Je trouve que le prix est un peu excessif.* »

Les objections exprimées par l'attitude

Une moue sceptique ou dubitative, un mouvement de recul de la part du prospect, une expression de surprise à l'annonce d'un prix, un froncement de sourcils en signe d'incompréhension : tous ces messages exprimés par le corps doivent être pris en compte.

Si votre interlocuteur ne formule pas verbalement son objection, invitez-le à mettre des mots sur son ressenti et, par vos questions, à formuler clairement son objection.

« *Vous me semblez sceptique, qu'est-ce qui vous fait hésiter ?* » ; « *Avez-vous des questions auxquelles je n'ai pas répondu ?* »

Les objections exprimées indirectement

Il arrive parfois qu'un convive exprime une objection sans s'adresser directement à vous. Il formulera son désaccord à voix haute, plus ou moins fort, en se tournant parfois vers son voisin : « *J'ai entendu dire que ce n'était pas de la grande qualité !* »

On préfère souvent ignorer ces phrases un peu incisives souvent perçues comme agressives, en espérant que les autres participants n'aient rien entendu.

Ne faites pas la sourde oreille, toutes les objections doivent être prises en compte. Tournez-vous vers l'objecteur et demandez-lui gentiment de partager son inquiétude avec le groupe.

« *Arnaud, vous connaissez quelqu'un qui a eu une expérience malheureuse avec ce produit ? Que s'est-il passé ?* »

Ne vous décomposez pas face à une question piège

« *Le plat de cuisson que vous présentez peut-il être utilisé dans un four à vapeur ?* »

Panique à bord, vous n'en avez pas la moindre idée !

« *Euhh… beinnn… Je ne sais pas…* » sont les termes que l'on est le plus souvent tentés de prononcer face à une question qui nous laisse perplexe. Pourtant, il est possible de tourner votre ignorance passagère à votre avantage ! Plutôt que de paraître hésitant ou inventer une réponse qui s'avèrera complètement farfelue, optez pour une formulation plus adéquat. : « *C'est une très bonne question, je vais me renseigner et je vous rappellerai au plus vite.* »

Cette méthode présente un double avantage : vous flattez votre interlocuteur et donnez de l'importance à sa question ; par ailleurs, vous vous créez une occasion de rappeler votre prospect, ce qui pourra s'avérer tout à fait utile par la suite.

Répondre à une objection

Reformuler

Cette étape permet de montrer au prospect qu'il a été écouté. Vous vérifierez par la même occasion que vous avez bien compris son objection, ce qui vous évitera de répondre hors propos.

« Si je comprends bien, vous souffrez d'allergies et ne supportez que les bijoux en argent. Est-ce bien cela ? »

Faire preuve d'empathie

Ne répondez jamais à une objection en commençant par une négation : « *Je ne suis pas d'accord avec vous* » ou « *Non, ce n'est pas vrai* ». En vous opposant directement à votre interlocuteur, vous risquez de briser la relation de confiance que vous avez construite.

Commencez toujours par acquiescer et montrez que vous comprenez le point de vue de votre interlocuteur.

« Je comprends votre crainte » ; « Vous avez tout à fait raison » ; « Je vois que vous êtes bien renseigné ; en effet, nos concurrents proposent un plat de cuisson à 20 €. »

Argumenter

Une excellente connaissance du produit et du marché vous permettra de réussir au mieux cette étape.

Certaines objections sont fondées et correspondent à une réalité : « *Vous êtes plus cher que la concurrence* » ; « *Ce bijou n'est pas en argent ?* ». Dans ce cas, il vous faudra démontrer que les autres caractéristiques du produit compensent la faiblesse que le prospect a pointée du doigt.

« C'est vrai, ce bijou n'est pas en argent, mais nous utilisons des matériaux hypoallergéniques. »

D'autres objections sont infondées et résultent d'un quiproquo ou d'un manque de précision dans votre argumentation. Dans ce cas, c'est très simple, vous n'aurez qu'à rassurer votre interlocuteur sur le point qu'il a soulevé.

« Rassurez-vous, ce pull passe très bien en machine. J'ai le même à la maison, je le lave à 30° C, en programme délicat, je n'ai aucun souci. »

Le cas de l'objection sur le prix

Une des objections les plus fréquentes est celle liée au tarif. *« Je ne peux pas me permettre une telle dépense ! »* ; *« Ah oui tout de même, c'est un peu cher ! »* ou une expression de surprise à l'annonce du prix vous laissera comprendre que votre interlocuteur trouve le tarif trop élevé.

L'annonce du prix

Un tarif correctement annoncé permet de préparer le traitement de ces objections.

Choisir le bon moment

Encouragez les participants à se laisser guider par leurs envies. N'abordez la question du prix que lorsque les convives auront pris le temps de s'imprégner une première fois des produits et auront eu l'occasion de se rendre compte de leur qualité.

« Faites vous plaisir, faites des essais, on parlera des prix lorsque vous aurez fait votre choix. »

Une fois que le prospect aura sélectionné quelques produits, indiquez-lui le tarif de chaque élément.

Soyez à l'aise avec le tarif

Certains conseillers de vente ressentent un profond malaise à l'idée de demander une contrepartie financière en échange du produit ou service proposé. Le prospect a pourtant été maintes fois averti qu'il participait à un entretien à caractère commercial et ne sera ni surpris ni choqué qu'on lui demande de payer.

Annoncez distinctement le tarif d'une voix forte et prenez le temps de laisser votre interlocuteur réagir. N'anticipez pas la réaction de ce dernier, rien ne peut vous laisser supposer qu'il trouvera le tarif trop élevé ou qu'il n'aura pas les moyens de s'offrir le produit que vous présentez.

Vous ne serez à l'aise dans l'annonce du prix que si ce dernier vous semble juste. Étant généralement vous-même consommateur des produits que vous présentez, vous savez ce qui justifie leur tarif. Cependant, si le prix d'un produit en particulier vous semble disproportionné, parlez-en à votre manager et essayez de comprendre ce qui explique ce montant : cette veste coûte 150 € car elle est en soie ; ce produit est plus cher car il est garanti à vie… Cela vous aidera à accepter le tarif et à l'expliquer à votre client.

Lorsque vous présentez un prix, mettez en avant ce à quoi la somme versée permet d'accéder.

CHOISIR SES MOTS

« *Pour 89 € 90, vous aurez un ensemble composé d'un pantalon et d'une veste et la livraison est incluse !* »

Soyez attentif à la réaction de votre interlocuteur. N'ignorez pas une moue sceptique ou un hochement de tête et n'hésitez pas à échanger avec le prospect autour de la question du prix.

Répondre à l'objection prix

Le traitement d'une objection sur le prix débute, comme pour toute objection, par une phase d'écoute active, une reformulation et une expression de son empathie.

Argumentez ensuite en mettant en avant les multiples atouts du produit et notamment :

- **sa qualité** : « *Cette veste est en soie, c'est ce qui justifie son tarif.* » ;
- **sa longévité** : « *C'est un produit de belle facture, vous le garderez longtemps.* » ;
- **son unicité** : « *Ce produit utilise une technologie breveté, vous ne trouverez pas d'équivalent ailleurs.* » ;
- **ses multiples fonctionnalités** : « *Ce robot permet de hacher, couper, mixer et cuire, il remplace à lui seul plusieurs appareils.* » ;
- **l'économie qu'il permet de réaliser** : « *Cette lavette nettoie uniquement avec de l'eau ; vous n'aurez plus besoin d'acheter de produits d'entretien.* »

Si le tarif représente un frein à l'achat, mais que votre interlocuteur montre un réel enthousiasme pour le produit, pensez à rebondir en proposant :

- de le lui offrir s'il reçoit une réunion chez lui ;
- ou en lui rappelant que devenir conseiller de vente au sein de votre enseigne lui permettra de s'équiper en produits de la marque à moindre frais.

Le recueil des commandes

Une fois les objections traitées, le moment est venu de concrétiser la vente.

Si vous avez établi une relation de confiance, que l'atmosphère est conviviale et que vous avez su transmettre votre enthousiasme pour les produits, la prise de commande se fera naturellement.

Ne précipitez jamais un prospect dans une décision d'achat inadaptée.

« *Le vendeur s'interdit toutes pratiques condamnables tendant à provoquer une décision d'achat précipitée.* »

Source : Code éthique de la vente directe.

Inviter à passer commande

Installez-vous à une table, un peu à l'écart du groupe, voire dans une pièce à part définie lors de la préparation réalisée avec l'hôte, et invitez les participants à venir passer commande à tour de rôle. Cette disposition vous permettra de maintenir la confidentialité de l'échange.

« *Une fois que votre choix sera fait, je suis à votre disposition pour recueillir votre commande.* »

Jouez sur l'effet de groupe

Ne négligez pas l'effet de groupe : lorsqu'un prospect passe commande, les autres suivent plus facilement. Identifiez, parmi les convives, celui qui vous semble prêt à passer commande et invitez-le à concrétiser son achat. Un premier bon de commande donnera l'impulsion nécessaire pour déclencher des prises de commande de la part des autres participants.

« Manon, il me semble que vous avez fait votre choix, je vous invite à passer commande. »

Pour rappel, selon le Code de la consommation, vous devez faire signer un document d'information précontractuel avant la signature du bon de commande (voir le chapitre 2).

Un échange en tête-à-tête

Ce moment en tête-à-tête à l'écart du groupe est l'occasion :

- de s'assurer que le client a trouvé son bonheur. Prenez le temps de vous enquérir de la satisfaction de chaque convive et le rassurer dans son choix. « *Vous avez trouvé ce qu'il vous faut ? Vous ne serez pas déçu de ce hachoir, il est vraiment très pratique.* » ;
- d'offrir un rendez-vous de vente ;
- de proposer des articles complémentaires.

L'hôte passe généralement sa commande en dernier de sorte qu'il choisisse ses cadeaux en fonction du montant global des commandes effectuées.

Anticipez le suivi client

Cet échange en tête-à-tête avec chaque convive à la fin de la réunion doit vous permettre de préparer le terrain à la réalisation du suivi client dont nous parlerons au chapitre 12.

Expliquez à votre client que vous le rappellerez pour vous assurer que les articles choisis lui conviennent lorsqu'il aura reçu son colis. Fixez d'ores et déjà un rendez-vous téléphonique pour cet appel de satisfaction.

« Je passe toujours un coup de fil à chacun de mes clients pour m'assurer que ce qu'ils ont commandé correspond à leurs attentes. Préférez-vous que je vous appelle en semaine ou le week-end ? »

Il n'y a aucune obligation d'achat, chaque convive doit se sentir libre, s'il n'a rien trouvé à son goût, de ne pas passer commande. Soyez vigilant à n'infliger aucune forme de pression sur les participants. Ne pointez jamais du doigt un convive qui aurait choisi de ne rien commander, cela pourrait être ressenti comme une humiliation.

Proposer un produit additionnel

Lorsqu'une première commande a été confirmée, proposez systématiquement un produit additionnel. Cette méthode vous aidera à augmenter votre « panier moyen », ou *dépense moyenne*, par client.

Le produit complémentaire

Le produit complémentaire est un bien dont l'utilisation est liée à celle du produit commandé : les pelotes de laine s'associent aux aiguilles, le couteau à la planche à découper, le produit désinfectant à la serpillère.

Les entreprises de vente directe disposent généralement d'une offre suffisamment étendue pour vous permettre de proposer un produit complémentaire pour chaque commande client.

Expliquez que le produit complémentaire donne de la valeur au premier produit commandé.

« Si vous prenez le soin du visage, je vous recommande d'appliquer ce baume nettoyant avant. Il renforcera l'efficacité du soin. »

Si vous avez aimé... vous aimerez...

Au-delà du produit complémentaire, proposez également à votre client un produit additionnel dont l'utilisation n'est pas nécessairement liée au premier produit commandé.

Vous connaissez désormais les goûts de votre client grâce à la commande qu'il vient de passer, il sera d'autant plus facile de lui proposer une offre qui lui correspondra.

« Si vous aimez cette robe, je peux vous proposer également ce pantalon qui fait partie de la même collection et qui est coupé dans le même tissu. »

Faites profiter d'une offre promotionnelle en cours

Les cadeaux conditionnés au montant d'achat vous permettent d'augmenter votre panier moyen.

« Carole, je vois que vous avez choisi le plat à gratin, si vous prenez également le gant de cuisine, je vous offre ce saladier en inox. »

Vous pouvez également proposer à votre prospect de compléter sa commande en mettant en avant les promotions dont il peut bénéficier. Le côté éphémère des offres promotionnelles crée un sentiment d'urgence chez le prospect qui doit saisir une opportunité qui ne se représentera peut-être pas.

« Cette semaine ce coffret est en promotion à 80 € au lieu de 120 € habituellement, c'est une belle opportunité de se faire plaisir ! »

On rappelle, en revanche, qu'il est interdit de faire croire à un participant que le produit sur lequel porte son intérêt ne sera disponible que sur une période très limitée **si ce n'est pas le cas**. Cette méthode est qualifiée de pratique commerciale trompeuse par le Code de la consommation.

La prise de congé

Remerciez ensuite l'hôte et les participants et annoncez le cadeau dont l'hôte a bénéficié.

« Messieurs dames, je vous remercie pour ce moment passé ensemble autour de la collection automne / hiver, j'ai le plaisir d'offrir à Patricia ce lot de bougies décoratives. »

Partagez un café avec les participants puis prenez congé pour les laisser se retrouver entre eux.

La livraison de la marchandise

En tant que conseiller de vente, vous serez parfois responsable d'effectuer la livraison chez vos clients. Vous livrerez généralement l'ensemble des commandes chez l'hôte qui se chargera ensuite de les redistribuer à chacun des convives.

La livraison ne doit pas être perçue comme un simple travail de transport de marchandises. Elle est l'occasion de renforcer votre relation avec vos clients et vos hôtes, de vous assurer de leur satisfaction et pourquoi pas de proposer de nouveaux produits ou de dater de nouveaux rendez-vous.

Organiser sa livraison

Préparer les colis

Vous recevrez l'ensemble de vos commandes en un seul colis. Avant d'effectuer une livraison, pensez bien à dispatcher les produits reçus et constituez un colis par client.

CONSEILS ET ASTUCES

Vous pouvez emballer le cadeau destiné à l'hôte dans un joli papier, cela lui fera d'autant plus plaisir.

Planifier sa livraison

Une livraison doit être planifiée : ne passez pas en coup de vent ou à l'improviste. Assurez-vous que votre client sera là pour vous recevoir et aura quelques minutes à vous accorder. Prévoyez de rester 10 à 15 minutes sur place, ne vous garez pas en double file avec les enfants qui attendent dans la voiture.

Prenez le temps de contrôler avec le client que sa commande est complète et que tout est en bon état.

CONSEILS ET ASTUCES

Vous pouvez fixer le rendez-vous de livraison avec votre hôte le jour de la réunion et informer les participants de la date qui a été retenue. Les convives seront ainsi informés de la date à laquelle ils recevront leurs achats.

Recueillir les impressions et fidéliser

Profitez d'être en tête-à-tête avec votre hôte pour recueillir ses impressions concernant le déroulement de la réunion et l'offre présentée.

CHOISIR SES MOTS

« *Vos invités étaient-ils satisfaits de la réunion, Sabine ? En tout cas, je vous remercie, c'était très sympathique !* »

La livraison est également le moment de fidéliser et, pourquoi pas, de fixer un nouveau rendez-vous de vente. Apportez toujours avec vous le catalogue des promotions du mois ou un prospectus concernant les nouveaux produits.

« Le catalogue de la collection printemps / été est arrivé, planifions dès à présent un rendez-vous pour que je vous la présente ! »

Si vous n'effectuez pas la livraison vous-même ou si vous n'avez pas pu prendre le temps d'échanger avec votre hôte lorsque vous avez déposé le colis, appelez-le pour vérifier que tout est bien arrivé et qu'il est satisfait de sa commande.

Même si vous ne livrez pas directement chaque client, passez-leur un coup de fil pour vous assurer de leur satisfaction et offrir des rendez-vous. Nous aborderons ce sujet au chapitre 12.

Comment « dater » des rendez-vous lors d'une réunion ?

S'ils ont passé un bon moment et ont découvert des produits qui leur ont plu, les convives voudront sans doute renouveler l'expérience et, cette fois-ci, pourquoi pas en tant qu'hôte... Voyons comment faire de chaque convive un futur hôte.

Trouver de nouveaux hôtes doit être votre priorité. La pérennité de votre activité dépend de votre capacité à planifier de nouvelles réunions en vous appuyant sur le réseau relationnel de vos proches et de vos clients.

Les conditions préalables

Les convives présents organiseront volontiers une réunion chez eux s'ils ont passé un moment agréable, sont enthousiasmés par votre offre et ont envie à leur tour de recevoir des cadeaux.

Des convives ravis

Lorsque vous passez une bonne soirée entre amis ou en famille, vous vous dites généralement : « *Il faudrait qu'on fasse ça plus souvent !* » ; « *À quand la prochaine fois ?* »

Il en va de même dans le cadre d'une réunion de vente. Si les participants ont passé un après-midi ou une soirée sympathique qui constituait une alternative agréable au simple apéro entre amis ou au café entre copines, ils auront envie de se retrouver à nouveau dans les mêmes conditions.

Votre rôle consistera simplement à rebondir sur les remarques des convives qui manifestent leur contentement : « *On a vraiment passé une bonne soirée !* » ; « *Merci Jessica de nous avoir invités, c'était une très bonne idée* » et leur offrir l'opportunité de recevoir à leur tour une réunion chez eux.

Des convives enthousiastes

Votre enthousiasme et celui de l'hôte ont été contagieux, les convives sont emballés par le produit qu'ils viennent de découvrir. Par conséquent :

- Ils veulent partager ce qu'ils ont découvert avec des proches qui ne sont pas présents à la réunion.
- Ils veulent en découvrir davantage sur votre offre.

Un hôte gâté

Le cadeau réservé à l'hôte est un élément fort de motivation pour accueillir une réunion chez soi. Si la réunion s'est bien déroulée et que l'hôte a reçu un beau cadeau, il aura sans doute fait des envieux. Vous n'aurez qu'à offrir à ces derniers l'opportunité d'être gâtés à leur tour en datant une réunion.

Une opportunité à chaque étape de la réunion

Tout au long de la réunion, saisissez les opportunités qui se présenteront pour offrir des rendez-vous aux participants.

Lorsque vous présentez le rôle de l'hôte

En tout début de réunion, lorsque vous présentez le rôle de l'hôte, profitez-en pour expliquer que chaque participant peut, à son tour, accueillir une réunion chez lui.

« *J'aurai le plaisir au terme de cette présentation d'offrir un cadeau à Marie qui nous accueille aujourd'hui et j'en profite pour vous informer que si vous aimez les cadeaux, vous pouvez, vous aussi, accueillir une réunion chez vous !* »

Lorsque vous présentez l'offre

Pensez toujours à mettre en évidence des produits que vous ne présenterez pas, vous éveillerez ainsi la curiosité de vos interlocuteurs et leur donnerez envie de participer à une nouvelle réunion.

Glissez dans votre discours le fait qu'il y aura une « prochaine fois ».

« *Je n'ai pas eu le temps de vous présenter le moule à gaufres, nous verrons cela la prochaine fois !* »

À tout moment

Restez à l'écoute afin de saisir les opportunités d'offrir des réunions lorsqu'elles se présentent.

Lorsqu'un convive manifeste son contentement : « *C'est vraiment sympa, merci Pauline, tu as eu une bonne idée !* »

« *Vous avez eu du plaisir, Cécile, à passer ce moment avec vos amis ? Je vous propose de fixer la prochaine réunion chez vous.* »

Lorsqu'un convive signale le fait qu'il voudrait partager ce qu'il vient de découvrir avec un proche : « *Ça plairait à ma sœur, j'aurai dû lui proposer de venir !* »

« *Et si nous organisions une réunion chez vous, vous inviterez votre sœur !* »

Lors du conseil personnalisé

Identifiez les participants qui n'ont pas pu s'offrir tout ce dont ils auraient eu envie. « *J'aimerais m'offrir cet ensemble, mais ce n'est vraiment pas raisonnable.* » Expliquez-leur qu'en devenant hôte à leur tour, ils pourront gagner des produits de la marque.

« *Je vous conseille dans un premier de temps de prendre uniquement cette chemise. Quant à la veste, peut-être aimeriez-vous que je vous l'offre ? C'est simple, il nous suffit d'organiser une réunion ensemble.* »

Au moment de la prise de commande

Le fait d'être en tête-à-tête avec chaque convive vous permet d'offrir des rendez-vous avec plus de facilité. Grâce au travail de préparation réalisé avec l'hôte, vous saurez à quel convive vous pourrez offrir des rendez-vous en priorité.

« *Thomas me disait que vous étiez intéressé pour organiser une réunion chez vous. Préférez-vous que nous convenions d'une date en soirée ou en week-end ?* »

Un moyen infaillible : le cahier hôtesse !

« Comment trouver de nouvelles hôtesses grâce à votre hôtesse du jour ?

La conseillère se prépare un joli cahier, qui mérite attention, respect et donne envie !

Dans les premières pages de ce cahier, on trouve le descriptif des avantages à être hôtesse et celui des avantages à parrainer une future hôtesse. Chaque page suivante reçoit une fiche d'inscription où l'invitée intéressée viendra renseigner ses coordonnées et la période ou la date choisie pour recevoir une démonstration.

Lors de la réunion de préparation, la conseillère présente ce cahier à l'hôtesse et lui explique combien il est important pour le développement et la pérennité de son activité de trouver de nouvelles hôtesses. Elle lui confie donc cette mission de haute importance de convaincre ses amies d'organiser à leur tour une présentation avec leur propre réseau.

Après la démonstration, pendant que la conseillère apporte ses conseils et prend les commandes, l'hôtesse fait le tour de ses invitées et, forte de la relation qu'elle partage avec elles, en convaincra certaines d'être à leur tour hôtesses.

La conseillère n'a plus qu'à prendre son agenda pour bloquer la date ! »

Véronique Leroux, manager de région chez Éléonore Déco.

Chapitre 10

Le déroulement d'une vente en individuel

Dans ce chapitre :

- Établir une relation de confiance
- Apporter une réponse adaptée aux besoins d'un prospect
- Encourager le parrainage

La rencontre d'un prospect en individuel permet un accompagnement personnalisé. Vous aurez la possibilité de vous consacrer pleinement à l'analyse de sa situation et vous montrer à l'écoute de ses besoins. Ce mode de vente est privilégié pour la présentation de produits et services nécessitant la prise en compte d'une situation particulière (amélioration de l'habitat, diététique, sécurité, téléphonie…).

À travers ce rendez-vous, vous offrez à votre prospect un bilan personnalisé, un moment d'échange et de convivialité, une information autour d'un produit et la découverte de solutions innovantes. La rencontre en elle-même, indépendamment du produit ou du service proposé, constitue pour le prospect une expérience enrichissante.

Le déroulement d'une vente s'établit en cinq étapes :

- la prise de contact ;
- la découverte de la situation du prospect ;
- la présentation de l'offre ;
- le traitement des objections ;
- le recueil de la commande.

La prise de contact

La prise de contact a pour objectif de gagner la confiance de votre interlocuteur et instaurer le dialogue. Elle constitue la première impression que votre interlocuteur se fera de vous et détermine la qualité de la relation que vous nouerez avec ce dernier.

En vente directe, c'est la simplicité et la chaleur des échanges qui priment. Restez vous-même et présentez-vous tel que vous êtes : un utilisateur convaincu venu faire découvrir une solution innovante… tout simplement !

Briser la glace

Vous entrez dans l'intimité d'un foyer, cette intrusion pourra crisper l'atmosphère. Votre défi sera d'instaurer, en quelques phrases et une attitude adéquate, un climat de confiance et de convivialité.

Saluer et se présenter

« *Dis bonjour à la dame !* », cette règle de courtoisie vous a été ressassée toute votre enfance et résonne aujourd'hui comme une évidence. Pourtant, même à votre âge, dire bonjour cela s'apprend. Prenez le temps de saluer individuellement, d'une poignée de main, toutes les personnes présentes dans la pièce.

Travaillez votre poignée de main. Vous avez probablement déjà vécu l'expérience déplaisante de vous faire broyer la main par un colosse ou, au contraire, de serrer la main molle et humide d'un interlocuteur peu confiant, vous savez combien cette sensation peut être désagréable, tâchez de ne pas l'imposer à votre prospect.

Votre poignée de main devra être assortie d'un regard franc et d'un sourire authentique. Prononcez distinctement d'une voix claire et forte une phrase de salutation et de présentation.

CHOISIR SES MOTS

« *Bonjour, je suis Pierre Dupont de la société…* »

À NOTER

Décliner son identité et présenter le nom de la société que l'on représente est une obligation juridique.

L'échange informel

Avant d'entrer dans le vif du sujet, prenez le temps d'un échange informel qui contribuera à créer du lien avec votre interlocuteur. Servez-vous de ce que vous observez pour trouver un sujet de conversation à aborder : complimentez la maison, le quartier, le mobilier…

Ajoutez une question afin d'établir un dialogue avec votre interlocuteur.

« Je vois que vous avez un beau vélo ! Vous faites partie d'un club ? »

Ce moment d'échange informel ne doit pas s'éterniser. N'entrez pas dans un débat sans fin sur le sport, la décoration ou les prix de l'immobilier.

Expliquer le déroulé de la visite

Présenter en quelques mots le programme de la visite vous permettra de prendre les choses en main, sans paraître intrusif.

Le déroulé de votre présentation vous amènera peut-être à visiter les combles de la maison, descendre dans la cave, prendre place sur le canapé du salon, inspecter la cuisine… Il est indispensable d'énoncer chacune des étapes de la visite et expliquer le pourquoi de chaque action pour que votre client ne soit pas surpris par votre démarche.

« Dans un premier temps, je me permettrai de vérifier votre arrivée d'eau pour m'assurer que nos adoucisseurs sont compatibles avec votre installation ; nous irons ensuite dans la cuisine où je ferai une analyse de la dureté de votre eau, puis nous nous assiérons un moment pour que je vous présente nos solutions. Est-ce que le programme vous convient ? »

La découverte de la situation du prospect

Cette phase d'écoute et d'observation est au cœur de la rencontre avec un prospect, elle permet de poursuivre l'instauration du dialogue et contribue à établir une relation de confiance entre vous et votre interlocuteur.

La découverte de la situation du prospect permet d'identifier ses besoins et de définir une réponse adaptée en fonction de ses attentes et ses contraintes éventuelles.

Le diagnostic personnalisé

Vous avez la chance de vous trouver au domicile de votre prospect, au calme, dans un cadre privé et chaleureux. Vous êtes dans les conditions idéales pour observer, écouter et mener ainsi un diagnostic personnalisé.

L'observation

Le domicile d'un particulier regorge d'informations à son sujet : son cadre de vie, ses goûts, son équipement, son niveau de vie…

Dans le secteur de l'amélioration de l'habitat, vous pourrez mener une grande partie du diagnostic simplement en observant les lieux. Votre entreprise de vente directe vous fournira peut-être un questionnaire pour vous guider dans la conduite d'un diagnostic complet. Ce questionnaire peut simplement servir de trame à cet état des lieux, qui ne doit pas se transformer en contrôle technique.

Votre observation ne doit pas être une action silencieuse, expliquez systématiquement ce que vous êtes en train d'observer et ce que vous voyez.

L'écoute

Le calme du domicile sera propice au dialogue avec un prospect qui, dans son environnement, se livrera plus facilement. Adoptez une attitude d'écoute dans cette phase de découverte et posez des questions afin d'inviter votre interlocuteur à s'exprimer.

Les informations que vous ne pourrez obtenir en observant les lieux vous seront fournies par votre prospect. Vos questionnements concernant son équipement actuel, sa consommation d'eau ou d'électricité, ses habitudes alimentaires… ne devront pas tourner à l'interrogatoire. Les informations dont vous avez besoin pour dresser le bilan de la situation devront être collectées à travers une conversation simple et cordiale entre vous et votre interlocuteur.

L'identification du besoin

Un des objectifs de cet état des lieux sera d'identifier d'éventuels besoins chez votre prospect.

Mais, au fait, un besoin : qu'est-ce que c'est ? Le Petit Larousse définit le besoin comme une « *exigence née d'un sentiment de manque, de privation de quelque chose qui est nécessaire à la vie organique.* »

Si nous nous concentrons sur la première partie de cette définition, nous comprenons qu'à l'origine d'un besoin, il y a un sentiment de manque. Ce sentiment se transformera en exigence, le besoin, qui déclenchera une action visant à combler la privation ressentie, dans notre cas, l'acte d'achat.

Figure 10-1 : De l'insatisfaction à l'exigence.

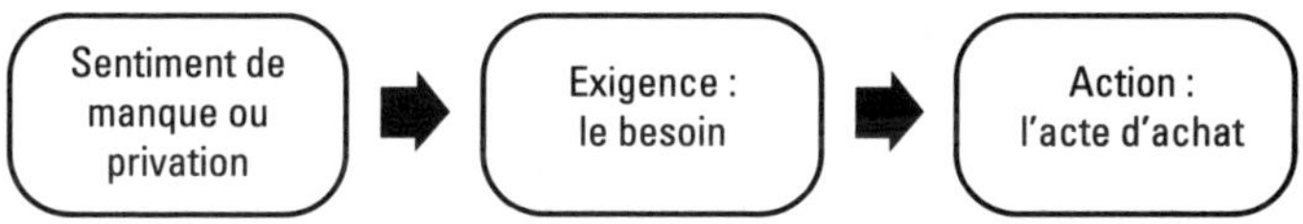

Notre vie est truffée de petites insatisfactions dont on s'accommode sans broncher jusqu'à ce que quelqu'un ne vienne les pointer du doigt et nous invite à ne plus les accepter. Votre rôle sera d'amener votre prospect à traduire un sentiment de privation, de manque ou d'insatisfaction en exigence, puis en action.

Vous exercez un beau métier : vous aidez des consommateurs potentiels à devenir des personnes exigeantes.

Le besoin exprimé par le prospect : la partie émergée de l'iceberg

Avant le rendez-vous, une partie des besoins aura déjà été identifiée :

- Si le rendez-vous a été sollicité par le prospect lui-même, un besoin conscient l'a poussé à vous contacter.

- Si vous êtes à l'origine de cette rencontre, une partie du travail d'identification du besoin a été réalisée en amont lors de la prise du rendez-vous.

Débutez donc cette phase d'écoute en invitant votre interlocuteur à exprimer le ou les besoins dont il a conscience.

« *Qu'est-ce qui vous a poussé à envisager de changer vos fenêtres ?* »

« *En quoi le calcaire vous gêne-t-il dans votre quotidien ?* »

« *Pourquoi souhaitez-vous entamer un régime ?* »

Laissez-le ensuite s'exprimer sans l'interrompre : « *Je voudrais remplacer mes fenêtres, car mon appartement est trop bruyant* » ; « *J'ai du calcaire, ma salle de bains est difficile à nettoyer* » ; « *Je suis en surpoids, je ne supporte pas de me voir dans le miroir* ».

Ces insatisfactions qu'il exprime d'entrée de jeu ne constituent en général que la partie émergée de l'iceberg. Votre rôle sera d'identifier de nouveaux éléments d'insatisfaction et l'amener à les traduire en exigences.

Mettre en lumière de nouveaux éléments d'insatisfaction

Par votre discours, mettez en lumière des éléments d'insatisfaction potentiels que votre prospect n'a pas lui-même pointé du doigt :

- Votre client se plaint du bruit ? A-t-il conscience que ses fenêtres actuelles provoquent également une déperdition d'énergie qui augmente ses factures d'électricité ?
- Votre client se plaint de traces de calcaire dans la salle de bains ? Faites-lui prendre conscience que le calcaire a également d'autres impacts négatifs sur son quotidien : il le contraint à utiliser plus de produits lessiviels, il détériore ses équipements électroménagers, il assèche sa peau et ses cheveux, il augmente sa consommation d'énergie…
- Votre client n'est pas satisfait de sa silhouette, une surcharge pondérale peut également être à l'origine de problèmes de sommeil, de santé, de difficultés dans l'effort…

Lorsque vous mettez en lumière une insatisfaction, votre prospect en prend conscience. Par votre intervention, ce dernier se sentira révolté d'avoir accepté de vivre jusqu'à présent dans un tel état de privation et d'inconfort !

Cette révolte éveillera en lui un sentiment nouveau : l'exigence. C'est cette exigence qui sera le moteur de l'acte d'achat.

Vente directe et besoin latent

Lorsqu'un consommateur entre dans un magasin, il a généralement un projet d'achat en tête, il a déjà traduit une insatisfaction en exigence : « *J'ai besoin d'une paire de chaussures* ». Le rôle du vendeur en magasin sera d'identifier, parmi la gamme de produits dont il dispose, celui qui correspondra le mieux à ce projet d'achat. Le vendeur n'aura qu'à questionner le client sur l'utilisation qu'il souhaite en faire, ses goûts, sa pointure et lui soumettre la paire de chaussures qui lui conviendra le mieux.

Dans le cas de la vente directe, le prospect n'est pas venu vous voir avec un besoin conscient et identifié, c'est vous qui êtes allé le chercher alors qu'il n'avait apparemment besoin de rien. Si vous démarrez l'entretien de vente en demandant « *Qu'est-ce qu'il vous faudrait ?* », votre interlocuteur vous répondra probablement qu'il est comblé, pleinement satisfait et qu'il ne recherche rien en particulier.

La phase préalable d'identification des insatisfactions est donc indispensable dans le cadre d'une vente directe à domicile.

Définir une solution adaptée

Votre mission sera d'apporter du mieux-être à vos prospects en leur offrant une solution adaptée face aux insatisfactions que vous venez d'identifier.

Cette solution devra être personnalisée, elle prendra en compte la situation du prospect, ses attentes et ses contraintes éventuelles.

« Dans sa mission de service, le vendeur s'efforce d'adapter son offre commerciale aux véritables besoins du consommateur. »

Source : Code éthique de la vente directe.

Prendre en compte ses attentes

Votre prospect a pris conscience d'une insatisfaction, définissons à présent la réponse qu'il souhaite apporter face à ses nouvelles exigences : qu'attend-il de la solution apportée ? Privilégiera-t-il une solution bon marché, sûre, innovante ?

La méthode dite du SONCAS vous aidera à définir quelles sont les sources de motivation de votre prospect et les éléments sur lesquels il vous faudra orienter la solution apportée. Nous avons détaillé cette méthode au chapitre précédent. Pour rappel, le terme SONCAS est un acronyme des mots Sécurité, Orgueil, Nouveauté, Confort, Argent, Sympathie.

Prendre en compte d'éventuelles contraintes

Soyez attentif lors de la découverte de la situation du prospect, et à travers les échanges que vous aurez avec lui, aux éventuelles contraintes à prendre en compte dans la recherche d'une solution adaptée : l'arrivée d'eau permet-elle d'accueillir tout type d'adoucisseur ? La présence d'animaux domestiques pourra impacter le choix d'un système de sécurité. D'éventuelles allergies alimentaires seront à prendre en compte dans la solution diététique proposée…

La présentation d'une solution

Le produit ou service proposé est un moyen d'apporter une solution en réponse aux besoins identifiés ou un mieux-être face aux insatisfactions mises en lumière dans la phase de découverte.

À NOTER

Vous ne présenterez pas une gamme de produits ou services, mais un seul produit ou un seul service sélectionné avec soin et qui constituera une réponse au besoin identifié précédemment.

La présentation pas-à-pas

Si vous avez apporté toute votre attention à votre prospect, il se montrera tout à fait disposé à vous écouter en retour.

Présenter l'entreprise et l'offre globale

Avant d'apporter une solution à proprement parler, il est important de situer le produit ou service proposé dans un contexte plus global. À l'aide d'un support visuel, un prospectus ou une tablette, vous présenterez l'historique de l'entreprise, sa taille, les technologies utilisées (sans trop entrer dans les détails techniques), le positionnement de la marque, les produits et services proposés par l'entreprise…

Voici quelques conseils sur la façon de mener votre présentation :

- Ne regardez pas fixement votre tablette ou le prospectus. Il ne faut pas perdre le contact visuel avec votre interlocuteur.
- La présentation doit être courte, travaillez-la chez vous devant un miroir jusqu'à ce que les mots vous viennent naturellement.
- Guidez le prospect dans la découverte du prospectus de sorte qu'il soit capable de le présenter à son conjoint ou à un proche le soir venu.
- La présentation doit être interactive, invitez votre interlocuteur à réagir ou poser des questions s'il le souhaite.

La présentation d'une solution adaptée

Commencez par résumer les besoins, les attentes et les contraintes identifiées lors de la phase de découverte et présentez ensuite la solution apportée comme une conclusion à cette analyse.

« *Si je résume : vous avez besoin d'un système de sécurité pour vous prémunir des vols et intrusions, vous êtes particulièrement sensible à la fiabilité du système. Je vous propose donc notre Pack sécurité.* »

Présentez ensuite un ou deux arguments en lien avec les attentes soulignées par votre prospect. Inutile d'en dire plus, vous risquez de lasser votre interlocuteur.

La méthode dite « C.A.P. » – ou Caractéristique, Avantage, Preuve – préconise d'associer à chaque caractéristique présentée du produit, un avantage et une preuve :

- **Caractéristique** : Nos techniciens ne sont pas des sous-traitants. Ils sont salariés et formés en interne.
- **Avantage** : Ils connaissent parfaitement nos adoucisseurs.
- **Preuve** : Nos clients sont satisfaits à 95,4 % !

Présenter le tarif

Votre interlocuteur vous demandera probablement de lui indiquer le tarif de la prestation ; ne précisez le montant que lorsque vous aurez pris le temps de présenter les atouts de la solution proposée. Établissez ensuite un devis personnalisé.

Votre entreprise de vente directe vous fournira généralement une fiche devis à compléter, remplissez-la en expliquant pas-à-pas les informations qu'elle contient. Annoncez ensuite le tarif à voix haute.

Les solutions que vous proposerez, en particulier dans le secteur de l'amélioration de l'habitat, constitueront souvent pour votre client un investissement lui permettant de réaliser une économie sur le long terme. Lorsque vous présentez le tarif, mettez toujours en perspective l'investissement par rapport aux économies réalisées.

« Grace à ces travaux d'isolation, vous économiserez X € / an sur votre facture d'électricité. Votre investissement sera amorti en X années. »

Invitez ensuite votre interlocuteur à réagir et à vous faire part de son sentiment concernant cet investissement.

Les ventes de produits à forte valeur unitaire sont souvent associées à une offre de crédit ou la possibilité de régler en plusieurs fois. Ces offres constituent un argument de vente important si votre interlocuteur ne dispose pas des liquidités suffisantes.

Ventes assorties d'un crédit à la consommation, les précautions à prendre

Si le paiement d'une commande s'effectue dans les trois mois qui suivent la vente, on ne parle pas de vente à crédit mais de vente à tempérament. Ce service doit alors être gratuit. Si votre client paie en plusieurs fois, précisez dans la commande les dates de paiement ainsi que le montant de chaque versement.

Dans le cas où le paiement du client s'étale sur plus de trois mois, on parle de vente à crédit. Dans ce cas, le vendeur doit suivre une formation dispensée par un établissement de crédit. Il devra, par ailleurs, faire signer des documents complémentaires à son client.

Le crédit et la vente sont indissociables. Toute rétractation sur la vente entraînera automatiquement une rétractation sur l'offre de crédit et inversement.

Pour une présentation réussie

Personnalisez votre présentation

Vous êtes vous-même votre client le plus enthousiaste ! Vous connaissez les produits, les avez expérimentés et vous en êtes satisfait ; partagez votre propre expérience du produit pour illustrer vos propos. Cela rendra votre présentation plus personnelle et plus convaincante.

Vous pouvez également relater les retours positifs que vos clients vous ont faits sur le produit.

CHOISIR SES MOTS

« *J'ai installé les mêmes fenêtres chez un client qui habite dans une rue très bruyante, il m'a dit que c'était la première fois depuis plusieurs années qu'il dormait sans boules Quies !* »

À NOTER

Présenter l'expérience de vos clients permet également de mettre en valeur la relation long terme que vous construisez avec eux et l'attention que vous prêtez à leur satisfaction.

Préférez le futur au conditionnel

L'utilisation du futur permet au prospect de se projeter dans l'usage du produit comme si la décision avait déjà été actée.

*« Lorsque votre maison **sera** équipée d'un adoucisseur d'eau, vous n'**aurez** plus besoin de mettre du sel dans votre lave-vaisselle tous les mois. »*

Le traitement des objections

Les objections doivent être traitées au fil de l'eau, tout au long de l'entretien. Invitez votre interlocuteur à intervenir régulièrement, en aménageant des pauses dans votre discours et en validant avec lui les étapes point par point : « *Qu'en pensez-vous ?* » ; « *Nous sommes d'accord ?* ». Cela vous évitera d'avoir à traiter toutes les objections en fin de rendez-vous.

Accueillez toujours une objection comme une marque d'intérêt de la part de votre interlocuteur, jamais comme une attaque personnelle. Laissez votre interlocuteur s'exprimer sans l'interrompre.

Comprendre l'objection

Il existe trois catégories d'objections :

- **Les objections réelles.** Votre interlocuteur pointe du doigt une faiblesse liée aux caractéristiques du produit que vous venez de présenter. L'objection est précise, elle concerne directement le produit. Ces objections peuvent être fondées et correspondre à une réalité (« *Vous êtes plus cher que la concurrence* ») ou infondées, souvent sur la base d'un quiproquo ou d'un manque de précision dans votre argumentation.
- **Les objections « prétexte ».** Le prospect n'ose pas avancer la raison réelle de son refus ou souhaite mettre un terme à la discussion. L'objection sera centrée sur le prospect lui-même et commencera le plus souvent par « je » : « *J'ai besoin de réfléchir.* » ; « *Je ne suis pas convaincu* ». Il faudra alors chercher à comprendre la crainte qui se cache derrière cette hésitation. La phase d'écoute et de questionnement sera cruciale.
- **Les objections tactiques.** Elles visent à préparer le terrain pour une négociation : « *Il ne m'a pas l'air bien solide ce produit !* »

Répondre à une objection

Comme nous l'expliquions au chapitre précédent, la réponse apportée à une objection suit les étapes suivantes :

- **Reformuler** – Synthétisez en une phrase l'inquiétude exprimée par votre interlocuteur pour lui montrer qu'il a été entendu et vous assurer que vous l'avez compris.
- **Faire preuve d'empathie** – Ne répondez jamais à une objection par une négation. Optez plutôt pour une formulation signifiant votre empathie : « *Tout à fait, je vous comprends.* »
- **Argumenter** – Répondez à l'objection en apportant une clarification concernant votre argumentation si l'objection était infondée ou en insistant sur les atouts de la solution proposée dans le cas d'une objection fondée.

Les objections fréquentes

C'est au-dessus de mon budget !

« *Cela représente une dépense importante, je ne sais pas si nous pouvons nous le permettre !* »

L'objection autour du prix est celle qui revient le plus souvent. Comme pour le traitement de toute objection, commencez par signifier votre empathie en attestant qu'il s'agit d'un investissement conséquent, puis :

- Soulignez les avantages et le mieux-être que lui procurera la solution apportée en revenant sur les insatisfactions identifiées lors de votre entretien.
- Si tel est le cas, revenez sur les économies que la solution proposée permet de réaliser. Faites prendre conscience à votre interlocuteur qu'il s'agit d'un investissement qui lui apportera des bénéfices financiers sur le long terme.
- Insistez sur les facilités de paiement octroyées (crédit, paiement en plusieurs fois sans frais...), car elles constituent souvent un argument de vente important.
- Si la politique de l'entreprise le permet, octroyez une réduction à votre prospect dans le cas où vous constatez que le prix représente un frein à l'achat en dépit d'un enthousiasme réel.

J'ai besoin de réfléchir

« Votre offre est intéressante, je vais réfléchir. »

Lorsque l'achat représente une dépense conséquente au regard du budget du ménage – amélioration de l'habitat, appareils électroménagers… – il est fréquent que le prospect demande un temps de réflexion. Cette requête est tout à fait légitime, ne précipitez pas votre interlocuteur dans sa prise de décision.

En revanche, il sera impératif d'identifier la cause de cette demande. Deux cas de figure peuvent se présenter :

- Vous êtes face à une objection prétexte, le prospect n'ose pas vous faire savoir ce qui le retient dans sa décision. Auquel cas, essayez de définir le motif réel de son inquiétude.
- Votre prospect ne dispose pas de tous les éléments lui permettant de prendre sa décision. Auquel cas, ne partez pas sans avoir défini avec lui l'utilisation qu'il fera de ce temps de réflexion : consulter son conjoint, consulter la concurrence, étudier son budget…

Consulter la concurrence

Dans le cadre de l'acquisition d'un bien d'investissement, votre prospect voudra sans doute avoir une vision complète du marché avant de s'engager. Encouragez-le dans ce sens ; cela prouvera que vous êtes convaincu que votre offre est la meilleure. Rappelez-lui ce qui fait la force de votre offre par rapport à celles de vos concurrents.

CHOISIR SES MOTS

« Vous avez tout à fait raison, c'est une décision importante, il est normal de comparer les offres. Nous sommes trois acteurs sur le marché ; en revanche, nous sommes les seuls à offrir une assistance téléphonique gratuite 24 h / 24. »

Consulter son conjoint

Une décision d'achat, surtout si elle est lourde de conséquences, ne repose pas toujours sur une seule personne. Votre prospect pourra avoir besoin de l'approbation de son conjoint ou d'un autre membre de sa famille avant de s'engager.

Encore une fois, encouragez-le dans ce sens et aidez-le dans sa démarche en préparant le terrain.

« Que pouvons-nous faire ensemble pour le convaincre ? »

Vous venez ainsi de faire de votre prospect un allié. Essayez d'identifier les éléments qui pourraient inquiéter son conjoint : le budget, les nuisances liées aux travaux... Offrez ensuite les arguments qui permettront de rassurer ce dernier.

Avant de prendre congé, assurez-vous que toutes les objections ont été traitées et qu'une fois le détail de l'accord du conjoint ou de la consultation de la concurrence résolus, vous conclurez la vente.

« Une fois que nous aurons l'accord de votre conjoint, tout sera en ordre ? »

« Lorsque vous aurez obtenu les offres de nos concurrents, vous serez à même de prendre votre décision ? »

Ne perdez pas le contrôle du rythme du dialogue. Si votre prospect vous signifie qu'il vous rappellera, proposez-lui de le faire vous-même et fixez d'ores et déjà une date pour ce rappel.

« Ne vous donnez pas cette peine ! Vous m'accueillez chez vous, le moins que je puisse faire est de vous rappeler. Êtes-vous plus disponible en journée ou en soirée ? »

Le recueil de la commande

Une fois les objections levées, le moment est venu de concrétiser la vente.

Ne bousculez pas votre client dans une prise de décision inadéquate. Cette méthode vous permettra peut-être d'obtenir davantage de commandes, cependant, ces dernières risquent d'être fréquemment annulées pendant le délai de rétractation. Par ailleurs, vous ferez face à des clients mécontents qu'il sera très difficile de fidéliser et qui diffuseront une image négative de votre offre auprès de leur entourage.

Les facteurs déclencheurs

Rassurer le client dans son choix

Lorsque la dépense est importante, signer un bon de commande peut être une source d'inquiétude pour un prospect. Votre rôle sera de rassurer ce dernier dans son choix.

« C'est un très bon choix. Ce système est très fiable, j'en ai installé 1 500 dans ma carrière, je n'ai toujours eu que des retours positifs. »

Déclencher une cascade de « Oui »

Résumez une dernière fois pour votre prospect les éléments qui ont été actés. Votre objectif est d'obtenir de sa part une série de réponses positives de sorte qu'il soit enclin à accepter votre offre.

La méthode consiste à poser deux questions fermées auxquelles votre interlocuteur répondra forcément par un « oui », puis de lui reformuler votre offre. Selon l'adage « Jamais deux sans trois », si vous obtenez deux « *oui* », le troisième coulera de source.

« M. Géfroy, vous êtes d'accord pour dire que votre maison souffre d'un problème d'isolation ? – Oui. »

« Étant donnée la surface de votre habitation, nous avons convenu qu'une isolation par l'extérieur était préférable ? – Oui. »

« Nous pouvons donc partir là-dessus, je vous prépare un devis ? »

Si, malgré tout, le prospect semble hésitant, assurez-vous que toutes les objections ont été traitées en l'invitant à vous faire part de ses inquiétudes.

« Qu'est-ce qui vous fait hésiter ? »

La finalisation de la commande

La paperasse

Entre le devis, le document d'information précontractuel, le bon de commande, le dossier de financement… vous aurez facilement quatre ou cinq documents à faire signer à votre interlocuteur. La partie administrative pourra constituer une étape à part entière du rendez-vous.

Prenez le temps d'expliquer la fonction et le contenu de chaque document à votre client. Présentez-lui également les règlementations en termes de délai de rétractation et report de paiement (voir le chapitre 2).

La prise du rendez-vous de suivi

Expliquez ensuite à votre client le déroulement des étapes à venir : le déroulement de travaux éventuels, la prise de rendez-vous pour la prestation, le rendez-vous de suivi...

Planifiez d'ores et déjà un rendez-vous de suivi au cours duquel vous vous assurerez de la satisfaction de votre client. Ce rendez-vous peut être effectué par téléphone ou à travers une visite. Expliquez votre démarche à votre client et fixez un rendez-vous une à deux semaines après la livraison ou la fin de la prestation.

CHOISIR SES MOTS

« Je rends systématiquement visite à mes clients une fois le système installé, cela fait partie de nos services. Je pourrai ainsi m'assurer que tout fonctionne selon vos attentes. »

Le parrainage

L'objectif de cette étape est de trouver de nouveaux consommateurs potentiels à travers une démarche de bouche-à-oreille actif.

Le parrainage consiste à transformer vos clients en prescripteurs de votre offre en les incitant à recommander vos services à leurs proches. Vous les encouragerez également à vous mettre en relation avec des consommateurs potentiels de leur entourage.

Les facteurs déterminants

Le succès de cette étape repose sur les facteurs suivants :

- **Un client enthousiaste.** Si vous avez su transmettre votre enthousiasme pour le produit et que votre interlocuteur a été séduit et convaincu par votre offre, il aura envie d'en faire profiter ses proches.

- **Un client satisfait du rendez-vous.** Si votre client a passé un bon moment en votre compagnie, qu'il a appris des choses intéressantes et qu'il a découvert des solutions innovantes, il aura envie de faire partager cette expérience à ses proches.
- **Un client en confiance.** Le travail que vous avez effectué sur l'instauration d'une relation de confiance depuis le début de cet entretien est indispensable pour réussir cette étape. Votre client ne vous confiera les coordonnées de ses proches que s'il se sent pleinement en confiance.
- **Des offres de parrainage.** Certaines enseignes proposent des offres de parrainage. Votre client bénéficiera de remises ou de cadeaux si les consommateurs potentiels vers lesquels il vous dirige passent commande. Mettez en avant ces avantages clients, cela vous donnera un petit coup de pouce.

Comment s'y prendre ?

À la fin du rendez-vous, confirmez auprès de votre interlocuteur que ce moment partagé lui a plu et qu'il a appris des choses intéressantes. Demandez-lui ensuite s'il souhaite faire partager cette expérience à un proche.

Mettez l'accent sur le rendez-vous et non sur le produit ou service vendu, vous offrez aux proches de votre client la possibilité de participer eux aussi à une analyse de leur situation, la découverte d'une solution innovante… et ce à titre gratuit.

« *Aimeriez-vous faire partager à des proches cette information que vous venez de recevoir ?* »

La fiche contact

Si votre interlocuteur se montre réticent à vous communiquer sur le champ les coordonnées de ses proches, vous pouvez lui remettre une fiche contact à remplir. Cela lui laissera le temps de prendre contact avec ses proches et de leur parler de l'offre avant de vous confier leurs coordonnées. Vous recueillerez cette fiche lors du rendez-vous de suivi.

Vous pouvez également apporter une fiche contact « pré-remplie » avec les noms des personnes résidant dans l'immeuble ou le lotissement de votre client, vous demanderez ainsi à votre interlocuteur de cocher les personnes qui, selon lui, pourraient être intéressées par votre offre.

Validez systématiquement auprès de votre client qu'il accepte que vous contactiez ces personnes de sa part.

La vente directe s'adapte au client du XXIe siècle !

« Le consommateur d'aujourd'hui a beaucoup évolué par rapport à celui du siècle dernier : il n'a pas beaucoup de temps, et a un grand accès à l'information. Il ne supporte plus le commercial dominant ou agressif.

Pour avoir un vrai échange avec ses prospects, le conseiller commercial démarre la conversation avec des questions ouvertes : "*Que savez-vous du traitement de l'eau ?*" ou bien "*Qu'attendez-vous de notre rendez-vous ?*". Et n'hésite pas à justifier ces questions en affirmant : "*Je ne vais pas vous faire perdre de temps en répétant des choses que vous savez déjà*".

Les outils ont été adaptés pour faire de cette rencontre un moment convivial et interactif. Grâce à son iPad, le conseiller commercial partage des vidéos, des photos d'installations, des témoignages clients. Le bon de commande ainsi que le dossier de financement sont souvent signés sur l'iPad. Après la vente, le client reçoit un message électronique, des liens de vidéos, et un mot de remerciement.

Lorsqu'un technicien vient faire une installation, il a lui aussi des outils modernes pour travailler. Le client du XXIe siècle est fier de signer sur le smartphone du technicien et de bénéficier d'un service de grande qualité. »

Florent Carbonneau, président de Culligan France.

Quatrième partie

Le quotidien du vendeur direct

Dans cette partie…

Vous savez désormais réaliser une vente avec aisance ! Cependant, entre deux réunions ou deux rendez-vous de vente, la vie du vendeur direct ne s'arrête pas !

Entre la réalisation du suivi client, la participation aux réunions d'équipe, l'analyse de vos résultats, l'organisation de l'agenda, les livraisons… le quotidien du vendeur direct est très varié. Nous verrons comment organiser ce quotidien à votre rythme en fonction de vos envies et de vos contraintes.

Chapitre 11

Dynamiser ses ventes

Dans ce chapitre :

- Augmenter son chiffre d'affaires
- Fidéliser sa clientèle
- Mener des actions de communication

Vous traversez peut-être parfois des phases d'essoufflement dans votre activité : vous peinez à décrocher de nouveaux rendez-vous, votre chiffre d'affaires plafonne, vous avez l'impression d'avoir épuisé tout votre ficher de contacts, vous n'arrivez pas à faire décoller votre activité.

Nous découvrirons dans ce chapitre les outils dont vous disposez pour susciter de nouvelles commandes auprès de vos clients, dénicher de nouveaux consommateurs potentiels et trouver de nouvelles sources de contacts. Nous nous intéresserons ensuite aux actions de communication que vous pourrez mettre en place pour relancer votre acticité.

Le suivi client, savoir fidéliser

Avant de rechercher de nouveaux prospects, attachons-nous à fidéliser ceux que vous avez déjà séduits. En effet, l'énergie, le temps et l'argent dépensés pour trouver un consommateur potentiel, lui faire découvrir votre offre et le convaincre de la tester sont beaucoup plus importants que l'énergie qu'il vous faudra pour déclencher de nouvelles commandes auprès d'un client déjà conquis.

Vous avez donc tout intérêt à investir autant de temps dans la fidélisation de votre clientèle que dans la recherche de nouveaux prospects. Pour fidéliser efficacement vos clients, il vous faudra :

- avoir leur satisfaction comme principale préoccupation ;
- apprendre à les connaître ;
- créer une relation durable avec eux.

Le suivi client doit se faire régulièrement dès le démarrage de votre activité. N'attendez pas que votre activité s'essouffle pour commencer.

Assurer la satisfaction de ses clients

Des clients pleinement satisfaits de leur première expérience d'achat auront envie de fixer de nouveaux rendez-vous et de réaliser de nouvelles commandes. Cette satisfaction résulte du plaisir qu'ils ont eu à prendre part à une réunion ou en entretien de vente, du conseil qu'ils ont reçu, de l'achat qu'ils ont réalisé et de la relation qu'ils ont construite avec vous.

Le suivi clientèle ou le service après-vente

« Le suivi est essentiel dès le démarrage de son activité. Il intervient quelques jours après la livraison du produit. Pourquoi faire ce suivi ?

– pour offrir un vrai service, se démarquer et fidéliser sa clientèle ;

– car chaque client satisfait est un hôte ou un nouveau conseiller potentiel.

Pour s'assurer de son efficacité, il doit être préparé :

– dès la préparation hôtesse en l'informant qu'après la livraison, vous prendrez contact avec les clients pour leur demander s'ils sont satisfaits de la réunion et des produits achetés ;

– à la fin de la réunion, lors du conseil individuel, l'idéal est de le dater.

Si, à vos débuts, le suivi client n'a pas été mis en place, voici la solution : il suffit de commencer dès votre prochaine réunion ; au bout de quelques mois, la boucle sera bouclée. Le suivi est une condition essentielle pour réussir et avoir une activité régulière et pérenne. »

Céline Monnier, *general manager*, PartyLite France.

L'appel de satisfaction

L'appel de satisfaction consiste à passer un coup de fil à chaque client dès lors qu'il a reçu sa commande pour vous assurer qu'il est satisfait de son achat et qu'il ne rencontre aucune difficulté dans son utilisation. Votre client se réjouira de l'attention qui lui est portée.

À NOTER

Si, comme nous vous l'avons recommandé, vous avez planifié cet appel avec votre client au moment de la prise de commande et l'avez inscrit dans votre agenda, ce suivi sera très facile à réaliser.

Cet appel de courtoisie vous offrira par ailleurs une occasion supplémentaire d'offrir un rendez-vous de vente à votre client ou de lui demander qu'il vous adresse à des proches qui pourraient être intéressés par votre offre.

À NOTER

L'appel de satisfaction fait partie de la mission du conseiller de vente, il est de votre devoir de l'effectuer systématiquement.

PAROLE DE VENDEUR

« *Lorsque j'ai débuté mon activité, je n'osais jamais rappeler mes clients, j'avais peur de les déranger, j'avais l'impression d'en faire "trop". Maintenant que j'ai compris l'importance du suivi aux yeux de mes clients, je n'ose plus manquer cet appel !* »

Élise, conseillère de vente dans le domaine de la décoration.

PAROLE D'EXPERT

Adapter son discours

« Il convient d'adapter son discours s'il s'agit :

– d'une commande volante : "*Bonjour Mme Monnier. Je suis conseiller chez PartyLite, Je vous appelle de la part de votre ami Raphaël et je viens m'assurer de la bonne réception de votre commande. Si cela vous tente de découvrir notre nouvelle collection, je suis près de chez vous jeudi prochain, préférez-vous que l'on se rencontre le matin ou l'après-midi ?*" ;

– d'un nouveau client : "*Bonjour Mme Dupuis. Nous nous sommes rencontrés chez votre ami. Comment s'est passée l'utilisation de votre produit ?*" (cela vous permet de prodiguer des conseils si la personne ne l'a pas encore utilisé) ;

– d'un habitué ou d'un réassort : "*Bonjour Julie, comment allez-vous ? C'est Céline. Alors, que pensez-vous du produit que vous avez acheté chez votre ami ? Sachez que, la prochaine fois, je peux vous l'offrir...*" (cela vous permet de parler du rendez-vous ou du métier). »

Céline Monnier, *general manager*, PartyLite France.

Un rôle de « conseil après-vente »

Le rôle du conseiller de vente ne se limite pas à fournir des produits à des clients, il doit également les initier à leur utilisation. La vente directe concerne souvent des produits innovants qui nécessitent des explications et un accompagnement dans leur utilisation.

On rechigne parfois à consacrer du temps à écouter ou conseiller les clients qui ont déjà passé commande dans la mesure où ce service ne débouche pas directement sur une vente. Pourtant, l'accompagnement des clients dans l'utilisation des produits au quotidien vous permettra de maintenir un lien avec eux et générer de nouveaux rendez-vous de vente.

Montrez-vous disponible pour répondre aux questions de vos clients, encouragez-les à vous appeler s'ils ne parviennent pas à reproduire la recette que vous avez présentée en atelier, s'ils sont à cours d'idées de décoration ou s'ils ne savent pas comment se débarrasser d'une tâche sur leur moquette. Vous devez devenir leur interlocuteur de référence pour toutes les questions qui concernent le produit.

À NOTER

Votre dévouement envers vos clients doit toutefois respecter la limite du raisonnable, vous n'êtes pas à leur service 24 h / 24. Certains d'entre eux auront peut-être besoin que vous le leur précisiez !

Faire face à un client mécontent

Retard de livraison, déficience d'un produit, colis égaré… l'entreprise que vous représentez n'est pas infaillible. Dans la mesure où vous êtes l'interlocuteur privilégié de votre client, c'est vers vous qu'il se tournera en cas de problème.

En vente directe, on dit souvent qu'un client satisfait en ramène cinq tandis qu'un client mécontent en fait fuir 20 ! De ce fait, il est important de traiter consciencieusement toutes les réclamations client.

Faire preuve d'écoute et d'empathie

Prenez le temps d'écouter jusqu'au bout les mécontentements et les revendications que votre client ressentira le besoin d'exprimer. Montrez-lui ensuite que vous vous sentez concerné par son problème.

« Votre essoreuse à salade s'est cassée après seulement deux utilisations ? En effet, c'est tout à fait anormal. Vous avez bien fait de m'appeler. »

Offrir une solution

Vérifiez, dans un premier temps, si le problème peut être résolu par une simple assistance technique : l'essoreuse à salade n'est peut-être pas cassée mais simplement déboitée ; le colis non reçu est peut-être encore chez l'hôte...

Si ce n'est pas le cas, convenez avec votre client d'une solution adaptée, en ligne avec la politique de votre entreprise : une réparation, un échange produit, un remboursement...

Dans la mesure du possible, effectuez un geste commercial, même symbolique, envers votre client (cadeau, points bonus...).

En vente directe, du fait de la relation très personnalisée que vous construirez avec vos clients, certains d'entre eux auront tendance à vous demander de déroger à la règle en leur faveur : *« Sois sympa, tu peux bien me remplacer cette bougie, je l'ai laissée allumée toute la journée sans le faire exprès, j'en ai presque pas profité ! »* Soyez vigilant à ne pas tout accepter et à ne pas promettre l'impossible. Précisez les règles dès le début et faites preuve de fermeté.

Connaître sa clientèle : le fichier client

Le fichier client est un outil indispensable du vendeur direct. Il constituera un aide-mémoire pour suivre votre clientèle et lui apporter le meilleur service qui soit.

Le fichier client sous format papier se fait de plus en plus rare, il se présente plus généralement aujourd'hui sous la forme d'un fichier Excel. Certaines entreprises vous donneront accès à ce que l'on appelle un CRM (*Client Relationship Manager*), qui est un logiciel de gestion de la relation client.

La fiche personnelle de votre prospect

Vous recenserez dans ce fichier les informations collectées auprès de vos prospects : leurs noms et prénoms ainsi que leurs coordonnées et leurs souhaits en termes de communication – mail ou téléphone, en soirée ou en journée...

Ces informations vous permettront de personnaliser vos relances. Il est impératif de le remplir après chaque appel ou chaque rendez-vous client.

Ces informations collectées auprès de vos clients doivent naturellement rester confidentielles et doivent être utilisées exclusivement dans le cadre de l'exercice de votre activité de vente directe.

Les actions menées auprès du client

Le fichier client devra référencer l'ensemble des actions qui ont été menées auprès d'un prospect ou d'un client donné :

- le nombre d'appels effectués ainsi que le résumé de l'appel ;
- les relances réalisées ;
- les rendez-vous de ventes ;
- les produits achetés ;
- la réalisation du questionnaire de satisfaction.

Ces informations vous permettront de personnaliser votre suivi client.

Les logiciels spécialisés vous permettent généralement de programmer une alerte sur votre agenda pour les appels à effectuer. Si ce n'est pas le cas, vous devrez le faire manuellement pour n'oublier aucune relance.

Les habitudes d'achat

Inscrivez également dans ce fichier les habitudes d'achat de vos clients : ce qu'ils ont acheté, ce qu'ils ont aimé...

Vous pourrez ensuite enrichir la fiche client en fonction du secteur d'activité dans lequel vous travaillez :

- dans le domaine de l'amélioration de l'habitat, il sera très utile de noter si le prospect vit en maison ou en appartement, la taille de son logement, etc. ;
- dans le domaine de l'habillement, vous noterez sa taille, ses couleurs préférées, etc. ;

- dans le domaine des ustensiles de cuisine, vous pourrez prendre note de son équipement : la personne possède-t-elle un four à micro-ondes ?

Votre fichier client doit vous permettre de retrouver en un seul clic toutes les personnes qui ont montré de l'intérêt pour tel ou tel article. Ainsi, lorsque l'article en question est en promotion, vous pourrez facilement extraire une liste de clients à rappeler.

Construire une relation durable

Une relation durable se construit avec le temps, grâce à des contacts réguliers. Toutes les occasions sont bonnes pour rappeler vos clients et rester en contact avec eux.

À l'occasion d'une promotion ou de la sortie d'une collection

Si vous avez pris soin lors du rendez-vous de vente de prendre note des produits qui intéressent vos clients, il sera très facile de rappeler ces derniers pour leur faire bénéficier d'une offre adaptée ou les informer de la sortie d'un nouveau catalogue.

« *Ambre, je me souviens que tu aimais bien le caquelon à fondue mais qu'il était un peu au-dessus de ton budget. Ce mois-ci, il est en promotion, je voudrais t'en faire profiter !* »

Les nouveautés vous offriront l'occasion de rappeler vos clients pour leur présenter une nouvelle collection, un nouveau produit, un nouveau coloris… Par exemple, l'année dernière votre entreprise a sorti une jolie jupe bleue qui a eu beaucoup de succès, cette année elle sort la veste assortie. C'est l'occasion de rappeler toutes les clientes qui ont acheté la jupe.

« *Bonjour Sophie, comment ça va ? Le catalogue printemps / été est arrivé, ils ont sorti une veste assortie à la jupe que tu as achetée l'année dernière. Je suis sûre qu'elle t'ira super bien ! Je te propose de passer te la présenter.* »

À l'occasion d'une réunion de vente, il est possible de faire circuler une fiche de contact sur laquelle les participants qui souhaitent être avertis de la sortie d'une collection ou d'une promotion sur un produit en particulier peuvent inscrire leur nom. Pensez-bien à reporter ensuite ces informations dans votre fichier client.

Les occasions particulières

Si vous souhaitez établir une relation privilégiée avec vos clients, pensez à vous manifester en des occasions particulières : leur anniversaire, la nouvelle année, la fête des mères…

CHOISIR SES MOTS

« Bonjour Clara, je t'appelle pour te souhaiter un joyeux anniversaire ! Sais-tu qu'à l'occasion de ton anniversaire, tu bénéficies d'une promotion spéciale valable un mois sur toute notre collection ? »

Les commandes de renouvellement

Si votre offre se compose de produits consommables (crèmes de soin, produits d'entretien, alimentation, produits diététiques…), inscrivez sur votre fichier client les dates de renouvellement. Si un produit d'entretien se consomme en six mois en moyenne, mettez une alerte dans votre agenda à la période voulue pour rappeler votre client.

Il est important d'anticiper la demande, votre appel doit intervenir avant que le client ne se trouve en rupture de stock.

Lorsque le contact est rompu

Si vous exercez votre activité depuis plusieurs mois voire plusieurs années et que vous n'avez pas été suffisamment assidu dans la conduite de votre suivi client, il est possible que vous ayez perdu le contact avec certains d'entre eux. Sachez qu'il n'est jamais trop tard pour reprendre contact avec ces derniers ! Reprenez la liste des clients et hôtes qui ont passé commande depuis le début de votre activité et passez-leur un coup de fil.

CHOISIR SES MOTS

« Bonjour Justine, je suis Aurélie, conseillère de vente chez Cuisinepourtous, nous nous sommes rencontrées chez votre amie Véronique à l'occasion d'une réunion de vente l'an dernier. Êtes-vous toujours satisfaite de votre moule en silicone ? Parfait, car nous avons plein de nouveaux produits que je voudrais vous faire découvrir ! »

Les commandes « sans visage »

Dans le cadre d'une vente en réunion, il arrive que l'hôte collecte des commandes auprès de proches qui n'ont pas pu participer à la réunion. N'étant pas présents lors du rendez-vous, ces clients n'ont pas été initié à l'utilisation du produit dont ils ont fait l'acquisition, ils n'ont pas bénéficié d'un conseil personnalisé et n'ont pas pu prendre connaissance de l'intégralité de l'offre. Il est de votre devoir de leur offrir l'opportunité de bénéficier de ce service auquel ils ont droit.

« Êtes-vous satisfait de votre nouveau batteur ? Je me propose de venir chez vous pour vous montrer comment il fonctionne, nous ferons une petite recette ensemble. Si vous le souhaitez, vous pouvez convier quelques amis. »

Les clients « coup de pouce »

Au démarrage de votre activité, vous avez sollicité des amis proches ou des membres de votre famille pour vous aider à prendre un bon départ ; ils ont volontiers accueilli une réunion chez eux ou vous ont mis en contact avec quelques-uns de leurs proches. Si vous connaissez une période de relâchement de votre activité ou si vous souhaitez remporter un challenge proposé par votre entreprise, pourquoi ne pas faire à nouveau appel à eux ?

« Salut Emma, mon entreprise organise un challenge en février, j'ai huit réunions à offrir. J'ai pensé à toi, il y a de chouettes cadeaux pour les hôtesses ! »

Attention cependant à rester dans une position d'*offreur* et non de *demandeur*. Faire appel à des clients « coup de pouce » ne signifie pas que vous devez leur demander de vous rendre un service (*« S'il te plaît, tu peux bien faire ça pour moi… »*). Cette approche risquerait de dévaloriser l'offre que vous proposez. Un rendez-vous de vente doit toujours être un cadeau que vous offrez à votre interlocuteur.

Les actions de communication

Les actions de communication se font en coordination avec votre entreprise de vente directe. Chacun a son rôle à jouer :

l'entreprise définit la stratégie générale, le message à véhiculer et crée les supports ; quand à vous, votre rôle sera de porter ce message à vos clients et participer aux événements organisés par l'enseigne.

Même si vous exercez votre activité en tant qu'indépendant, il y a des règles strictes à respecter en matière de communication. Le réseau dans son ensemble doit porter un message uniforme et cohérent.

Des campagnes de communication

Les campagnes d'e-mailing

Les campagnes d'e-mailing consistent en l'envoi d'un message annonçant un événement ou une promotion à un groupe de clients ou prospects. Votre entreprise de vente directe créera éventuellement un visuel à mettre en pièce jointe de ce message.

Dans la plupart des cas, vous prendrez vous-même l'initiative d'envoyer ce message à tout ou partie de vos contacts.

Rien ne sert de polluer la boîte mail de vos clients si vous ne rappelez pas systématiquement les personnes ciblées après une campagne de communication. L'objectif de cette démarche est de préparer le terrain d'une campagne de prospection.

La distribution de prospectus

La distribution de prospectus doit, dans la mesure du possible, se faire en main propre. Elle est toujours l'occasion d'échanger autour de votre activité et du produit. Les prospectus concernent généralement un événement spécifique : journée portes ouvertes, promotions en cours…

Vous pouvez les distribuer :

- **à vos proches** – gardez toujours quelques exemplaires dans votre sac à main ;
- **à vos clients** – à l'occasion d'un rendez-vous de vente ou d'une réunion, il est possible de communiquer sur les événements à venir ;

- **auprès des commerçants de votre quartier** – Vous pouvez déposer des prospectus chez un coiffeur, une esthéticienne… et échanger avec lui sur votre activité afin qu'il sache en parler à ses clients. Demandez au commerçant de parler de votre offre et retournez le voir pour savoir si des personnes se sont montrées intéressées.

À NOTER

Votre entreprise de vente directe sera généralement en charge de la conception du support et de l'impression des documents. Elle pourra vous facturer ces supports de communication afin d'en amortir les frais ; cependant, elle ne pourra engendrer aucun bénéfice sur la vente de ces outils de communication.

Les autres supports de communication

Votre entreprise de vente directe mettra à votre disposition d'autres outils de communication :

- **Les catalogues.** Les catalogues ne doivent pas être distribués à tout va. Il pourra se révéler pertinent d'en remettre à un prospect avant un rendez-vous de vente afin qu'il prenne connaissance de ce qui lui sera présenté, d'en donner quelques-uns à un hôte afin qu'il en distribue à ses convives ou d'en offrir à un client pour qu'il constate l'étendue de l'offre. Joignez toujours vos coordonnées au catalogue pour permettre au consommateur de vous contacter si besoin.
- **Les cartes de visite.** Beaucoup moins coûteuses, elles peuvent être distribuées sans compter à toutes les personnes que vous rencontrez, que ce soit dans le cadre d'un rendez-vous client ou dans votre vie de tous les jours.

Une présence sur la toile

Internet devient aujourd'hui un outil de communication incontournable. Les consommateurs, de plus en plus avides d'informations, se rendent très fréquemment sur Internet pour préparer leurs achats.

Le site Internet de l'enseigne

Le site Internet de l'enseigne regroupe l'ensemble des informations concernant l'entreprise et ses produits. On y retrouve généralement un catalogue en ligne, des conseils d'entretien et d'utilisation, des éléments concernant les événements et offres promotionnelles en cours.

Votre rôle sera d'encourager les prospects et clients à visiter le site de l'enseigne.

Les réseaux sociaux

Nombreuses sont les enseignes qui animent une page Facebook. Par ce biais, elles communiquent sur les événements à venir, promulguent des conseils d'utilisation sur les produits et publient des articles.

Ces pages ont des centaines, voire des milliers, de « fans » qui sont le plus souvent des clients de l'enseigne et des conseillers de vente. Cela permet de constituer une vraie communauté des utilisateurs du produit. Le côté interactif du réseau social offre la possibilité à chacun de commenter une publication, poser des questions, réagir… et ainsi maintenir le dialogue !

Votre rôle

Votre rôle sera :

- d'encourager vos clients à « aimer » la page Facebook de l'enseigne pour se tenir au courant des événements ;
- d'encourager vos clients et vos proches à « partager » le lien de la page Facebook sur leur propre « mur » pour faciliter le phénomène de bouche-à-oreille ;
- de poster sur votre page personnelle des informations sur votre activité. Vos principaux prospects et clients sont parmi vos contacts Facebook, ils seront ainsi tenus aux courant des événements en cours.

Il est possible de rejoindre des groupes Facebook à thème : groupe de mamans si vous vendez des vêtements pour enfants, groupe régional… Vous pourrez ainsi communiquer sur votre activité auprès de consommateurs potentiels. Veillez cependant à ne pas poster trop de messages au sein de ces groupes afin de ne pas les saturer d'informations.

Certains vendeurs créent une page Facebook dédiée à leur activité sur laquelle ils postent des informations concernant leurs journées portes ouvertes, les recettes qu'ils ont testées, leurs conseils sur les produits… Ce genre d'initiative doit nécessairement être validée par votre responsable.

Vente directe et e-commerce

« Aujourd'hui, la vente en ligne est un canal incontournable et complémentaire dans la distribution. Il est donc indispensable pour les entreprises de vente directe d'être présentes en ligne, en complémentarité de leur réseau de conseillères.

Le e-commerce est un outil parmi d'autres à la disposition du réseau de conseillères de vente pour développer leur activité et améliorer l'expérience de leurs clients. De plus en plus d'acteurs de la vente directe développent des outils en ligne qui permettent à leurs conseillères de bénéficier d'un canal de vente additionnel.

Il existe plusieurs façons de concilier e-commerce et vente directe. Nous avons, par exemple, développé une application mobile qui offre divers services à notre réseau et à ses clientes, tels que le "Gigantesque dressing" qui permet d'obtenir le stock en temps réel, de filtrer l'offre par taille…

La boutique en ligne est une porte d'entrée pour la cliente pour préparer sa venue à une réunion de vente à domicile et compléter ses achats après la soirée. Nous avons créé une boutique en ligne par conseillère afin de lui apporter une visibilité propre. C'est un outil qui permet à chacune de recruter, d'inviter à des ateliers et de profiter de ventes additionnelles. C'est donc, pour la conseillère, un prolongement de son activité de vente à domicile.

En complément de cette activité de commerce en ligne, les entreprises de vente à domicile sont également de plus en plus présentes et suivies sur les réseaux sociaux. Ces outils sont utilisés pour animer la communauté, partager, créer du lien. Ils permettent de relayer en images et de manière interactive tous les événements de l'entreprise… et aussi de faire le buzz ! »

Véronique Garnodier, présidente de Charlott' lingerie.

Les blogs et autres médias

Les blogs sont des moyens de communication très en vogue actuellement. Ils permettent la publication régulière d'articles rendant compte d'une actualité sur un sujet. Par ce mode de communication, les enseignes prennent part à la vie du secteur d'activité dans lequel elles s'inscrivent.

Vous pouvez démarcher des blogueurs dans le secteur d'activité dans lequel vous exercez pour leur proposer de tester votre offre : blogueur mode pour le prêt-à-porter, blogueur cuisine pour la gastronomie ou les ustensiles de cuisine… Ces personnes influentes ont généralement de bons réseaux relationnels. Elles organiseront un rendez-vous de vente chez elles puis, si elles sont séduites, pourront parler de vos produits sur leur blog ou dans leur entourage.

Vous ne pourrez, en aucun cas, réaliser de vente sur Internet *via* des sites comme leboncoin ou eBay. Les ventes doivent toujours se faire en face-à-face. Internet permet simplement de vous faire connaître et attirer de nouveaux consommateurs potentiels.

Des événements pour se faire connaître

L'organisation d'événements permet d'aller à la rencontre de nouveaux prospects. Lors d'un événement (foire, salon, journées portes ouvertes…), le vendeur direct doit se fixer les trois mêmes objectifs que dans le cas d'un rendez-vous de vente : vendre un produit (si cela lui est autorisé), offrir des rendez-vous et identifier de potentielles recrues.

Les ventes en entreprise ou auprès d'associations

La diversification des lieux de vente permet d'étendre son réseau relationnel et d'offrir plus de visibilité à son activité.

Le statut de VDI ne permet pas de réaliser des ventes dans des lieux habituellement destinés à la vente ou dans tout lieu public, y compris dans la rue. En revanche, si votre entreprise le permet, vous pourrez organiser des rendez-vous de vente dans des locaux d'associations et d'entreprises.

Ces réunions doivent toujours revêtir un caractère privé et doivent rester accessibles uniquement sur invitation.

Les journées CE

Les entreprises de plus de 50 salariés disposent d'un comité d'entreprise (C.E.), une instance de représentation du personnel qui a notamment une mission sociale et culturelle. Certains ouvrent leurs portes à des enseignes de vente directe. Ils mettent à votre disposition un espace au sein de l'entreprise, le temps d'une demi-journée ou d'une pause-déjeuner, pour que vous puissiez présenter vos produits aux employés qui le souhaitent.

Vous avez la possibilité de démarcher vous-même des comités d'entreprise pour organiser ce type d'événements. Vous devrez mener votre enquête auprès de chaque entreprise de votre ville pour obtenir les coordonnées de la personne en charge des actions sociales et culturelles au sein de son comité.

Une « journée C.E. », ça se prépare ! Si les employés ne sont pas avertis de votre venue, vous risquez de vous sentir bien seul :

- **Des affiches au sein de l'entreprise.** Assurez-vous que des affiches ont été installées la semaine qui précède l'événement. Déplacez-vous personnellement dans l'entreprise si besoin. L'affiche doit clairement mentionner le caractère commercial de la démarche.
- **Un mailing.** Demandez à ce que les employés soient prévenus par mail de l'événement afin que les personnes intéressées le notent dans leur agenda.
- **Lancez le bouche-à-oreille.** Si vous connaissez une personne qui travaille dans l'entreprise, assurez-vous qu'elle va en parler autour d'elle et venir accompagnée de quelques collègues le jour J.

Le jour J, votre objectif est de faire connaître et tester les produits. Collectez les coordonnées de toutes les personnes qui visitent le stand et fixez des rendez-vous de vente sur le moment avec ceux qui sont intéressés.

Les associations

Certaines associations peuvent accueillir une réunion de vente dans leurs locaux pour dynamiser leur programme et diversifier leurs animations. Ces réunions devront être réservées aux seuls adhérents de l'association. Les ateliers à thème seront particulièrement appréciés dans ce cadre, comme par exemple un atelier dégustation de vin dans une association d'œnologie.

Vous trouverez la liste des associations du quartier auprès de votre mairie.

Les journées portes ouvertes

Ouvrez les portes de votre maison à vos clients et prospects le temps d'une journée ou d'un après-midi !

Cet événement convivial est l'occasion de garder le contact avec vos clients et de rencontrer de nouveaux consommateurs potentiels. Les journées portes ouvertes ont généralement lieu à un moment fort de l'année : la sortie d'une nouvelle collection, les fêtes de fin d'année…

Ces journées doivent être préparées de longue date pour accueillir le plus de monde possible :

- **Envoyez un e-mail à tous vos contacts :** prospects, clients, famille, connaissances, tout le monde doit être au courant. Un premier e-mail pourra être envoyé plusieurs mois à l'avance pour que vos contacts prennent note de la date. Des rappels devront ensuite être effectués régulièrement.
- **Parlez-en autour de vous.** Dans les semaines qui précèdent l'événement, parlez-en lors de chaque rendez-vous client et dans votre entourage. Même ceux qui ne sont pas des consommateurs cibles pourront être attirés par le côté festif de l'événement.
- **Proposez à chacun de venir accompagné.** Incitez tous vos contacts à venir avec une personne de son choix, cela vous permettra de remplir votre carnet d'adresses.

Le jour J, prévoyez des animations et des cadeaux à gagner. Installez des tables et des chaises avec du café et quelques gâteaux pour que tout le monde passe un moment agréable.

Si vous avez un ami qui est vendeur direct pour une autre entreprise, vous pouvez réunir vos forces et organiser cette journée à deux. Cela permet de rassembler plus de monde et de se faire bénéficier mutuellement des contacts de l'autre. Vous pouvez ainsi organiser une journée sur le thème du bien-être si vous travaillez dans le domaine de la cosmétique et votre ami propose une gamme de produits diététiques ou une journée « mode » si vous vendez des bijoux et votre amie des vêtements.

Les foires et salons

L'organisation d'un salon

Les entreprises de vente directe organisent régulièrement des foires et salons et sélectionnent les meilleurs vendeurs de la région pour y participer. Ces événements sont d'excellentes occasions de se faire connaître et d'identifier des consommateurs, hôtes, ou conseillers de vente potentiels qui viendront enrichir votre carnet d'adresses.

Dans le cadre d'événements de moindre envergure (foires locales, stand en centre commercial), vous pouvez prendre vous-même l'initiative (avec l'accord de votre manager) de démarcher l'organisateur de l'événement afin d'y participer.

Il existe également des salons spécialisés dans la vente directe : **les « salons VDI »,** qui sont l'occasion de faire découvrir la marque que vous représentez, les produits et le métier de vendeur direct.

Le jour J

L'aménagement de votre stand doit être représentatif de l'univers de la marque que vous représentez. La mise en scène des produits et des documents de communication doit attirer l'œil et donner envie d'en découvrir davantage. Adoptez une attitude ouverte et enthousiaste, ne restez pas assis dans votre stand en attendant que l'on vienne vous demander un renseignement. Abordez les passants avec le sourire, sans adopter une démarche agressive.

Si vous exercez votre activité en tant que VDI, vous n'aurez pas le droit de vendre sur les foires et salons. Ce sera cependant l'occasion de collecter des fiches contacts de consommateurs potentiels et de fixer des rendez-vous de vente.

Préservez l'image de l'enseigne !

En tant que conseiller de vente, vous êtes autorisé à utiliser le nom, le logo et la marque de l'entreprise que vous représentez. Faites-en bon usage ! L'image de marque de l'entreprise est le bien le plus précieux du réseau. Le rôle de l'entreprise est de veiller à ce que les actions de communication menées par les vendeurs soient en cohérence avec le message qu'elle souhaite véhiculer.

En matière de communication, tout n'est pas autorisé. La plupart des contrats de distribution ou contrats de travail qui vous lient à votre entreprise prévoient des clauses concernant le respect des normes commerciales. Les entreprises s'octroient généralement le droit de contrôler les éventuels outils de vente ou de présentation que vous seriez amené à réaliser pas vous-même.

Chapitre 12

Organiser son activité

Dans ce chapitre :

- Gérer efficacement son planning
- Définir ses objectifs
- Analyser ses résultats

La vente directe est une activité qui offre une grande souplesse d'organisation : dans la plupart des cas, vous pourrez administrer votre temps comme bon vous semble, partir en vacances quand vous le souhaitez et organiser votre travail comme vous l'entendez.

Si cette liberté est nouvelle pour vous, elle nécessitera tout un apprentissage. La rigueur dans le travail et l'autodiscipline ne sont pas vos points forts ? Ce chapitre est fait pour vous. Nous vous apprendrons à gérer votre agenda, déterminer vos priorités, fixer vos objectifs, analyser vos résultats et mettre en place les actions qui vous permettront d'améliorer vos performances.

Gérer son planning

Temps de travail, temps de loisirs

L'équilibre entre le temps passé à travailler et le temps consacré à vos loisirs est difficile obtenir. C'est pour cette raison que nous vous donnons les conseils suivants.

Définir des plages horaires de travail

Si vous êtes salarié, vous serez tenu de vous plier à la durée de travail mentionnée dans votre contrat. En revanche, si vous êtes vendeur indépendant, vous exercerez votre activité à temps choisi. Vous pourrez définir vous-même le nombre d'heures que vous souhaitez consacrer à votre activité en fonction de vos objectifs et de vos contraintes.

La gestion du planning commence donc par la détermination des plages horaires que vous projetez de dédier à votre activité de vente directe : si vous avez un emploi salarié en parallèle, vous pourrez choisir de n'être actif que pendant vos vacances et vos week-ends ; si vous avez des contraintes familiales, vous préférerez peut-être travailler en journée lorsque les enfants sont à l'école.

Le temps consacré à l'activité pourra tout à fait varier d'un mois à un autre.

Prenez votre agenda et commencez par encadrer en bleu les plages horaires que vous avez choisi de consacrer à votre activité de vente directe. Encadrez par exemple chaque jeudi après-midi et un samedi sur deux.

Essayer de s'y tenir !

Vous pourrez vous octroyer une certaine souplesse par rapport aux créneaux que vous venez de définir. Si un prospect n'est disponible qu'en soirée, faites une exception pour lui, même si d'ordinaire vous ne travaillez pas le soir. Si c'est l'anniversaire de votre meilleure amie, ne fixez pas de rendez-vous de vente ce jour-là.

Il faut cependant éviter de tomber dans certains extrêmes. Ne laissez pas vos loisirs ou vos contraintes personnelles envahir votre temps de travail, ni inversement.

Quand le travail se laisse envahir par les loisirs

Vous avez soigneusement encadré en bleu dans votre agenda les plages horaires que vous avez choisi de consacrer à votre activité. Mais la vie a repris son cours et vous vous rendez compte que les cadres bleus se sont remplis de rendez-vous qui n'avaient rien à faire là : « coiffeur », « piscine », « shopping avec Julie »... Bref, le temps consacré à votre activité de vente directe a considérablement diminué !

On trouve généralement deux sources à ce problème :

- **Vous avez défini des plages horaires de travail, mais vous ne savez pas comment les remplir.** Ainsi, lorsqu'un rendez-vous de vente s'annule, vous en profitez pour regarder votre feuilleton préféré. Nous vous aiderons dans ce chapitre à optimiser le temps que vous souhaitez consacrer à votre activité. Il y a toujours quelque chose à faire : communiquer sur les réseaux sociaux, rappeler un client avec qui on a perdu le contact, informer ses clients d'une promotion en cours…
- **Un manque de motivation.** Vous savez pertinemment ce que vous avez à faire, mais vous avez la flemme, l'énergie vous manque. Le manque de motivation provient généralement d'un découragement : le succès n'était pas au rendez-vous lors de vos dernières ventes, vous avez essuyé plusieurs refus consécutifs, des clients se sont montrés désagréables… Une seule solution pour sortir de cette mauvaise passe : aller puiser de l'énergie auprès du réseau ! Ce sera le sujet du chapitre 13.

À NOTER

Si vous réalisez que vous avez été trop ambitieux et que le rythme que vous vous étiez imposé n'est pas soutenable, revoyez vos objectifs à la baisse et définissez un nouveau rythme de travail.

Quand l'activité empiète sur les loisirs

Le mercredi après-midi était supposé être consacré à vos enfants, mais on vous a proposé de participer à une journée portes ouvertes, vous ne pouviez pas laisser passer l'occasion ! Vous aviez décidé de ne pas travailler le vendredi soir, mais un client vous a demandé de faire une exception, vous n'avez pas su dire non… Bref, votre activité devient envahissante, vous ne comptez plus vos heures et vos proches commencent à s'en plaindre.

Ne vous laissez pas trop absorber par votre travail, sachez vous imposer des limites pour préserver votre vie de famille et vos temps de repos.

Pas de répit pour la prospection

Au-delà des plages horaires spécifiques que vous choisirez de dédier à votre activité, vous devrez saisir toutes les occasions qui se présenteront pour prospecter pendant vos temps de loisir.

Que ce soit après votre cours de sport, lorsque vous prenez un verre entre amis, quand vous allez chercher les enfants à l'école... vos moments de loisirs sont souvent les meilleurs pour prospecter.

Il est parfois sain de faire une pause et de déconnecter complètement de son travail. Certains choisissent de ne pas parler de leur activité lorsqu'ils partent en vacances, d'autres coupent leur téléphone lorsqu'ils sont en famille.

Organiser son temps de travail

Afin de mettre à profit le temps que vous avez choisi de consacrer à votre activité, une organisation rigoureuse s'impose.

Les tâches du vendeur direct

Commençons par lister les tâches qui vous incombent en tant que conseiller de vente :

- la prospection ;
- les rendez-vous de vente ;
- les livraisons ;
- le suivi client ;
- le suivi d'activité ;
- la participation à la vie du réseau ;
- la formation / recherche d'information.

La majeure partie de votre temps travaillé doit être passé en compagnie de vos clients ou prospects : prospection, rendez-vous de vente ou suivi client. Selon les spécialistes de la vente directe, on peut prévoir le chiffre d'affaires d'un vendeur en regardant son agenda : il suffit de comptabiliser le nombre de rendez-vous de vente qui y figurent. Votre priorité doit donc être de fixer un maximum de rendez-vous.

La prospection étant un travail qui demande parfois de l'énergie et du courage, vous aurez peut-être tendance à vous réfugier dans des tâches plus réconfortantes et à passer bien plus de temps qu'il ne faudrait sur des activités futiles. Si vous avez consacré votre matinée à classer méthodiquement vos livraisons par ordre alphabétique, nettoyer avec soin la collection de bijoux que vous présenterez demain et colorier votre agenda pour mieux faire ressortir vos rendez-vous… vous souffrez probablement de ce mal ! N'étiez-vous pas en train d'essayer de remettre à plus tard un appel de satisfaction ou un appel de courtoisie que vous appréhendiez particulièrement ?

Ce qui déterminera l'efficacité d'une journée consacrée à la vente directe sera le nombre de prospects contactés, le nombre de clients visités ou les relances effectuées. Les tâches annexes doivent rester secondaires.

L'agenda, l'outil indispensable du vendeur

Votre agenda, qu'il se présente sous format électronique ou papier, devra vous suivre partout. Vous pourrez ainsi le dégainer rapidement pour fixer un rendez-vous pour un prospect ou dater de nouvelles réunions lorsque vous réalisez une vente.

Les éléments à y inscrire sont les suivants :

- **tous vos rendez-vous personnels** – Inscrivez-y vos activités régulières (loisirs, travail…), vos vacances, vos rendez-vous médicaux… Cela vous aidera à bien vous organiser. Vous devez avoir un seul et même agenda pour vos rendez-vous personnels et votre activité de vente directe ;
- **vos rendez-vous de vente ;**
- **vos relances ;**
- **vos réunions d'équipe ;**
- **votre suivi client ;**
- **vos créneaux de livraison ;**

Votre agenda doit apparaître plein, cela facilitera la prise de rendez-vous.

Des codes couleur peuvent vous aider à vous y retrouver : utilisez un stylo bleu pour les rendez-vous personnels, vert pour les réunions, noir pour les livraisons…

Planifiez vos actions

Chaque action, qu'il s'agisse d'une visite, d'une livraison, d'une réunion d'équipe ou d'un simple appel téléphonique, doit être associée à une date : une action prévue mais non datée est une action qui risque de tomber dans l'oubli et de n'être jamais réalisée !

Si vous projetez de rappeler des clients pour leur offrir l'opportunité de bénéficier d'une promotion en particulier, planifiez cette action en l'inscrivant sur votre agenda. Vous inscrirez, par exemple, au mercredi 18 avril de 18 h 00 à 19 h 00 : « Suivi client : promotion Saint-Valentin ».

Si certains de vos interlocuteurs vous demandent de les rappeler à un moment plus opportun, fixez avec eux une date de rappel et inscrivez cette date sur votre agenda.

Optimiser ses déplacements

Dans le cadre de votre activité de vente directe, il est important de valoriser chaque instant et chaque action. Dans la mesure où les rendez-vous de vente ont principalement lieu au domicile de vos clients ou de vos hôtes, vous serez amené à effectuer de nombreux déplacements. Pour vous éviter de passer trop de temps dans votre voiture ou dans les transports, voyons comment optimiser vos trajets.

Regrouper ses rendez-vous

Dans la mesure du possible, tâchez de concentrer vos efforts de prospection dans un périmètre restreint à proximité de votre domicile. Élargir votre zone de prospection ne vous permettra pas d'augmenter le nombre de vos prospects et risque de vous faire perdre du temps.

Malgré vos efforts, vous ne pourrez pas systématiquement éviter d'avoir des clients qui vivent loin de chez vous : ce n'est pas de votre faute si votre sœur, qui habite à 50 km de chez vous, est une de vos clientes fidèles ou si votre meilleure cliente a déménagé dans la ville voisine. Tentez, dans ce cas, de regrouper vos rendez-vous pour gagner du temps et limiter votre empreinte carbone :

- Si vous vous déplacez chez un prospect, vérifiez que vous n'avez pas une livraison à effectuer dans les environs.
- Vous devez effectuer deux rendez-vous dans le même quartier ? Essayez de les grouper le même jour !
- Vous vous rendez à une réunion d'équipe ? Profitez-en pour rendre visite à un client qui habite dans le coin.

CONSEILS ET ASTUCES

Sachez, lorsque cela s'impose, renoncer à exploiter vous-même un client ou prospect qui vivrait trop loin de chez vous. Redirigez-le plutôt vers un autre vendeur du réseau qui pourra assurer une meilleure proximité dans la relation. Ce faisant, vous aurez peut-être l'impression de perdre du chiffre d'affaires ; néanmoins, vous gagnerez beaucoup de temps, et cette faveur vous sera retournée en temps voulu.

Le choix de l'itinéraire

Si vous exercez votre activité à temps plein et que vous êtes amené à effectuer de nombreux déplacements, il vous faudra mettre en place un plan de prospection spécifique et définir l'itinéraire qui vous permettra d'optimiser vos temps de trajet.

Certaines entreprises de vente directe donnent accès à des logiciels de géomarketing ou enseignent des méthodes qui vous permettront de définir le meilleur trajet. Il existe cinq catégories d'itinéraires possibles :

- **Le trèfle.** Ce mode de prospection consiste à diviser une zone donnée en quatre secteurs équivalents en termes de nombres de prospects et à les traiter un à un.
- **La spirale.** L'itinéraire choisi s'effectue en spirale, ce qui permet de revenir régulièrement à proximité des secteurs déjà visités et effectuer des visites de courtoisie.
- **La marguerite.** Le vendeur se déplace en étoile depuis le centre de la zone.
- **L'aller-retour en zig-zag.** À partir d'une trajectoire reliant les deux extrémités d'une zone donnée, le vendeur se déplace en zig-zag pour visiter les prospects.
- **Par zone.** Le vendeur divise sa zone en plusieurs sous-zones précises et choisit chaque jour une sous-zone différente.

Réaliser le bilan de son activité

Faire régulièrement le point sur son activité permet de prendre du recul sur son travail. Le suivi de l'activité s'établit en quatre étapes :

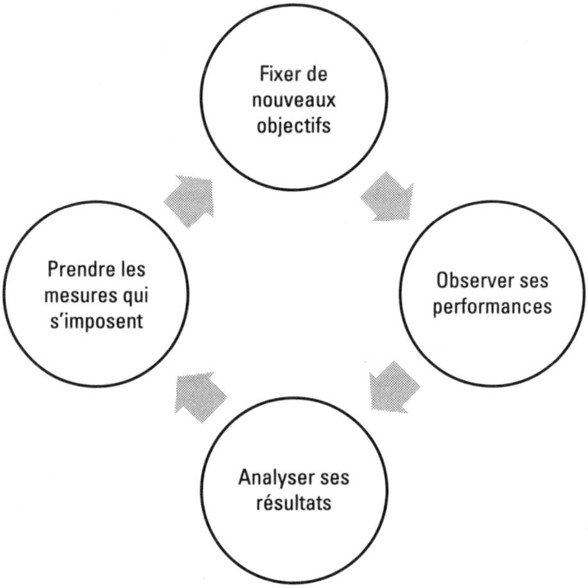

Figure 12-1 : Le suivi de l'activité.

Le suivi de l'activité doit être réalisé au moins une fois par mois si vous avez une activité occasionnelle et toutes les semaines si vous exercez la vente directe à temps plein.

Quelques éléments de vocabulaire

Nous serons obligés d'utiliser des termes un peu techniques pour traiter de ce sujet. Ouvrons donc une parenthèse pour vous les définir.

Les principaux indicateurs

Le chiffre d'affaires

Le chiffre d'affaires est la somme des ventes réalisées. Il est un très bon indicateur de la santé de votre activité.

La marge brute

La marge brute est la différence entre le chiffre d'affaires et le coût d'achat des marchandises vendues. Vous ne suivrez cet indicateur que si vous avez un contrat d'acheteur-revendeur, car il contribuera à déterminer votre rémunération.

Le panier moyen

Le panier moyen est la dépense moyenne réalisée par chaque client. On le calcule de la façon suivante : Chiffre d'affaires / Nombre de commandes.

Si vous réalisez des ventes par réunion, vous vous focaliserez davantage sur le chiffre d'affaires moyen d'une réunion qui se calcule de la façon suivante : Chiffre d'affaires / Nombre de réunions.

Le revenu d'activité

Le revenu d'activité est la somme qui arrive directement dans votre porte-monnaie.

- Si vous êtes salarié, ce sera la somme de votre salaire fixe et de vos primes.
- Si vous êtes indépendant avec un contrat de mandataire, ce sera la somme de vos commissions de vente et d'animation.
- Si vous êtes indépendant avec un contrat d'acheteur-revendeur, ce sera la somme des marges brutes réalisées sur vos ventes et des commissions d'animation.

Les coûts d'activité

Dans le cadre de votre activité, vous vous déplacez, vous distribuez des catalogues, vous envoyez des invitations… tout cela a un coût. Les coûts engendrés par l'activité ne sont pas toujours faciles à déterminer, surtout si vous n'exercez pas cette activité à temps plein : votre abonnement téléphonique professionnel se confond avec votre abonnement personnel, vous ne distinguez pas voiture personnelle et voiture de fonction…

Pour définir vos coûts d'activité, prenez en compte uniquement les coûts que vous n'auriez pas eu si vous n'exerciez pas d'activité de vente directe : l'essence de vos trajets, les frais postaux, l'augmentation de votre prime d'assurance auto…

Si vous êtes salarié, ces coûts ne vous incomberont pas directement, ils seront couverts par votre employeur. Cela ne signifie pas que vous pourrez dépenser sans compter, vous serez généralement tenu de respecter une enveloppe fixée par votre entreprise.

Le revenu net

Le revenu net de votre activité est la différence entre ce qu'elle vous rapporte et ce qu'elle vous coûte : Revenu net = revenu d'activité - coûts d'activité.

Le revenu net est l'indicateur de votre enrichissement.

Le coût d'acquisition d'un client

Le coût d'acquisition d'un client est l'investissement à réaliser pour conclure une vente. Il se calcule de la façon suivante : Dépenses liées à la prospection / nombre de nouveaux clients.

Cet indicateur permet de mesurer la rentabilité d'une opération de prospection. Il est important de suivre cet indicateur pour contrôler vos dépenses. Une action de prospection a un coût, elle ne doit être conduite que si le résultat escompté en vaut l'investissement.

Les principaux ratios

Le taux de prise de rendez-vous

Le taux de prise de rendez-vous permet de connaître la proportion de contacts qui ont accepté un rendez-vous. Il se calcule ainsi : Nombre de rendez-vous / Nombre de prospects contactés × 100. (On obtient un résultat en pourcentage)

Ce ratio vous permettra d'analyser l'efficacité de votre prospection.

Le taux de transformation

On s'intéresse ici à la proportion de rendez-vous de vente qui aboutissent sur une commande. Il se calcule de la façon suivante : Nombre de commandes / Nombre de rendez-vous de vente × 100.

Dans le cas de la vente en réunion, il se calcule par : Nombre de commandes / Nombre de personnes présentes en réunion × 100.

Il permet de connaître votre efficacité lors d'un rendez-vous de vente.

Le taux de nouveaux clients

Votre chiffre d'affaires dépend des achats réalisés par vos nouveaux clients et des nouvelles commandes des clients déjà acquis. Afin d'assurer une bonne dynamique de croissance de votre portefeuille client, veillez à ce que les commandes générées par les nouveaux clients soient toujours légèrement supérieures aux commandes des clients de votre portefeuille.

Le calcul du taux de nouveaux clients vous permettra de vous assurer que votre équilibre est le bon ; il s'obtient par le rapport : Nombre de commandes réalisées par de nouveaux clients / Nombre total de commandes × 100.

Fixer ses objectifs

Quels objectifs ?

La première étape du suivi d'activité est l'identification de vos objectifs.

Vous pourrez vous fixer des objectifs en termes de :

- nombre d'appels ou contacts pris ;
- nombre de rendez-vous pris ;
- nombre de ventes réalisées ;
- nombre de nouveaux clients ;
- nombre de recrutements ;
- panier moyen.

CONSEILS ET ASTUCES

Ne multipliez pas les objectifs fixés, il est préférable de suivre quelques indicateurs pertinents que de s'éparpiller sur des objectifs trop nombreux.

Des objectifs S.M.A.R.T.

Les objectifs que vous vous fixerez devront répondre à certains critères. Selon la méthode « S.M.A.R.T. », vos objectifs devront être :

- **Spécifiques.** Si votre objectif est de prendre « beaucoup » de rendez-vous, contacter « plein » de prospects ou de signer « un tas » de commandes, il constituera difficilement un guide, car il manquera de précision.
- **Mesurables.** « Bien travailler » n'est pas un objectif ; il est une résolution de nouvelle année tout au mieux. Un objectif n'a d'utilité que si l'on peut déterminer de façon objective qu'on l'a atteint ou non. Il doit se qualifier en nombre de rendez-vous, nombre d'appels ou nombre de commandes, par exemple.
- **Ambitieux.** Un objectif doit vous stimuler et vous faire progresser. Soyez un peu exigeant avec vous-même, cela vous aidera à aller de l'avant. Si vous parvenez à atteindre tous vos objectifs, cela signifie qu'ils n'étaient pas assez ambitieux.
- **Réalistes.** Il ne faut pas non plus mettre la barre trop haut, sinon on ne la voit plus ! Les objectifs fixés doivent tenir compte du temps consacré à l'activité et de votre niveau d'expérience.
- **Temporels.** Tout objectif doit avoir une dimension temporelle. Par exemple, organiser quatre réunions par mois ou réaliser 20 appels par semaine.

CONSEILS ET ASTUCES

N'hésitez pas à solliciter votre manager pour vous aider à fixer vos objectifs, son expérience et son recul sur vos capacités seront bien utiles dans cet exercice difficile.

Observer ses performances

Deux outils sont à votre disposition pour faire le point sur votre activité :

- le tableau de suivi clientèle ;
- le tableau de bord.

Ils doivent être remplis régulièrement. Ils permettent d'avoir un support de discussion avec votre manager.

Le tableau de suivi clientèle

Le tableau de suivi clientèle rend compte de l'évolution des opérations réalisées auprès de chaque client. Il retrace le nombre de commandes réalisées ainsi que les dépenses engagées pour chaque client.

Ce tableau pourra être informatisé et fourni automatiquement par le logiciel de commande. Il se présente sous la forme suivante :

Tableau 12-1 : Le tableau de suivi clientèle

Dépenses	***Recettes***
Documentation	Nombre de commandes
Transport	Montant des ventes
Remises clients	Panier moyen
TOTAL	**TOTAL**

Le compte rendu d'activité ou le tableau de bord

Si vous exercez votre activité en tant que salarié, vous aurez l'obligation de remettre régulièrement à votre employeur un compte rendu d'activité.

Si vous exercez en tant que vendeur indépendant, nous vous encourageons à vous astreindre à cet exercice pour votre propre analyse. La réalisation d'un compte rendu d'activité régulier vous aidera à professionnaliser votre démarche. Il constitue également un outil de dialogue avec votre animateur d'équipe.

Deux outils existent :

- **le compte rendu d'activité** à proprement parler qui relate de façon quotidienne, hebdomadaire ou mensuelle vos actions de prospection ;
- **le tableau de bord** permet de comparer les performances réalisées aux objectifs fixés.

Voici un exemple de tableau de bord. Vous le réaliserez tous les jours, toutes les semaines ou tous les mois en fonction du temps que vous consacrez à votre activité.

Tableau 12-2. : Exemple de tableau de bord

Critères	*Objectif fixé*	*Performance réalisée*	*Écart*
Nombre de contacts			
Nombre de ventes			
Panier moyen			
Chiffre d'affaires			

Analyser ses résultats

Vous avez appliqué à la lettre les savants calculs que l'on vient de vous présenter. Concernant le taux de prise de rendez-vous, votre calculatrice vous annonce le résultat exact de 32,25567 %... vous voilà bien avancé !

Les chiffres parlent parfois bien difficilement d'eux-mêmes et vos tableaux méticuleusement remplis ne vous apporteront aucun enseignement s'ils ne sont pas analysés. Un résultat n'a de sens que s'il est comparé. Il est impossible de tirer une conclusion pertinente en observant un chiffre pris individuellement.

Se comparer avec les autres vendeurs

Vous avez la chance de ne pas travailler seul, vous appartenez à un réseau de vendeurs qui exercent la même activité que vous. Cela vous offrira des éléments de comparaison pour mettre en perspective vos résultats.

Attention tout de même de ne vous comparer qu'à des vendeurs qui :

- exercent leur activité dans des conditions similaires aux vôtres – Ne vous comparez pas à un vendeur à temps plein si vous ne consacrez que vos week-ends à la vente directe ;
- ont un niveau d'expérience similaire au vôtre.

Les indicateurs et les ratios peuvent varier énormément d'un secteur à un autre et d'une entreprise à une autre. Il est donc toujours plus pertinent de se comparer aux conseillers de vente de son réseau.

N'hésitez pas à demander à votre entreprise des moyennes concernant les performances réalisées. Les réunions d'équipe sont également l'occasion de comparer ses performances entre vendeurs.

Suivre son évolution dans le temps

Vous pourrez comparer vos performances par rapport à celles des mois ou des années précédentes. Le suivi de l'évolution de votre chiffre d'affaires, du nombre de vos ventes ou de votre panier moyen vous donnera une idée de votre progression.

CONSEILS ET ASTUCES

Attention tout de même à prendre en compte la saisonnalité. Le mois de décembre, avec les fêtes de fin d'année, est généralement un mois très propice à la vente ; si vos performances chutent brutalement en janvier par rapport au mois précédent, il ne faudra pas en conclure que vous avez subitement perdu toute votre énergie. Comparez plutôt vos chiffres avec ceux du mois de janvier de l'année précédente.

Prendre les mesures qui s'imposent

Vous avez pris le temps d'observer et d'analyser vos résultats ainsi que d'identifier vos forces et vos faiblesses ; voyons à présent quelles actions vous pourrez mettre en place pour améliorer vos performances.

Vous disposez de deux leviers pour augmenter votre revenu net :

- l'augmentation de votre chiffre d'affaires ;
- la réduction de vos coûts.

Augmenter son chiffre d'affaires

Quel que soit votre mode de rémunération, c'est votre chiffre d'affaires qui déterminera vos revenus. Or, le chiffre d'affaires se calcule de la façon suivante : Chiffre d'affaires = nombre de ventes × panier moyen.

En décomposant votre chiffre d'affaires, vous identifierez l'élément sur lequel il vous faudra travailler pour le faire progresser. De cette analyse, vous déduirez l'action à mettre en place ou le point de formation à approfondir.

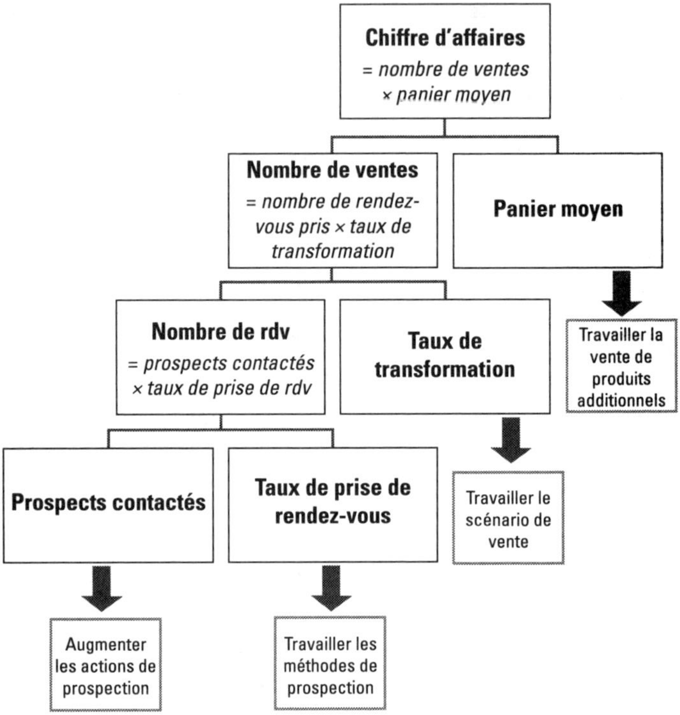

Figure 12-2 : Prendre les mesures qui s'imposent.

Dans le cadre d'une vente en réunion, le chiffre d'affaires dépend également du nombre de convives présents à la réunion. Si votre chiffre d'affaires est pénalisé par un nombre trop faible de participants lors des réunions que vous animez, il faudra travailler l'étape de la préparation de l'hôte.

Contrôler ses coûts

Le deuxième levier dont vous disposez pour augmenter vos revenus net est le contrôle des coûts. Voyons comment freiner les dépenses sans impacter vos performances.

Les produits de démonstration et le matériel de communication

Vous serez parfois amené à acheter des produits de l'enseigne pour les présenter en rendez-vous de vente ; limitez-vous aux produits les plus vendus et les plus représentatifs de l'offre.

Cela vous permettra de partir léger en rendez-vous et de réaliser des économies.

Les outils de communication coûtent cher, utilisez-les avec parcimonie. Ne distribuez pas des catalogues à tous vos contacts comme s'il s'agissait de prospectus, n'envoyez pas d'invitation à des prospects que vous n'avez pas appelés au préalable.

Privilégiez l'envoi de documents *via* Internet lorsque le prospect est d'accord. Les catalogues ou invitations peuvent être expédiés par e-mail.

Dépenses de transport

Le transport est souvent le poste de dépenses le plus important.

Les déplacements excessifs engendrent des coûts inutiles et des pertes de temps. Essayez au maximum de concentrer votre prospection sur une zone réduite. Privilégiez le voisinage et regroupez vos rendez-vous.

Chapitre 13

Participer à la vie du réseau

Dans ce chapitre :

- Savoir compter sur le soutien du réseau
- Prendre part aux événements de l'entreprise
- Remporter les challenges proposés par l'enseigne

Vous exercerez votre activité de vente directe, pour la plupart d'entre vous, en tant qu'indépendant depuis votre domicile. Vous gèrerez en toute autonomie votre propre clientèle et animerez seul vos réunions et entretiens de vente. Cependant, cela ne signifie pas que vous serez isolé dans votre activité ! Vous intégrerez un réseau constitué de dizaines, de centaines, voire de milliers de conseillers de vente qui partageront cette aventure à vos côtés.

Les différents acteurs du réseau – manager, animateur régional, responsable formation, etc. – vous apporteront le soutien, l'accompagnement et la formation dont vous aurez besoin pour vous permettre d'atteindre vos objectifs.

La vie de réseau sous toutes ses formes

La vie de réseau est l'ensemble des échanges qui vous lient aux autres acteurs de l'entreprise.

Pourquoi participer à la vie du réseau ?

Un sentiment d'appartenance à une communauté

Vous appartenez à une grande famille dont les membres exercent le même métier, partagent les mêmes joies et les mêmes difficultés. Comme en famille, vous vous retrouverez régulièrement pour des occasions festives ou pour vous épauler dans les moments plus difficiles.

Pour renforcer ce sentiment d'appartenance, les entreprises développent des rituels et un vocabulaire spécifique à l'enseigne.

On constate chez les vendeurs directs un sentiment de fierté d'appartenir à leur entreprise que l'on retrouve rarement dans d'autres secteurs. Cette fierté d'appartenance est due au fait que le vendeur se sent acteur du succès de son entreprise.

À l'occasion des rencontres organisées par le réseau, vous ferez la connaissance de personnes qui font le même métier que vous. Des affinités se créent souvent, car vous avez beaucoup en commun.

La connaissance du métier

Les rencontres et la formation continue sont indissociables. Il n'est pas de rencontre dans le réseau lors desquelles on n'aborde un point de formation.

L'un des apports majeurs d'un réseau de vente directe est de vous accompagner dans le long chemin de l'apprentissage et la maîtrise du métier de vendeur direct : votre manager vous accompagne dans votre activité, les vendeurs de votre équipe partagent leurs astuces de vente, l'entreprise met à votre disposition un panel de formations…

Échanges de bonnes pratiques et trucs et astuces : les conseillers de vente de votre équipe sont confrontés aux mêmes problèmes que vous ; échanger avec eux pourra se révéler très instructif.

Les rencontres sont également l'occasion de se tenir informé des actions menées par l'entreprise : les nouveaux produits, la stratégie de l'enseigne, les promotions à venir, les challenges proposés…

Un soutien dans votre activité

Vous traversez des phases d'euphorie pendant lesquels tout vous semble possible et des phases de profond découragement qui vous vident de votre énergie. Inutile de consulter un psychiatre, vous n'êtes pas devenu maniaco-dépressif. Ce sont les symptômes habituels du vendeur direct qui fait tantôt face à l'échec et se trouve ensuite porté par le succès.

Durant vos phases de découragement, vous aurez envie de tout abandonner pour revenir à une vie plus tranquille. Le rôle du réseau, que ce soit à travers votre manager, les membres de votre équipe ou votre responsable régional, sera de vous soutenir et de vous encourager pendant ces périodes difficiles.

Durant vos phases d'euphorie, ce sera à vous de transmettre votre optimisme et votre énergie à d'autres vendeurs qui pourraient en avoir besoin.

La motivation est souvent contagieuse. Rencontrer des vendeurs qui travaillent beaucoup, qui ont des résultats, qui sont optimistes sur l'avenir redonne de l'énergie et donne envie de se surpasser.

Une reconnaissance dans votre travail

Vous travaillez dur et vos efforts sont récompensés par une rémunération bien méritée. Cependant, cette rémunération ne saurait suffire à vous motiver si elle n'était assortie d'une reconnaissance du travail que vous avez accompli et des efforts que vous avez fournis au nom de l'enseigne.

Les entreprises de vente directe prennent généralement bien en compte ce besoin, que nous partageons tous, de reconnaissance dans le travail. Ainsi, les remises de cadeaux à la suite d'un concours ou d'un challenge se font souvent sur une scène devant les vendeurs d'une même région réunis, les meilleurs vendeurs sont mis à l'honneur sur l'intranet du réseau, les managers ne manquent pas de mentionner vos prouesses à la réunion d'équipe hebdomadaire…

Les rencontres au sein du réseau

Les rencontres avec le manager

La relation que vous construirez avec votre animateur d'équipe sera le premier lien qui vous unira au réseau. C'est lui qui vous formera puis vous guidera dans le quotidien de votre activité.

Vous ferez régulièrement un point sur votre travail avec lui. Ce sera l'occasion d'évoquer les difficultés rencontrées au quotidien, d'analyser vos résultats, de fixer de nouveaux objectifs et d'identifier les points de formation à approfondir.

L'échange se fait généralement par téléphone de façon hebdomadaire. Votre responsable est là pour vous guider, vous former mais également pour vous encourager.

Les rencontres avec l'équipe

Dans la plupart des réseaux, les vendeurs sont intégrés à une équipe constituée d'une dizaine de conseillers de vente rattachés au même responsable. Cette équipe se réunit régulièrement et des liens se créent entre les vendeurs. Les plus expérimentés accompagnent les plus novices, chacun partage son expérience et évoque les difficultés rencontrées dans son quotidien.

Ces rencontres sont l'occasion de faire le point sur l'activité, comparer les performances de chacun, mettre à l'honneur celles et ceux qui ont bien travaillé et partager des informations importantes.

La réunion d'équipe est souvent un moment convivial, on se retrouve en petit comité, chacun peut donc poser des questions ou faire part de son expérience.

Les événements du réseau

L'année est ponctuée d'événements de plus ou moins grande envergure qui rassemblent les membres du réseau :

- les réunions régionales ;
- la convention annuelle du réseau ;
- les voyages d'entreprise ;
- les journées de formation ;

Les rencontres à l'échelle régionale ou nationale ont souvent un côté très festif qui n'a rien à envier à l'ambiance du dernier concert de rock auquel vous avez assisté. Dans une atmosphère survoltée, on danse, on chante, on applaudit. Même si vous n'êtes pas du genre déluré, vous serez sans doute pris par l'euphorie générale et vous vous surprendrez bientôt à danser la Macarena sur scène ou à monter sur votre chaise pour reprendre en cœur l'hymne du réseau.

L'objectif est de créer une cohésion dans le réseau, redonner de l'énergie et renforcer le sentiment d'appartenance. Ces rencontres allient généralement des moments de détente et de formation.

La formation continue

Le contenu des formations

Votre entreprise vous offrira un panel de formations collectives auxquelles vous pourrez assister tout au long de votre parcours.

Les formations sont parfois dispensées par des formateurs salariés de l'entreprise ou au sein d'une école de formation. Des formations informelles et un accompagnement personnalisé vous seront proposés par votre animateur d'équipe.

Les sujets abordés sont les suivants : la formation aux nouveaux produits, les techniques de vente et de prospection, l'organisation de l'activité ou encore le recrutement et l'animation.

Vente Directe Académie

La Fédération de la Vente Directe a mis en place une plateforme de *e-learning* dédiée aux métiers de la vente directe. Cet outil de formation, baptisé « Vente Directe Académie », a été conçu en collaboration avec le Cpro Stephenson et l'AGEFOS PME. Il offre quatre niveaux de formation, du vendeur débutant au responsable force de vente et accompagne ainsi le conseiller de vente tout au long de son activité.

Si votre entreprise est abonnée à ce *e-learning*, vous aurez accès à ces formations depuis votre ordinateur. Vous pourrez acquérir de nouvelles connaissances à n'importe quelle heure du jour et de la nuit, sans avoir à vous déplacer. Construite à base de jeux, de textes et de vidéos, cette formation est ludique et interactive.

La Validation des Acquis de l'Expérience (VAE)

La validation des acquis de l'expérience, ou VAE, vous permet de faire reconnaître votre compétence en tant que vendeur direct à travers l'obtention d'un certificat de qualification professionnelle.

Quels que soient votre âge, votre nationalité, votre statut et votre niveau de formation, vous êtes en droit de prétendre à ce certificat. La seule condition à remplir est de justifier d'au moins trois ans d'expérience professionnelle en vente directe. Il n'est toutefois pas nécessaire d'avoir cumulé ces trois années d'expérience dans la même entreprise.

Ce n'est pas votre entreprise de vente directe qui vous remettra ce certificat. Il s'agit d'un titre délivré par l'État qui permet une reconnaissance officielle de votre niveau professionnel.

Il vous sera demandé de travailler sur un dossier dans lequel vous devrez décrire et analyser votre activité. Il vous faudra ensuite le soutenir devant un jury composé de quatre professionnels :

- un représentant de la Fédération de la Vente Directe ;
- un chef d'entreprise ;
- un professionnel du secteur : responsable commercial ou responsable formation ;
- un partenaire de la FVD expert en vente directe.

À NOTER

La VAE nécessite, en général, six mois à un an de préparation. Cette démarche devra être validée par votre entreprise de vente directe qui vous accompagnera dans votre parcours. La VAE s'inscrit généralement dans une démarche d'évolution au sein de l'entreprise.

Vous pouvez vous présenter, selon vos fonctions dans l'entreprise, en tant que :

- **conseiller en vente directe** si vous avez au moins trois ans d'expérience en tant que vendeur ;
- **animateur d'équipe** si vous avez au moins trois ans d'expérience dans l'animation d'une ou plusieurs équipes de vendeurs ;
- **animateur des ventes** si vous managez une ou plusieurs équipes composées d'animateurs d'équipe ou de vendeurs.

Vous devrez, pour cela, remplir un dossier de candidature auprès de la FVD. Il vous sera demandé de fournir les éléments suivants :

- vos bulletins de précompte ou bulletins de salaire ;
- votre avis d'imposition ;
- votre contrat de distribution ou contrat de travail ;
- une lettre d'attestation de l'employeur ;
- votre carte d'identité.

Cette certification sera l'occasion :

- d'évaluer vos compétences et d'identifier vos forces et faiblesses ;
- de donner un nouvel élan à votre carrière – ce projet va vous mobiliser pendant six mois à un an, il va vous inciter à approfondir vos connaissances et vous permettra de prendre du recul sur votre activité ;
- faire valoir vos compétences sur un CV.

Les concours et challenges : les « incentives »

Incentive est le terme anglais pour « incitation » ou « motivation ». En français, on l'utilise pour désigner les méthodes utilisées pour stimuler la motivation du personnel d'une entreprise.

Il vous sera régulièrement proposé de participer à des concours et challenges qui vous permettront de gagner des cadeaux en tous genres. Ces événements donnent une dynamique à la vie du réseau et guideront votre activité.

Les formes d'incentives

Challenges ou concours

Il existe deux formes d'*incentives* :

- **Les challenges.** L'entreprise fixe un objectif : un chiffre d'affaires à atteindre par exemple. Vous gagnez le prix en jeu si vous atteignez l'objectif, quelle que soit la performance des autres vendeurs.

- **Les concours.** Que le meilleur gagne ! Dans le cas d'un concours, seuls les meilleurs décrocheront la mise, vous serez donc en compétition avec les autres vendeurs de votre catégorie.

Programmes annuels ou actions ponctuelles

Les concours et challenges peuvent se faire sur des périodes plus ou moins longues :

- **Le programme annuel.** Les entreprises mettent généralement en place un programme qui s'appuie sur votre chiffre d'affaires de l'année.
- **Des actions ponctuelles.** Des événements très ponctuels sur un mois, voire une semaine, peuvent compléter le challenge annuel. Votre gain peut être conditionné aux nombres de réunions programmées en semaine 22, à votre chiffre d'affaires du mois de janvier, aux recrutements réalisés en février…

Cadeaux ou bonus

Les gains peuvent se présenter sous différentes formes :

- **Des voyages.** Tahiti, les Seychelles, Hawaï, vous vous envolerez peut-être bientôt vers une de ces destinations de rêve. Ces voyages de luxe sont souvent réservés aux personnes qui ont une activité régulière conséquente et allient des performances en vente et en recrutement. Cependant, lorsqu'on démarre son activité, il est possible de gagner des voyages plus accessibles : un séjour de Thalassothérapie ou un week-end gourmand dans le Périgord.
- **Des séjours de formation.** Des week-ends qui allient détente et formation sont parfois réservés aux membres du réseau les plus actifs.
- **Des produits de l'enseigne.** Les challenges et concours sont également l'occasion de vous équiper en produits de l'enseigne. Cela vous permet d'élargir la gamme de produits que vous pourrez présenter en rendez-vous de vente, séduire plus de clients et gagner ainsi plus de cadeaux… c'est un cercle vertueux !

- **Des points à transformer en cadeaux.** Si vous avez le mal de l'air et que vous êtes déjà bien équipé en produits de l'enseigne, ces cadeaux ne seront peut-être pas pour vous une source de motivation. Pour y remédier, certaines entreprises vous laissent choisir, parmi un vaste panel de cadeaux, celui qui vous fera le plus plaisir.
- **Des bonus.** Le plus simple, si on veut vous faire plaisir, reste encore de vous donner de l'argent que vous pourrez dépenser comme vous le souhaitez. Certaines enseignes proposent des bonus sur votre rémunération dans le cas où vos performances atteindraient les paliers requis.

Le reflet de la stratégie du réseau

Ces *incentives* sont le reflet de la stratégie du réseau. Elles sont à la fois le moteur et le gouvernail de l'entreprise qui va les utiliser pour motiver les vendeurs et orienter leurs actions.

Mobiliser les troupes

L'objectif principal de ces challenges et concours est de vous motiver et de vous redonner l'élan nécessaire pour que vous vous investissiez avec énergie dans votre activité.

Les entreprises de vente directe font face, dans la gestion de leurs vendeurs, à une difficulté majeure : elles ne peuvent pas les contraindre à travailler.

En effet :

- si vous êtes indépendant, vous êtes libre de choisir votre rythme de travail ;
- si vous êtes salarié, votre éloignement géographique rend difficile la mise en place d'un contrôle systématique de votre assiduité au travail.

Le seul levier dont elles disposent pour vous inciter à vous impliquer avec conviction dans votre activité sera de travailler sur votre motivation. D'où l'importance de ces *incentives*.

À NOTER

Ces *incentives* créent par ailleurs une émulation entre les vendeurs qui renforcera votre envie de réussir. Elles ont également un côté fédérateur, c'est un défi auquel tout le réseau prend part : on compare ses résultats, on échange sur les performances, les meilleurs sont mis à l'honneur…

PAROLE D'EXPERT

Pour évoluer de la vente vers une carrière commerciale

« Soyez tout d'abord curieux, faites des efforts pour vous informer, mais aussi pour vous former, car celui qui apprend le mieux est celui qui a compris qu'il ne savait pas tout sur un sujet. Pour cela, lisez des livres, des articles sur la vente et le management, sur l'économie commerciale, soyez "publivore", mais aussi recherchez le contact avec des professionnels confirmés de la fonction *Vente*.

Au début, ne vous découragez jamais, et n'espérez pas avoir des résultats extraordinaires du jour au lendemain. Fixez-vous sans cesse de nouveaux objectifs dans votre évolution, car la vente n'a pas d'avenir ; c'est le vendeur qui en a un !

Connaissez bien votre société, et tout ce qui concerne votre produit, ses avantages pour vos clients, les services qui y sont attachés.

Ne soyez pas noyé dans la masse, sortez du lot. Bâtissez-vous une solide réputation de sérieux et de fiabilité.

Montrez que vous êtes aussi capable de recruter, de former et de maintenir vos performances de vente dans la durée.

Faites-vous connaître, travaillez beaucoup, participez activement à tout ; soyez enthousiaste et dynamique, soignez votre image personnelle. Maintenez-vous en forme et souriez facilement !

Vous devez être une force de progrès en proposant des idées et en faisant des propositions, sans crainte de ne pas les voir toutes retenues.

Accueillez les changements comme les circonstances de vraies opportunités. »

Jean-Georges Vernet, directeur commercial et président du conseil de surveillance de BCS France SA.

Orienter vos actions

Les concours et challenges permettront d'orienter vos efforts sur les actions que l'entreprise souhaite renforcer :

- **Un produit en particulier.** Si elle souhaite mettre un produit en avant, l'entreprise va organiser un challenge lié aux ventes de ce produit en particulier.
- **Des recrutements.** Des challenges sont parfois organisés autour du thème du recrutement lorsqu'une entreprise souhaite intégrer davantage de nouveaux vendeurs.

- **Un comportement de vente.** Afin de mettre l'accent sur la prospection, une entreprise organisera des challenges s'appuyant sur le nombre de rendez-vous pris. Pour vous pousser à proposer des produits complémentaires, elle proposera un challenge lié au panier moyen…

Cinquième partie

Coopter et accompagner de nouveaux vendeurs

Dans cette partie…

Donnez une nouvelle dimension à votre carrière en cooptant de nouveaux vendeurs ! Vous apprendrez dans cette partie à parler de votre métier avec passion à votre entourage et à vos clients, identifier de potentielles recrues et les inviter à rejoindre votre équipe.

Dans certaines entreprises, le recrutement d'un nouveau vendeur vous donnera accès à des fonctions d'animation : vous aurez alors pour mission de les former et les accompagner au quotidien. Vous aurez la joie de transmettre à vos recrues ce que vous avez appris et de les voir progresser, prendre de l'assurance et s'épanouir de jour en jour dans leur activité.

Chapitre 14

Coopter de nouveaux vendeurs

Dans ce chapitre :

- Identifier de potentielles recrues
- Les convaincre de rejoindre votre équipe
- Répondre aux principales objections

Si vendre consistait à communiquer son enthousiasme pour un produit, recruter consiste à communiquer son enthousiasme pour un métier. Une grande originalité de la vente directe est d'utiliser ses méthodes de vente pour procéder au recrutement de nouveaux vendeurs. Jusqu'à présent vous offriez à vos interlocuteurs l'opportunité de découvrir de nouveaux produits, vous leur offrirez désormais également l'opportunité de découvrir un nouveau métier.

Un jour, un conseiller de vente vous a tendu la main et vous a permis d'intégrer une entreprise de vente directe ; offrez à votre tour cette opportunité à votre entourage.

Le recrutement constitue une nouvelle étape de votre carrière qui vous donnera éventuellement accès à des fonctions d'animation.

Offrir une opportunité

La cooptation ou l'accueil d'un nouveau vendeur suit le même déroulement qu'un acte de vente. La première étape consiste donc à identifier des conseillers de vente potentiels afin de leur offrir un rendez-vous au cours duquel vous leur présenterez en détail le métier de vendeur direct. Cette étape s'apparente à la phase de prospection dont nous vous avons présenté les méthodes au chapitre 7.

Définir sa cible

Le vendeur potentiel : un consommateur enthousiaste

Nous sommes confrontés à la même interrogation que dans le cadre d'une action de prospection. À qui va-t-on offrir des rendez-vous de recrutement en priorité ? Qui sont les conseillers de vente potentiels que l'on va approcher ?

Une condition essentielle pour intégrer une entreprise de vente directe est de partager l'enthousiasme pour ses produits et adhérer aux valeurs véhiculées par sa marque. Vous contacterez donc, en priorité, des consommateurs fidèles et convaincus.

Partir sans a priori

Salarié ou étudiant, commercial expérimenté ou complet débutant, homme ou femme, jeune ou moins jeune… on trouve d'excellents vendeurs directs parmi chacun de ces profils.

Au-delà de l'enthousiasme pour le produit, qui est une condition indispensable pour réussir dans ce métier, aucun prérequis n'est exigé. Ne cherchez pas à constituer un portrait robot du parfait conseiller de vente : il serait hasardeux d'engager des pronostics quant aux performances d'un futur vendeur. L'opportunité de rejoindre une entreprise de vente directe doit être offerte à tous, car la seule façon de savoir si une personne s'épanouira dans ce métier est de l'encourager à essayer.

À NOTER

Bien qu'aucune compétence spécifique ne soit requise pour intégrer une entreprise de vente directe, celles-ci peuvent se réserver le droit de refuser des candidats qui ne partageraient pas les valeurs de l'entreprise.

Où trouver des vendeurs potentiels ?

Parmi vos clients (et les proches de vos clients)

Si les vendeurs potentiels sont des consommateurs enthousiastes, c'est parmi vos clients que vous chercherez vos premières recrues. Les réunions de vente ou les rendez-vous de vente en individuel sont des occasions idéales pour identifier des vendeurs potentiels.

CONSEILS ET ASTUCES

Dans le cadre d'une vente en réunion, préparez le terrain avec l'hôte. Demandez-lui avant la rencontre si – à sa connaissance – des convives pourraient être intéressés par un complément de revenu ou un nouveau projet professionnel. Cela vous permettra d'approcher ces potentielles recrues de façon personnalisée pendant la réunion.

Parmi vos proches (et les proches de vos proches)

Au démarrage de votre activité, vous avez dressé une liste de vos proches qui se composait à l'époque de 150 à 200 noms (chapitre 7) et qui s'est probablement enrichie depuis.

Reprenez cette liste et surlignez les noms de ceux à qui vous souhaiteriez offrir un rendez-vous de recrutement en priorité : votre amie qui vient d'avoir un bébé et a choisi de quitter son emploi pour s'occuper de sa famille, votre cousin qui a des difficultés à boucler ses fins de mois, votre tante qui déborde d'énergie et s'ennuie un peu depuis qu'elle est à la retraite…

Passez-leur un coup de fil ou abordez le sujet lorsque vous les rencontrez.

Les autres sources de candidatures

Internet est un moyen efficace d'identifier de potentiels futurs conseillers de vente :

- **les réseaux sociaux** : vous pouvez diffuser des « annonces de recrutement » sur votre page Facebook et encourager vos contacts à les partager ;
- **les sites dédiés** comme VDI.com ou « un jour une vente » peuvent par ailleurs permettre de collecter des candidatures ;

- **le site internet de l'entreprise :** les entreprises de vente directe reçoivent des candidatures spontanées qui sont traitées par les conseillers de vente ou les managers en fonction de leur proximité géographique.

Les entreprises de vente directe organisent également des « salons VDI », qui sont l'occasion de collecter des contacts en vue d'un recrutement. Si un tel salon prend place dans votre région, demandez à y participer !

Le Code de conduite de la Fédération de la Vente Directe interdit aux sociétés et aux vendeurs de solliciter un conseiller de vente d'une autre société adhérente. Votre démarche de recrutement doit donc se faire dans le respect des enseignes concurrentes.

Prendre un rendez-vous de recrutement

Les étapes d'une prise de rendez-vous de recrutement sont très similaires à celles d'une prise de rendez-vous de vente.

Éveiller la curiosité

Auprès de votre entourage

Après une courte entrée en matière, votre objectif sera d'éveiller la curiosité de votre interlocuteur afin de lui donner envie de participer à un rendez-vous de recrutement. Personnalisez votre approche en fonction de la personne contactée.

« Je t'appelle pour te parler de mon métier de vendeur direct, j'exerce cette activité depuis six mois maintenant et je m'épanouis beaucoup dans ce que je fais. Je sais que tu es en recherche d'emploi actuellement, pourquoi ne rejoindrais-tu pas mon équipe ? »

Lors d'un rendez-vous de vente

Lors d'un rendez-vous de vente, la possibilité de rejoindre l'entreprise doit être évoquée à différentes étapes de votre présentation.

Lorsque vous présentez votre entreprise, faites savoir que cette dernière recrute de nouveaux vendeurs dans la région.

« Notre entreprise est en pleine expansion, elle compte aujourd'hui 5 000 vendeurs sur toute la France et cherche à recruter 200 vendeurs supplémentaires cette année, et notamment dans notre région ! »

Certains de vos clients ou hôtes fidèles marquent un enthousiasme particulier pour les produits que vous présentez ? Suggérez-leur de devenir conseiller de vente à leur tour.

« Vous êtes une très bonne hôtesse et je vois que vous êtes débordante d'énergie, vous feriez une excellente ambassadrice de notre marque ! J'aimerais beaucoup avoir quelqu'un comme vous dans mon équipe. »

Si vous constatez qu'un client est séduit par les produits présentés mais n'a pas les moyens d'acquérir tout ce dont il aurait envie, offrez-lui l'opportunité de développer une activité professionnelle qui lui permettra d'arrondir ses fins de mois et de s'équiper en produits de l'enseigne.

« Si vous aimez nos produits, mais que vous n'avez pas la possibilité de vous offrir ce qui vous ferait plaisir, vous pouvez rejoindre notre équipe. Vous bénéficierez alors de conditions avantageuses pour acquérir les produits de notre marque et, qui plus est, vous vous constituerez un revenu complémentaire. »

Dans le cadre d'une réunion de vente, profitez d'être en tête-à-tête avec chaque convive au moment de la prise de commande pour aborder le sujet du recrutement. Évoquez également la possibilité de rendre service à un proche ou une connaissance qui a besoin d'un complément de revenu ou est à la recherche d'un projet professionnel. Votre interlocuteur pourra même, dans certains cas, être rémunéré par un cadeau si le recrutement est un succès.

« Si, parmi vos proches, vous connaissez quelqu'un qui est à la recherche d'une activité professionnelle, n'hésitez pas à leur signaler que nous recrutons et que nous offrons une formation. »

Offrir un rendez-vous

Vous avez éveillé la curiosité de votre interlocuteur, proposez-lui à présent de lui présenter l'activité de vente directe de façon plus détaillée à l'occasion d'un entretien individuel. Votre mission est d'organiser une rencontre au cours de laquelle vous lui ferez part de votre expérience en tant que vendeur direct et parlerez de ses projets.

« Je propose que l'on prenne un café toutes les deux, je vous raconterai mon parcours en tant que conseillère de vente et nous parlerons de vos projets. Qu'est-ce qui vous arrange le mieux, en week-end ou en semaine ? »

Traiter les objections

Ce n'est pas du tout fait pour moi !

« C'est gentil de me proposer cela, mais je suis bien trop timide, je me sens incapable d'animer une réunion comme tu le fais ! »

Votre ami est flatté que vous ayez pensé à lui pour rejoindre votre équipe, mais votre suggestion lui semble pour le moins saugrenue. Lui qui n'a aucune expérience commerciale et ne prend la parole en public qu'en de rares occasions a du mal à se projeter dans une fonction de conseiller de vente. Cette activité lui semble hors de portée.

Faites-lui savoir qu'aucune formation ni expérience spécifique ne sont requises pour rejoindre l'entreprise. En revanche, il bénéficiera d'un accompagnement dès le démarrage de son activité et des formations lui seront proposées tout au long de l'année pour lui permettre d'acquérir les méthodes de vente et se perfectionner. Rappelez-lui que vous n'aviez aucune expérience commerciale avant de démarrer, ce qui ne vous a pas empêché de réussir !

« Rassure-toi, quand je suis devenu conseiller de vente il y a deux ans, je n'avais pas non plus l'habitude de prendre la parole en public. Comme tu démarres avec tes proches, c'est beaucoup moins intimidant. Il suffit de rester soi-même et de partager son enthousiasme pour les produits. Je suis sûre que tu feras un très bon conseiller de vente. Tu ne seras pas seul, je serai là pour t'accompagner. »

Je ne connais pas grand monde !

« Je n'ai pas beaucoup de réseau. »

« À part quelques amis, je ne connais personne ici. »

Cette crainte est partagée par une grande partie des candidats qui envisagent de démarrer une activité de vente directe. Ils imaginent qu'après avoir sollicité leurs amis, leurs relations et les membres de leur famille, leur activité s'essoufflera rapidement.

Aidez-les à prendre conscience de l'étendue de leur réseau relationnel, qui est souvent plus important qu'ils ne le croient. Mettez ensuite l'accent sur le fait que l'entourage ne constitue qu'un tremplin pour démarrer une activité de vente directe. Ensuite, grâce à une démarche de bouche-à-oreille actif, ils trouveront très vite des prospects parmi les proches de leurs proches.

« Le jour de ta première réunion, tu pourras inviter ta sœur, ta voisine, ton collègue, ta copine de la gym. Plusieurs d'entre eux organiseront ensuite une réunion chez eux et tu seras alors en contact avec leurs relations. Ta clientèle se développera ainsi petit à petit ! En plus, à titre personnel, ça te permettra justement de connaître plus de monde, car on fait de très belles rencontres dans ce métier. »

Je n'aurai jamais le temps !

« J'ai déjà un emploi à temps plein, je ne peux pas me permettre de le quitter. »

« Je dois m'occuper de mes enfants, je suis rarement disponible le soir et le week-end. »

Votre interlocuteur a du mal à comprendre comment vous voudriez qu'il intègre une nouvelle activité professionnelle à son emploi du temps déjà bien rempli.

Indiquez-lui que l'exercice d'une activité de vente directe ne le contraint en aucun cas à quitter son emploi actuel ou à renoncer à sa vie de famille. Signifiez-lui que la vente directe est une activité très souple qui peut, dans la plupart des cas, se pratiquer « à la carte ». Il pourra choisir de ne consacrer que quelques heures par semaine à son nouveau métier s'il ne dispose pas de plus de temps. Les rendez-vous de vente peuvent être planifiés en journée ou en soirée, le week-end ou en semaine, en fonction des contraintes de chacun.

Mettez l'accent sur le temps dont votre interlocuteur dispose plutôt que sur ses contraintes.

« Tu es disponible tous les week-ends et le soir à partir de 18 h 30 ? C'est parfait, la plupart des clients travaillent en journée et préfèrent que les réunions aient lieu le week-end ou en soirée. »

Vos interlocuteurs seront confrontés aux mêmes inquiétudes et aux mêmes questionnements que vous concernant le métier. Référez-vous au chapitre 4 (« Devenir vendeur direct, pourquoi pas moi ? ») pour leur apporter les réponses aux questions qu'ils se posent.

Le déroulement du rendez-vous de recrutement

Il n'y a pas si longtemps, vous vous trouviez à la place de votre candidat, partagé entre crainte et enthousiasme face à la décision que vous vous apprêtiez à prendre. Vous êtes donc l'interlocuteur idéal pour trouver les mots justes qui sauront le rassurer et le convaincre.

Un rendez-vous de recrutement suit le même déroulement qu'un rendez-vous de vente en individuel. Veillez à instaurer un climat convivial et à mettre votre candidat à l'aise en entamant une discussion informelle avant d'entrer dans le vif du sujet.

L'identification des éléments de motivation

Faire le point sur la situation du candidat

Un entretien de recrutement débute par une phase d'écoute qui s'apparente à la phase d'identification des besoins que nous avons présentée au chapitre 10, dans le cadre du rendez-vous de vente en individuel. Laissez votre interlocuteur s'exprimer et invitez-le à exposer sa situation en détail en adoptant une attitude d'écoute active.

Les éléments recueillis à l'occasion de cette conversation, qui ne doit pas se transformer en interrogatoire, vous permettront d'identifier les facteurs de motivation du candidat. Questionnez-le, en veillant à ne pas vous montrer trop indiscret, sur sa situation professionnelle, personnelle et financière. Est-il satisfait de cette situation ? Qu'aimerait-il faire évoluer pour l'améliorer ? Quelles sont ses ambitions, ses projets pour les années à venir ?

La phase d'identification des besoins a pour objectif de transformer une insatisfaction en exigence. Votre rôle sera d'identifier, à travers les éléments que votre candidat vous a confiés, des sources potentielles d'insatisfaction et de l'aider à en prendre conscience et les traduire en exigences.

« Monsieur Daissous, est-ce que vos revenus actuels vous permettent de vous offrir tout ce dont vous avez envie ? »

« Madame Ofoyer, vous avez arrêté de travailler pour élever vos enfants, maintenant qu'ils sont un peu plus grands, ne ressentez-vous pas le besoin de penser un peu à vous et construire de nouveaux projets professionnels ? »

« Madame Isolé, d'après ce que vous me dites, vous exercez un métier solitaire et le contact vous manque. »

Le « SONCAS » du recrutement

Cette phase d'écoute et d'échange vous permettra également de cerner les arguments auxquels votre candidat sera le plus sensible. Dans le cadre du déroulement d'une vente, nous avons utilisé la méthode du SONCAS pour identifier les éléments de motivation d'un prospect. Cette méthode s'applique également au recrutement. Pour rappel, SONCAS est l'acronyme des mots :

- **Sécurité.** Le candidat cherche à être rassuré ; il veut avoir toutes les garanties concernant l'entreprise qu'il s'apprête à rejoindre. Il vous posera beaucoup de questions sur les termes du contrat, l'entreprise et son organisation ainsi que l'accompagnement dont il bénéficiera. Insistez sur le sérieux de l'enseigne, les réglementations qui encadrent le métier ainsi que les formations et le soutien dont il bénéficiera.
- **Orgueil.** Votre interlocuteur est à la recherche d'une activité qui le valorise et d'un accomplissement dont il puisse tirer de la fierté. Vous mettrez l'accent sur la réussite professionnelle et les challenges proposés.

- **Nouveauté.** C'est l'originalité de l'activité qui attire le candidat. Vous insisterez sur le fait que son rôle consistera à faire découvrir des produits innovants à des consommateurs potentiels.
- **Confort.** La qualité de vie est très importante pour votre interlocuteur. Attirez son attention sur la flexibilité des horaires de travail et la possibilité de travailler autour de chez soi.
- **Argent.** Le candidat recherche une source de revenu. Vous mettrez l'accent sur ses perspectives de gain et exposerez en détail le plan de commissionnement.
- **Sympathie.** Votre interlocuteur est très sensible à la qualité des relations humaines. Attirez son attention sur les relations de convivialité et de complicité que l'on tisse avec ses clients ainsi que l'appartenance à une équipe soudée.

La présentation d'une opportunité

Vous avez pris le temps d'écouter votre candidat, il sera à présent disposé à vous écouter à son tour. Le moment est venu de lui présenter les attraits du métier méconnu de vendeur direct.

Décrire le métier de vendeur direct

Expliquez en quelques mots ce qu'est la vente directe et définissez le rôle du conseiller de vente. Ne faites pas l'impasse de cette explication même lorsque votre candidat est un client de l'enseigne et un habitué des réunions et rendez-vous de vente.

« En tant que conseiller de vente, vous serez un ambassadeur de notre marque. Votre mission sera de faire connaître notre offre à votre entourage. Vous offrirez des rendez-vous à vos proches ainsi qu'aux proches de vos proches et animerez des réunions de vente. Vous aurez également un rôle de conseil, guiderez les prospects dans leur choix et répondrez aux questions de vos clients concernant l'utilisation de nos produits. Vous serez l'interlocuteur privilégié de vos clients et construirez avec eux une relation de confiance. »

Dans votre présentation, insistez sur le fait qu'une activité de vente directe doit s'exercer avec professionnalisme dans le respect des règlementations qui régissent le métier. Prenez le temps de présenter le plan de commissionnement, l'accompagnement dont les conseillers de vente bénéficient ainsi que les caractéristiques du statut sous lequel le candidat exercera son activité.

La méthode « C.A.P. » du recrutement

Nous avons utilisé la méthode C.A.P. pour présenter une offre de produits dans le cadre d'un rendez-vous de vente. L'acronyme C.A.P. tient pour « Caractéristiques ; Avantages ; Preuves ». Selon cette méthode, chaque caractéristique présentée doit être assortie d'un avantage dont vous apporterez la preuve. Cette méthode s'applique également à l'entretien de recrutement.

Les caractéristiques que vous choisirez de mettre en avant dépendront des sources de motivation du candidat.

Un métier de contact

- **Caractéristique :** la vente directe est un métier qui favorise l'échange et le lien social.
- **Avantage :** les relations que le conseiller de vente construit avec ses clients et son équipe sont une source d'épanouissement.
- **Preuve :** vous apporterez pour preuve l'ambiance qui règne dans une réunion ou un rendez-vous de vente.

« *La vente directe est un métier dans lequel les relations humaines sont au premier plan. Vous vivrez des moments de complicité très forts avec vos clients ainsi qu'avec votre équipe de vente. Vous l'avez probablement constaté lors des réunions auxquelles vous avez participé, la convivialité est toujours au rendez-vous !* »

Un revenu ou un complément de revenu

- **Caractéristique :** la vente directe est une activité rémunératrice.
- **Avantage :** cette activité permet d'augmenter son niveau de vie et de financer des projets personnels.

- **Preuve :** citez des exemples concrets de réalisations. Choisissez toujours en exemple un conseiller de vente dont la situation est comparable à celle du candidat.

« Les commissions perçues sur vos ventes constitueront rapidement une source de revenu importante. Cela contribuera au financement des études de votre fils. Il y a six mois, j'ai intégré une nouvelle conseillère qui doit jongler comme vous avec un emploi à temps plein en parallèle, elle dégage aujourd'hui un revenu de 300 à 400 € par mois. »

La souplesse d'organisation

- **Caractéristique :** le métier de vendeur direct offre une grande souplesse d'organisation. Il peut être exercé « à la carte » par les vendeurs indépendants.
- **Avantage :** la possibilité d'associer une activité de vente directe à des contraintes familiales, personnelles ou professionnelles.
- **Preuve :** la preuve doit être apportée par la présentation d'exemples réels. Votre propre situation ou celle d'un conseiller de vente de votre équipe peuvent être mises en avant.

« La vente directe est un métier qui offre une grande souplesse d'organisation, il vous permet de conjuguer vie de famille et vie professionnelle. J'en suis la preuve vivante, je suis mère de trois enfants et j'exerce une activité de vente directe qui m'a permis de gagner mon indépendance financière. »

Vous serez d'autant plus convaincant dans votre argumentation que vous mettrez en avant votre propre expérience. N'hésitez pas à raconter vos débuts dans le métier, vos expériences en tant que conseiller de vente et ce qui vous plaît dans cette activité.

Accompagner la prise de décision

La perspective de s'engager dans une nouvelle activité professionnelle pourra effrayer votre future recrue. Bien que convaincu par vos propos et séduit par les perspectives que vous lui offrez, votre interlocuteur aura peut-être du mal à sauter le pas. Comment l'aider à prendre la décision ?

Proposer un essai

Le statut de VDI offre la possibilité à tout conseiller de vente de tester l'activité de vente directe en toute indépendance et en toute liberté. Relativisez l'ampleur de l'engagement que votre future recrue s'apprête à prendre : le contrat qui le lie à l'entreprise pourra être rompu à tout moment et la dépense engagée pour l'acquisition d'un kit de démarrage est très limitée.

« *Je te propose de réaliser un essai dans mon équipe. Rien ne t'empêche de démarrer une activité, et si tu te rends compte que cela ne te plaît pas, il sera possible de rompre ton contrat. Le risque de passer à côté d'une belle opportunité est plus grand que celui de tenter l'aventure !* »

Déclencher une cascade de « Oui »

Nous avons utilisé cette méthode pour concrétiser une vente, elle s'applique également dans le cadre d'un recrutement. Pour rappel, la méthode consiste à poser deux ou trois questions fermées auxquelles votre interlocuteur répondra forcément par un « oui », puis de lui reformuler votre offre.

« *Léa, vous me disiez avoir besoin d'un complément de revenu, c'est bien cela ? – Oui.* »

« *Vous appréciez nos produits et vous vous sentez en accord avec les valeurs de notre entreprise ? – Oui.* »

« *Vous ne travaillez que quatre jours par semaine, vous pouvez donc consacrer une journée entière ainsi qu'une partie de vos week-ends à une activité de vente directe ? – Oui.* »

« *C'est parfait, je propose dans ce cas que l'on date immédiatement votre réunion de lancement.* »

Rassurer le candidat sur ses capacités

Une difficulté à s'engager est parfois due à la peur de l'échec. Votre candidat aura besoin de s'entendre dire qu'il a le potentiel nécessaire pour relever le défi. Soyez encourageant et montrez-lui que vous croyez en ses capacités.

Chaque candidat possède des atouts liés à des traits de personnalité ou des compétences développées au travers d'expériences passées. Procédez à un rapide bilan de compétences afin d'amener votre candidat à prendre conscience de ses atouts et gagner ainsi en confiance en lui :

- **Ses qualités.** Soulignez parmi les qualités du vendeur direct – dynamisme et enthousiasme, goût du contact, persévérance et autonomie – celles qui définissent le mieux votre candidat.
- **Ses compétences.** Aidez-le à faire le point sur ses compétences : il a exercé des responsabilités au sein d'associations, réalisé des petits boulots ou a l'expérience du travail en équipe… Toutes ces expériences lui ont permis de développer une multitude de compétences dont certaines lui seront précieuses dans l'exercice d'une activité de vente directe.

« Tu as le potentiel pour devenir un excellent conseiller de vente. Tu es quelqu'un de dynamique et très persévérant, ce sont des qualités précieuses dans ce métier. Par ailleurs, en élevant trois enfants, tu as forcément développé un sens de l'organisation. Il te faudra surmonter ta crainte de prendre la parole en public, mais nous y travaillerons ensemble. »

Fixer des objectifs précis

Il est plus facile de prendre un engagement sur la base d'un projet concret. Votre rôle sera d'aider votre interlocuteur à définir ses objectifs.

Si l'aspect financier est un élément de motivation important pour votre candidat, vous commencerez par préciser avec lui quels sont les projets qu'il cherche à financer grâce à cette activité : partir en voyage plus souvent, boucler plus facilement ses fins de mois, gagner son indépendance financière… Vous l'aiderez ensuite à définir le nombre de rendez-vous qu'il devra fixer en moyenne chaque mois pour atteindre cet objectif.

Si votre interlocuteur est à la recherche d'une activité épanouissante et que l'aspect financier est secondaire, commencez par définir le temps qu'il pourra consacrer à son activité et aidez-le à en déduire la rémunération qu'il parviendra à dégager en conséquence.

Profiter des opérations de recrutement

Offre promotionnelle sur le kit de démarrage, cadeau de bienvenue pour les nouveaux venus… Certaines entreprises de vente directe organisent des opérations de recrutement à l'occasion desquelles elles octroient, sur une période limitée, des conditions avantageuses pour les nouvelles recrues.

Profitez de ces événements pour encourager des candidats encore hésitants à prendre leur décision.

« Si tu intègres l'entreprise avant le 20 janvier, le kit de démarrage est à moitié prix. Ce serait dommage de ne pas en profiter ! »

Dans les entreprises de vente par réunion, votre objectif à l'issue de cet entretien sera de fixer la « réunion de lancement » qui marque, pour le nouveau conseiller de vente, le démarrage de son activité.

Le suivi du rendez-vous recrutement

À l'issue de l'entretien de recrutement, restez en contact avec votre candidat afin de l'accompagner dans sa prise de décision.

Présenter la future recrue à l'équipe

Si, à l'issue de l'entretien de recrutement, votre candidat reste encore indécis, invitez-le à prendre part à une réunion d'équipe. Présentez-le comme un nouvel arrivant potentiel et faites-lui sentir qu'il pourra bientôt devenir partie prenante de cette équipe.

Assister à des réunions d'équipe ou des rencontres régionales est un facteur de motivation important pour un candidat. Il aura l'occasion de découvrir l'ambiance conviviale qui règne lors de ces réunions et sera rassuré de constater l'existence d'une équipe soudée pour l'épauler au quotidien. En rencontrant des conseillers de vente épanouis, il sera par ailleurs tenté de suivre le chemin qu'ils ont emprunté.

Prendre en compte l'entourage

Ne négligez pas l'entourage de votre candidat, son influence pourra s'avérer déterminante dans le processus de décision. Interrogez le candidat sur les réactions de ses proches quant à son projet : s'il fait face à beaucoup de scepticisme de leur part, aidez-le à trouver les mots justes face à ces réactions.

CONSEILS ET ASTUCES

Si besoin, n'hésitez pas à rencontrer le conjoint de votre future recrue. Cet effort s'avère souvent payant.

Démarrer la formation et organiser la réunion de lancement

N'attendez pas que votre candidat ait reçu son kit de démarrage pour commencer à le former. Proposez-lui de venir assister à des réunions que vous animez ou à participer à des séances de formation. Aidez-le à dresser la liste des invités qu'il souhaite convier à sa réunion de lancement et encouragez-le à offrir des rendez-vous de vente à ses proches.

Dès qu'il aura décroché ne serait-ce qu'un rendez-vous de vente, vous n'aurez plus aucune difficulté à le convaincre de démarrer son activité. Par ailleurs, si votre candidat a déjà planifié quelques rendez-vous, il démarrera en toute confiance.

Chapitre 15

Animer une équipe de vente

Dans ce chapitre :

- Les conditions pour accéder à des fonctions d'animation
- Intégrer et former un nouveau vendeur
- Animer une équipe de vente

Vous savez désormais recruter des conseillers de vente et rêvez sans doute de constituer une équipe d'une dizaines de vendeurs zélés qui travailleront d'arrache-pied sous la grisaille parisienne tandis que vous profiterez du soleil des Bahamas. Nous sommes malheureusement contraints de briser d'emblée ces fantasmes et de traiter le sujet de l'animation d'équipe avec le réalisme qui s'impose.

L'exercice d'une fonction d'animation est une expérience très enrichissante et très satisfaisante : voir les conseillers de vente que vous avez recrutés développer leur activité, progresser, se métamorphoser et s'épanouir chaque jour un peu plus sera pour vous une grande source de joie.

Cependant, l'animation d'équipe est une activité très prenante : vous serez amené à former, écouter, encourager, expliquer, ré-expliquer, rassembler, informer, féliciter, épauler, ou encore conseiller vos vendeurs. Vous devrez, par ailleurs, jongler entre votre fonction d'animateur d'équipe et le suivi de votre propre clientèle qui ne devra en aucun cas pâtir de vos nouvelles responsabilités.

Ce chapitre ne représente qu'une entrée en matière au vaste sujet que constitue l'animation d'une force de vente.

Devenir animateur d'équipe

Les conditions nécessaires

Recruter un nouveau vendeur ne constitue pas toujours une condition suffisante pour accéder à des fonctions d'animation au sein d'une entreprise de vente directe. Selon l'organisation du réseau auquel vous appartenez, les conditions pour se voir confier la responsabilité d'une équipe de vente sont très diverses.

Vous êtes un vendeur salarié

Dans les entreprises dont la force de vente est essentiellement constituée de salariés, l'accession à un poste de manager ou animateur d'équipe se fait sur décision du responsable hiérarchique.

Si vous êtes un bon conseiller de vente, que votre chef est content de votre travail et qu'il considère que vous avez les compétences nécessaires pour évoluer dans l'entreprise, vous serez promu manager. Il n'est pas indispensable d'avoir coopté de nouveaux vendeurs pour bénéficier de cette promotion.

Dans ce cas, il existera un lien de subordination entre vous et les vendeurs que vous serez amené à encadrer.

Votre rémunération sera généralement constituée d'un montant fixe complété par des bonus ou des primes en lien avec les performances de votre équipe.

Vous êtes indépendant

Si vous exercez votre activité en tant qu'indépendant, les conditions d'accès à des fonctions d'animation seront, dans la plupart des cas, de trois ordres :

- la réalisation d'un chiffre d'affaires minimum sur plusieurs mois consécutifs ;
- la cooptation de plusieurs vendeurs ;
- l'approbation du manager ou du responsable régional. Malgré votre statut d'indépendant et l'absence de lien

de subordination, une validation est souvent nécessaire, y compris lorsque les deux conditions précitées sont remplies.

Les niveaux de chiffre d'affaires requis ou le nombre de recrutements exigés varient d'une entreprise à une autre. Ces conditions sont généralement précisées dans le plan de commissionnement qui vous a été présenté lorsque vous avez intégré le réseau.

Si vous exercez en tant qu'indépendant, les vendeurs de votre équipe n'entreront pas dans un lien de subordination vis-à-vis de vous. Votre rôle s'apparentera à celui d'un guide ou d'un conseiller plutôt que d'un responsable hiérarchique.

Vous ne serez en aucun cas rémunéré sur le recrutement de nouveaux vendeurs, les commissions d'animation perçues seront fonction du chiffre d'affaires réalisé par vos recrues et constitueront une juste rémunération d'un service apporté à ces derniers. Ces commissions seront par ailleurs **conditionnées au maintien d'une activité de vente** auprès de votre propre clientèle.

Le cas de la vente directe par réseau

Dans une entreprise dite de vente directe par réseau, le seul fait de coopter un nouveau vendeur vous donnera automatiquement accès à des fonctions d'animation et ce, dès le premier jour de votre activité.

Si vous êtes un vendeur débutant, vous serez accompagné dans votre mission de formation et d'accompagnement de vos recrues par votre manager.

Vous serez rémunéré sur la base du chiffre d'affaires réalisé par votre lignée, c'est-à-dire vos recrues et les recrues de vos recrues.

Le rôle de l'animateur d'équipe

Votre principale mission en tant qu'animateur d'équipe sera d'aider vos recrues à atteindre les objectifs qu'elles se sont fixées et les fidéliser.

Un manager s'apparente à un coach sportif : à l'instar de ce dernier, il devra mener ses équipes au succès, leur donner confiance et les encourager face aux obstacles et aux difficultés rencontrées. Il ne pourra user d'une position de supériorité hiérarchique pour inciter ses graines de champions à redoubler d'effort ou appliquer ses conseils.

Ne cherchez pas systématiquement à pousser un conseiller de vente vers plus de performance si tel n'est pas son souhait. Encouragez les membres de votre équipe à se fixer leurs propres objectifs, qu'ils soient d'ordre financier ou de l'ordre du développement personnel et montrez-vous disponible pour les aider à les accomplir.

Servir de modèle

Le corps svelte et tout en muscle, le coach sportif achève sans difficulté son huitième tour de stade. Il est un modèle pour les membres de l'équipe qui rêvent d'atteindre un jour son niveau.

À l'image d'un coach, un bon manager est avant tout un conseiller de vente exemplaire. Une partie significative de vos enseignements sera véhiculée par votre comportement et votre exemplarité.

C'est de votre attitude que vos vendeurs s'inspireront : si votre agenda n'est pas correctement tenu, que vous négligez votre apparence, que vous n'êtes pas souriant ou ne faites pas preuve d'écoute, vos vendeurs adopteront ces mauvaises habitudes à leur tour et leurs performances s'en ressentiront.

Ne vous imposez pas pour autant comme un modèle de réussite. Restez dans l'écoute, et accompagnez chacun dans la construction de son propre style de vente.

Motiver et donner confiance

« Allez, les filles ! Il faut brûler cette graisse, pensez aux gâteaux dont vous pourrez vous empiffrer après ! » Le coach sportif a toujours le mot juste pour convaincre ses athlètes de venir à bout d'une série d'abdos fessiers et son intarissable énergie leur donne envie de se surpasser.

Vous serez, vous aussi, la source de motivation de votre équipe. Vous encouragerez vos conseillers de vente à s'investir avec conviction dans leur travail et ces derniers viendront puiser auprès de vous l'énergie nécessaire pour se relever après un échec.

Vous n'y parviendrez qu'en vous montrant dynamique et plein d'entrain en toutes circonstances. Il vous faudra également trouver les mots pour motiver chaque vendeur ; les facteurs de motivation variant d'une personne à une autre, c'est en apprenant à connaître chaque membre de votre équipe que vous saurez sur quelle corde jouer pour les inciter à persévérer. Pour cela, il faudra donc commencer par les écouter et comprendre leurs attentes et leurs motivations.

Conseiller et former

« *Plus haut les genoux ! Rentre ton ventre !* » Le coach identifie les défauts de ses athlètes et leur apporte le conseil adapté pour améliorer leurs performances.

Vous ferez de même avec vos conseillers de vente. Observez leur attitude, leur tenue vestimentaire, l'organisation de leur agenda ; encouragez-les à relater leurs expériences de vente, la façon dont ils ont fait face à telle ou telle situation ou les mots qu'ils ont utilisés. Vous identifierez ainsi leurs faiblesses et les aiderez à les corriger en apportant les éléments de formation appropriés.

Fédérer

« *Tous ensemble, tous ensemble… Hey ! Hey !* » Le coach lance un cri d'équipe, rassemble et encourage l'entraide.

Le manager est, lui aussi, l'élément fédérateur d'une équipe. Ce rôle est déterminant, car le soutien apporté par l'équipe est une source de motivation importante pour un vendeur.

Vous aurez un rôle de rassembleur : vous serez à l'initiative des réunions d'équipe, vous les organiserez et les animerez. Votre rôle sera d'y faire régner une atmosphère chaleureuse et conviviale ainsi que d'encourager les échanges et l'entraide entre les membres de l'équipe. Incitez les vendeurs expérimentés à conseiller et aider les plus novices.

PAROLE D'EXPERT

Et si le bonheur au travail était un facteur de succès !

« Les réseaux de vente directe sont souvent des réseaux d'indépendants. Lorsque vous construisez votre équipe, vous animez des personnes qui n'ont aucun lien hiérarchique avec vous. Votre rôle est donc de leur donner l'envie de travailler et de leur apporter tout le soutien nécessaire pour le faire dans les meilleures conditions. La seule différence avec une situation de subordination, c'est que vous ne pouvez rien leur imposer, et c'est tant mieux ! Il n'y a pas de meilleur moteur que la conviction personnelle que ce que l'on fait est juste.

Voici donc quelques conseils pour animer votre équipe :

– Soyez un leader qui donne envie de le suivre, qui montre le chemin et qui sait donner du sens : fixez-vous un cap, donnez-vous des moyens et allez-y ensemble ! La vente directe est un métier où l'on ne réussit pas seul. Aidez les membres de votre équipe à atteindre leurs objectifs et vous atteindrez les vôtres. Formez, partagez votre savoir et votre expérience.

– Attachez-vous aux qualités de chacun et ne focalisez pas sur les défauts. Invitez chaque membre de votre équipe à en faire de même. Se nourrir des qualités des autres et partager les siennes est la solution pour gagner ensemble. Ne laissez jamais la critique s'installer.

– Dégagez des émotions positives, partagez vos émotions ! Les pensées positives créent de l'énergie, entretiennent la motivation et poussent à agir.

Au fond, votre mission d'animateur, c'est de vous soucier du bonheur professionnel des membres de votre équipe. Si votre équipe ne fonctionne pas, remettez-vous en question, car on finit toujours par avoir l'équipe que l'on mérite. »

Monique Duchêne,
présidente Asthéya,
escales bien-être autour du thé.

L'intégration d'un nouveau vendeur

L'intégration d'un nouveau vendeur consiste à l'aider à prendre un bon départ et à réaliser ses premières ventes.

Le temps que vous investirez dans la formation et l'accompagnement d'un vendeur au démarrage de son activité ne sera pas du temps perdu. L'instauration d'une relation de confiance et un suivi soigneusement réalisé garantira une meilleure performance et une meilleure fidélisation du vendeur. Vous percevrez par conséquent des commissions d'animation plus élevées et pendant plus longtemps grâce à l'activité de ce vendeur.

Phase 1 : Lui montrer la voie

Dans un premier temps, il est recommandé de prendre le nouveau conseiller de vente par la main et lui montrer étape par étape la marche à suivre.

Le B.A.-BA

Lorsque votre recrue aura signé son contrat, prenez une heure ou deux avec elle pour passer en revue les formalités administratives à entreprendre et lui apporter les premiers éléments de formations concernant :

- **Les produits.** Présentez les caractéristiques principales des produits phares de l'enseigne.
- **La législation.** Initiez-le aux règlementations qui régissent le métier. Présentez-lui le Code éthique de la vente directe et insistez sur le fait que tout vendeur direct doit l'appliquer au quotidien dans son activité.
- **Les méthodes de vente.** Expliquez-lui comment offrir des rendez-vous de vente à son entourage.

Faites court, n'assommez pas un nouveau vendeur avec trop d'informations dès le démarrage, car il ne pourra pas tout assimiler. Vous aurez l'occasion de revenir sur ces points et de distiller les éléments de formation tout au long des phases d'accompagnement qui suivront.

La réunion de lancement

Si vous exercez votre activité dans une entreprise de vente par réunion, vous animerez pour votre recrue une première réunion à laquelle il conviera ses proches. On appelle cette première vente la réunion de lancement.

Ce premier rendez-vous constituera un tremplin pour le nouveau vendeur, elle sera l'occasion de présenter sa nouvelle activité à ses proches et dater ses premières réunions de vente. Cette réunion de lancement donnera également l'occasion à votre recrue d'observer le déroulement d'une réunion et commencer à se former.

À NOTER

Le vendeur pourra choisir de la réaliser chez lui en tant qu'hôte ou chez un de ses proches.

Tout rendez-vous de vente débute par une présentation du vendeur. Dans le cadre d'un rendez-vous de lancement, ce n'est pas vous-même que vous présenterez, mais votre nouvelle recrue ; vous mentionnerez que cette vente constitue pour elle le début d'une nouvelle activité.

« *Je remercie Laurence de nous recevoir aujourd'hui. Vous pouvez la féliciter, car elle réalise aujourd'hui sa réunion de lancement en tant que nouvelle conseillère de vente dans notre société.* »

N'hésitez pas à encourager un nouveau conseiller de vente à prendre la parole si vous le sentez à l'aise. Suggérez-lui d'expliquer pourquoi il a choisi de se lancer dans cette activité et ce qui l'a motivé à rejoindre votre entreprise et votre équipe.

Une réunion de lancement est l'occasion de dater des rendez-vous pour votre recrue. On recommande en général de programmer environ 4 ou 5 réunions. Cette étape ne devra pas être négligée, car elle permet de :

- mettre le pied à l'étrier à votre nouveau vendeur, lui rendre son démarrage plus facile et éviter ainsi des découragements ;
- montrer l'exemple de la méthode à appliquer pour la prise de nouveaux rendez-vous.

Attention à la méthode employée pour dater des rendez-vous à l'occasion de cette réunion de lancement. Bien que les proches soient souvent très enclins à donner un coup de pouce à un vendeur qui démarre, les formulations du type « *Allez les filles, il faut aider votre amie !* » sont à éviter, car elles dévalorisent votre recrue et l'offre de rendez-vous qu'elle propose. Accueillir chez soi une réunion ne doit jamais être un service que l'on rend à un conseiller de vente. Il s'agit d'une prestation de qualité qui est offerte par le nouveau conseiller à ses proches.

Vous pouvez cependant souligner le fait qu'en accueillant une réunion chez eux, les participants contribueront au démarrage de l'activité de leur ami.

Le débriefing

Une fois les convives partis, prenez le temps de débriefer avec votre nouveau conseiller de vente sur le déroulement de la réunion.

Questionnez-le sur son ressenti : qu'en a-t-il pensé ? Est-ce que cela lui semble être à sa portée ? Laissez-le exprimer ses inquiétudes et rassurez-le sur ses capacités.

Le débriefing permet également de soulever des points de formation ; arrêtez-vous sur des étapes de la réunion qui vient de se dérouler.

« Tu as vu, j'ai pris le temps de parler individuellement avec chaque convive pour lui apporter un conseil personnalisé ; cette étape est très importante. »

« Tu as remarqué comment je m'y suis pris pour décrocher de nouveaux rendez-vous ? Ton objectif doit être de repartir de chaque réunion avec deux nouveaux rendez-vous de pris. »

Expliquez ensuite ce qu'il faut faire après une vente : gestion des commandes, livraison... et prenez le temps de répondre aux questions qui pourraient rester en suspens.

Phase 2 : Le laisser prendre son envol

Le moment est venu pour le nouveau conseiller de vente de voler de ses propres ailes... mais pas sans filet.

Rassurer

Votre nouveau vendeur devra réaliser le rendez-vous suivant en toute autonomie. Cette perspective l'inquiètera probablement un peu, rassurez-le et montrez-lui que vous avez confiance en ses capacités.

« Tu animeras seul ta prochaine réunion, mais je suis sûre que tu t'en sortiras très bien sans moi. Tu as tous les éléments pour y arriver. Je serai à tes côtés pour t'épauler pendant toutes les étapes de préparation et tu pourras m'appeler à tout moment si besoin. »

Rester présent

Faire prendre de l'autonomie à votre nouveau vendeur ne doit pas vous dispenser d'être présent et disponible alors qu'il effectue ses premiers pas dans le métier. Encouragez-le à vous appeler régulièrement.

PAROLE D'EXPERT

Une *check-list* pour assurer un démarrage réussi

« Nous connaissons tous la légendaire précision des Suisses et leur fameux proverbe qui affirme que le diable se cache dans les détails. Nous n'avons pas toujours à l'esprit les dizaines de choses dont il faut se rappeler pour réussir nos ateliers.

Et pourtant, chaque étape et chaque détail contribuent à la réussite de notre activité.

Nous recommandons de proposer aux personnes démarrant l'activité de suivre une check-list destinée à leur éviter les principaux écueils. Cet outil fait appel aussi bien à des techniques de vente qu'à des règles simples de courtoisie, ce qui permet de réussir son atelier, mais aussi de pérenniser sa clientèle en véhiculant une bonne image de soi et du produit.

Bien sûr, une nouvelle recrue ne démarre jamais seule, aussi, il est important que la monitrice qui l'accompagne puisse, elle aussi, valider à l'aide de sa propre check-list qu'elle offre bien à sa nouvelle recrue toutes les chances de réussir.

Notre réseau de monitrices possède donc des carnets de ces check-lists, de façon à ce qu'elles accueillent leurs nouvelles démonstratrices méthodiquement, et que ces dernières puissent se référer à un support lorsqu'elles feront leurs premiers ateliers. »

Ouahiba Kafsi, responsable de la formation chez Tupperware France

Tant qu'il effectue ses premières ventes et qu'il n'est pas à l'aise, appelez-le avant et après chaque étape (préparation de l'hôte, réunion, livraison) pour vous assurer qu'il n'a rien oublié puis pour débriefer.

Faire face au découragement

Les six premiers mois de l'activité constituent une période difficile au cours de laquelle beaucoup de nouveaux vendeurs jettent l'éponge. Pour éviter le découragement et limiter ainsi le *turn-over*, soyez particulièrement présent et à l'écoute pendant cette période.

Un découragement est souvent lié à un sentiment d'échec. Si les résultats escomptés par votre nouvelle recrue tardent à venir et que sa motivation semble flancher, voici la marche à suivre :

- **Identifier d'éventuels besoins de formation.** Essayez d'identifier les difficultés rencontrées par le vendeur et apportez les éléments de formation adéquats. S'il n'arrive pas à décrocher des rendez-vous, proposez-lui d'être présent lorsqu'il effectue ses appels de prospection. S'il ne parvient pas à concrétiser suffisamment de ventes ou que son panier moyen est très bas, proposez-lui de participer à une réunion ou un rendez-vous. Cela vous permettra de comprendre ses erreurs et de l'aider à les corriger.
- **Enseignez-lui la patience.** Expliquez à votre vendeur que le succès est long à venir et qu'il ne faut pas baisser les bras à la suite de quelques refus. N'hésitez pas à partager votre propre expérience en insistant sur le fait qu'il vous a fallu du temps pour parvenir au niveau que vous avez atteint.
- **Témoignez-lui de votre confiance.** Encore une fois, montrez-lui que vous croyez en lui et en ses capacités.

L'animation d'une équipe

L'animation d'une équipe s'effectue à deux niveaux : l'accompagnement de chaque vendeur individuellement et l'animation de l'équipe dans son ensemble.

L'accompagnement individuel

L'accompagnement d'un conseiller de vente au quotidien consiste à faire le point régulièrement sur son activité, le former, l'aider à atteindre ses objectifs et à gagner en compétences.

Le suivi de l'activité

Prenez le temps de rencontrer régulièrement chaque vendeur pour faire le point sur son activité :

- **Ses objectifs.** Chaque vendeur doit déterminer lui-même ses objectifs. Votre rôle sera de le guider dans cet exercice en lui proposant des points de repère et en validant la pertinence du niveau d'ambition qu'il s'est fixé.
- **Ses résultats.** Passez en revue les résultats obtenus par votre recrue et aidez-le à identifier ses points forts et ses faiblesses. Déterminez à chaque réunion des points d'amélioration et des actions concrètes à mettre en œuvre.

Il est important lors du suivi de l'activité de mettre l'accent sur ses points forts et les progrès réalisés. Félicitez le conseiller de vente pour les efforts fournis. Le suivi de l'activité vous offre l'occasion d'encourager et de motiver un conseiller de vente.

La formation continue

Vous n'assumerez pas seul la formation de votre recrue, la plupart des entreprises de vente directe disposent d'écoles de formation ou proposent des formations collectives dans chaque région. Votre rôle sera de vous assurer que chaque vendeur bénéficie d'un enseignement suffisant et de l'encourager à participer aux sessions de formation proposées.

Chaque rencontre, chaque réunion d'équipe, chaque échange est également l'occasion de revenir sur des éléments de formation que vous jugez importants de rappeler ou d'approfondir.

Il est possible d'apporter un accompagnement personnalisé aux conseillers de vente de votre équipe qui en ressentent le besoin en leur proposant de vous suivre en réunion ou en rendez-vous de vente pour qu'ils observent votre méthode et votre attitude. S'ils le souhaitent, vous pouvez par ailleurs les accompagner lorsqu'ils animent une réunion ou un rendez-vous de vente pour les conseiller avec plus de pertinence sur l'amélioration de leurs pratiques.

Le dépassement de soi

N'étant pas le supérieur hiérarchique des vendeurs que vous accompagnez, vous ne pourrez pas les enjoindre à travailler davantage. C'est à force de persuasion, en activant les leviers de leur propre motivation, que vous pourrez les aider gagner en confiance, les inciter à se fixer des objectifs ambitieux et leur donner envie de se surpasser.

Ne réprimandez pas un conseiller de vente que vous ne jugez pas assez performant. Encouragez les vendeurs de votre équipe à se remettre en question, ils se rendront compte par eux-mêmes des efforts supplémentaires qu'ils devront fournir pour atteindre leurs objectifs.

CHOISIR SES MOTS

« Tu avais prévu d'obtenir huit rendez-vous ce mois-ci, tu n'en a eu que trois. À ton avis, combien d'appels aurait-il fallu que tu passes pour atteindre ton objectif ? Prenons ensemble ton fichier de prospection et voyons les relances qu'il te reste à effectuer. Si tu le souhaites, je pourrais être là lorsque tu appelleras tes clients pour t'aider à gagner en performance. »

Offrir des perspectives de carrière

C'est en offrant à vos proches l'opportunité de découvrir vos produits que vous êtes devenu conseiller de vente, c'est en offrant à vos clients l'opportunité de devenir conseiller de vente que vous êtes devenu animateur d'équipe, c'est désormais en offrant l'opportunité aux vendeurs de votre équipe d'évoluer vers des fonctions d'animation que vous deviendrez vous-même animateur des ventes ou leader. La vente directe est un des rares métiers dans lequel votre progression au sein d'une entreprise dépendra directement de votre capacité à mener des individus au succès.

Proposez aux vendeurs de votre équipe qui manifestent le souhait d'évoluer vers plus de responsabilité un entretien en individuel ou un « bilan de carrière » au cours duquel vous évoquerez des perspectives de carrière et aborderez des points de formation concernant les méthodes à appliquer pour coopter de nouveaux vendeurs. Cette démarche a souvent un effet mobilisateur qui encourage les conseillers de vente à se surpasser et à recruter à leur tour de nouveaux vendeurs.

Licence professionnelle « Marketing et management de la vente directe »

À la suite d'une convention de partenariat établie entre l'université Paris-Est Créteil et la Fédération de la Vente Directe, une licence professionnelle a vu le jour. Elle vise à former des individus capables de déployer des actions marketing et commerciales dans des entreprises de vente directe. Cette formation permet d'accéder à des fonctions de support dans des entreprises de vente directe telles que : assistant marketing, responsable administration des ventes, chargé de communication... Cette formation peut être le point de départ d'une évolution de carrière intéressante pour un animateur d'équipe ou un animateur des ventes.

Elle est accessible à partir d'un niveau bac +2 et se déroule sur un an en formation continue ou en alternance.

Gestion des individus et dynamique de groupe

Une équipe rassemble des personnalités très diverses. Comme vous le faites en réunion de vente, vous devrez composer avec le tempérament de chacun et adapter votre comportement à vos interlocuteurs.

Voici un échantillon des personnalités fréquemment rencontrées.

Le vendeur qui vous sollicite sans cesse

« *Allô, c'est encore moi ! Je ne te dérange pas, j'espère. J'ai encore perdu mon mot de passe pour accéder au système de commande. Qu'est-ce que je dois faire ?* »

Lorsque vous avez invité votre nouvelle recrue à vous appeler sans hésiter à la moindre question, vous n'imaginiez pas qu'il vous prendrait au mot ! Vous l'avez au bout du fil deux à trois fois par jour et vous ne savez plus quoi faire pour que cela change.

Afin de ne pas laisser ce genre de situations s'installer, posez des règles claires dès le début :

- **Prévoyez des plages horaires** lors desquelles vous êtes joignable et demandez aux vendeurs de votre équipe de ne pas vous appeler en dehors de ces créneaux.
- **Planifiez un rendez-vous** par semaine avec chaque vendeur pour passer en revue les questions qu'il pourrait avoir. Si des questions leur viennent à l'esprit entre deux rendez-vous, demandez aux vendeurs d'en prendre note et de les poser à l'occasion de votre appel téléphonique hebdomadaire.
- **Encouragez les vendeurs à consulter les documents** et procédures mis en place par l'entreprise : souvent, les réponses à leurs questions s'y trouvent.

Faites preuve de pédagogie et de fermeté. Si votre vendeur continue de vous appeler sans cesse en dehors des rendez-vous prévus pour des questions futiles, faites-lui comprendre que vous ne pouvez pas vous rendre disponible à tout moment.

Le vendeur au tempérament positif

« *J'adore cette nouvelle collection, je suis sûre qu'elle va cartonner !* »

Vous aurez dans votre équipe des vendeurs très positifs. Cet enthousiasme est précieux, il les aidera à bien réussir dans leur activité. Appuyez-vous sur ces conseillers de vente qui ont une approche positive du métier pour communiquer leur enthousiasme aux membres de l'équipe : encouragez-les à apporter leur témoignage, à donner leur avis…

Des conseillers de vente très positifs font généralement d'excellents animateurs d'équipe. Si le vendeur en manifeste le souhait, encouragez-le à évoluer vers des fonctions d'animation.

Le vendeur qui se montre constamment négatif

« *Pff, je n'aime pas du tout cette nouvelle collection !* »

« *Je ne travaille pas ce mois-ci, le cadeau proposé pour le challenge ne me plaît pas !* »

Son humeur maussade est en train de déteindre sur les autres vendeurs et d'affecter l'enthousiasme général de l'équipe.

Un conseiller de vente très critique a souvent besoin qu'on lui porte de l'intérêt. Lors d'une réunion d'équipe, mettez-le en avant en l'encourageant à partager une expérience ou présenter un produit qu'il a testé. Rappelez-lui également que l'enthousiasme et l'optimisme sont des conditions essentielles de sa réussite.

Proposez-lui un entretien individuel pour comprendre ce qui ne va pas et, si la situation ne s'améliore pas, faites-lui comprendre qu'il n'est peut-être pas à sa juste place parmi vous.

Le vendeur qui n'a jamais le temps

« Cette semaine je n'ai pas réussi à trouver le temps de prospecter, mais je vais m'y mettre ! »

Votre conseiller de vente consacre de moins en moins de temps à son activité et sa présence aux réunions d'équipe est devenue irrégulière.

Planifiez un entretien individuel afin de faire le point sur sa situation et sur ses motivations. L'objectif de cette rencontre ne sera pas de lui faire des remontrances, mais de chercher à comprendre la cause de ce manque d'investissement personnel dans son activité. Adoptez une attitude d'écoute active et invitez-le à vous faire part de son ressenti : se sent-il découragé ? Se sent-il débordé ? Est-ce que son emploi du temps ne lui permet plus d'exercer une activité de vente directe ? Se sent-il démotivé ?

Essayez ensuite de lui proposer une solution adaptée : une révision des objectifs, une formation, un accompagnement personnalisé…

En l'absence d'amélioration, il est légitime d'envisager un arrêt de l'activité. Soyez transparent avec votre vendeur et expliquez-lui que vous ne pouvez pas lui consacrer du temps s'il ne fournit pas d'efforts de son côté.

Le vendeur qui manque de confiance en lui

« *Je n'y arriverai jamais...* »

« *Je ne suis pas à la hauteur, je crois que je vais arrêter.* »

Face à un vendeur qui manque de confiance en lui, faites preuve d'écoute. Encouragez-le à exprimer ce qui l'inquiète et ce qui, pour lui, représente une difficulté dans l'exercice de cette activité : aborder des prospects, animer une réunion, s'organiser dans son activité. Proposez-lui ensuite un accompagnement personnalisé sur les éléments identifiés : réalisez avec lui des appels de satisfaction...

Par ailleurs, soyez positif et encourageant dans votre discours en soulignant ses points forts et ses réalisations.

Le vendeur indiscipliné

« *Ah oui, j'ai oublié de faire signer le document d'information précontractuel à mon client ; mais bon ce n'est pas grave, il a toutes les infos dans le bon de commande...* »

Votre conseiller de vente ne semble pas prendre la mesure de l'importance d'un respect rigoureux des lois, de la déontologie professionnelle ou du règlement intérieur propre à votre entreprise. Vous êtes en droit, même si ce dernier exerce son activité en tant qu'indépendant, de le rappeler à l'ordre.

Il est important de faire preuve de la plus grande fermeté, car son comportement peut avoir des conséquences lourdes sur l'image de l'enseigne et sur son propre avenir. Rappelez-lui que le non-respect de la réglementation engage sa responsabilité et qu'il peut encourir de graves sanctions.

L'accompagnement collectif

Les réunions d'équipe

Vous serez chargé d'organiser régulièrement des réunions d'équipe. Ces réunions doivent être un moment de partage et de convivialité. Il est possible de les concevoir sous forme d'atelier, à l'image des réunions de vente. Les nouveaux produits de l'enseigne seront présentés aux vendeurs de l'équipe sous forme de dégustation, atelier cuisine, séance d'essayage...

Ces réunions sont l'occasion de communiquer sur les résultats de l'équipe et mettre à l'honneur les vendeurs les plus performants. Choisissez différents critères de performance : nombre de rendez-vous, progression du chiffre d'affaires, panier moyen, attitude... afin que ce ne soit pas toujours les mêmes vendeurs qui soient récompensés.

Profitez de ces réunions pour revenir sur des points de formation et encouragez chaque vendeur à partager ses expériences de vente ou faire part de ses trucs et astuces.

« J'aimerais bien que tu nous expliques comment tu fais pour avoir un panier moyen aussi performant, Nadine ! Visiblement, tu sais bien faire, bravo ! »

Il est possible de constituer un groupe de discussion privé sur WhatsApp ou sur Facebook afin de favoriser les échanges entre les membres de l'équipe entre deux réunions.

Le suivi de votre activité d'animation

Vous êtes un pro de l'organisation en ce qui concerne votre activité de vente, pourquoi n'appliqueriez-vous pas ces méthodes que vous maîtrisez pour réaliser le suivi de votre activité d'animation ?

Il est recommandé de réaliser une fiche de suivi pour chaque vendeur résumant les ventes réalisées, le chiffre d'affaires généré, les formations dispensées, les résultats de challenge ainsi que leurs objectifs et leurs facteurs de motivation.

« Ma plus grande fierté en tant que manager est d'avoir aidé des conseillers de vente à gagner en confiance en eux et s'épanouir dans leur activité. J'ai vu des conseillers de vente introvertis se métamorphoser et devenir de jour en jour plus assurés, plus positifs et plus rayonnants ! »

Carine, leader dans le secteur des cosmétiques
et des produits d'entretien.

Sixième partie

La partie des Dix

Dans cette partie...

Nous voilà arrivés à la fin du livre ! Si vous en avez perdu un morceau ou que vous n'avez pas tout retenu, la partie des Dix vous résumera les dix éléments qui constituent les clés du succès en vente directe.

Par ailleurs, dix acteurs du secteur – conseillers de vente, animateurs d'équipe… – vous apporteront leur témoignage et vous parleront de leur métier.

Chapitre 16

Les dix clés du succès

Dans ce chapitre :

- Dix conseils pour réussir dans votre activité de vente directe
- Dix conseils à prodiguer à vos recrues

Ce chapitre constitue un résumé des dix recommandations essentielles à retenir pour connaître le succès dans votre activité de vente directe.

Mais au fait, le succès en vente directe, qu'est-ce que c'est ? Atteindre des chiffres d'affaires record ? Recruter et animer une équipe de vendeurs ? Faire découvrir à son entourage des produits que l'on aime ? Réussir à concilier vie de famille et activité professionnelle ? Rencontrer de nouvelles personnes et prendre du plaisir à partager un moment avec elles ? Ce sera à vous d'en décider. Un bon conseiller de vente est celui qui atteint les objectifs qu'il s'est fixés.

Les conseils prodigués dans ce chapitre pourront également vous aider à former et accompagner les conseillers de vente qui viendront prochainement gonfler les rangs de votre équipe.

S'épanouir dans son activité

La vente directe est une activité professionnelle sérieuse qui doit pourtant être prise avec légèreté !

Vivez chaque instant comme un moment de plaisir, amusez-vous à animer une réunion, appréciez de parler avec conviction de produits que vous aimez, prenez du plaisir à partager un moment de convivialité avec un client…

Si votre activité constitue une source d'épanouissement, votre attitude enjouée et votre bonne humeur apparente seront communicatifs et vous parviendrez aisément à communiquer votre enthousiasme à vos prospects. Par ailleurs, votre joie de vivre contagieuse contribuera à instaurer une atmosphère conviviale et chaleureuse lors de vos rendez-vous de vente.

S'ouvrir aux autres

La vente directe est un métier de contact. Accueillez chaque rendez-vous ou chaque réunion de vente comme l'opportunité de faire de belles rencontres.

Apportez de l'attention à vos prospects et clients et traitez-les avec bienveillance. Ces derniers recherchent à travers ce mode de vente une personnalisation et une humanisation des relations commerciales.

Montrez-vous ouvert et avenant. Votre réussite dépendra de votre capacité à entrer en relation avec des consommateurs potentiels et instaurer avec eux une relation durable de confiance et de proximité.

Rester soi-même

N'imitez personne, pas même les meilleurs !

Il existe une multitude de façons de devenir un bon vendeur direct, vous façonnerez votre propre style en adoptant une attitude adéquate tout en restant vous-même.

Vous êtes exubérant et très spontané, parfois même un peu trop ? C'est ce qui vous rend sympathique. Vous êtes calme et discret, vous rougissez facilement face à une assemblée que vous ne connaissez pas ? C'est ce qui fait votre charme. Préservez cette authenticité qui vous permettra de construire des relations sincères avec vos clients.

N'essayez pas de vous approprier des tournures de phrase ou un vocabulaire appris en formation s'il ne vous ressemble pas et s'il ne vous vient pas naturellement. C'est votre langage et votre vocabulaire qu'il conviendra d'utiliser face à vos clients et prospect. Les argumentaires enseignés en formation et les phrases types présentées dans ce livre sous l'icône « Choisir ses mots » ont simplement pour vocation de vous guider.

Persévérer face aux obstacles

« *La plus grande gloire n'est pas de ne jamais tomber, mais de se relever à chaque chute.* » Confucius

Un bon conseiller de vente n'est pas celui qui ne rencontre aucun obstacle, n'essuie jamais d'échec ou ne fait face à aucun refus, mais celui qui persévère malgré les difficultés rencontrées.

Avant de savoir animer une réunion ou un entretien de vente avec aisance, être capable d'aborder avec facilité un consommateur potentiel, décrocher sans difficultés de nouveaux rendez-vous et accéder à des revenus confortables, il vous faudra faire l'apprentissage de méthodes de vente, surmonter vos appréhensions, vous confronter à des difficultés et relever des défis. Cette phase d'apprentissage et de développement personnel est incontournable, les vendeurs les plus aguerris sont eux aussi passés par là.

Les objectifs que vous vous êtes fixés sont à votre portée. Avec un peu de persévérance, de méthode et de conviction dans vos actions, vous parviendrez à les atteindre.

Respecter la déontologie professionnelle

Traitez vos clients comme vous aimeriez que l'on vous traite !

Le strict respect du Code éthique de la vente directe vous permettra de construire une relation saine et durable avec vos clients. Les sept garanties offertes au consommateur à travers ce code constituent un cadre sécurisant lui permettant de prendre une décision d'achat juste et réfléchie qui corresponde à ses besoins.

L'instauration d'une déontologie professionnelle a permis de lutter contre des pratiques déloyales et a sensiblement amélioré l'image du secteur auprès des consommateurs.

C'est en faisant preuve d'une réelle bienveillance à l'égard de vos clients que vous garantirez leur satisfaction et développerez une activité pérenne et rentable. Le souci permanent d'apporter une réponse juste à leurs besoins et de leur fournir un service personnalisé de qualité sera, par ailleurs, source d'épanouissement : vous exercerez un métier qui a du sens à vos yeux, car il contribue au mieux-être de vos clients.

Soigner son apparence

Vous n'avez qu'une seule occasion de faire une bonne première impression… Ne la laissez pas passer !

La première impression est immédiate, vous n'aurez pas eu le temps de prononcer la moindre parole ou d'effectuer le moindre geste que votre interlocuteur se sera déjà construit une première opinion de vous à travers votre apparence. Cette première impression déterminera la confiance qu'il vous accordera, l'intérêt qu'il portera à vos propos et la sympathie que vous lui inspirerez.

Votre tenue pourra être stricte, décontractée, sophistiquée ou glamour, mais elle devra être soignée et en cohérence avec l'image de la marque que vous représentez.

Se former régulièrement

Ne cessez jamais de vous former et d'être à l'écoute des conseils de votre équipe. La formation n'est pas réservée aux débutants ! Soyez curieux et faites preuve d'humilité en acceptant que vous aurez toujours de nouvelles choses à apprendre ou des pratiques à améliorer.

Votre entreprise vous proposera un accompagnement spécifique au démarrage de votre activité ainsi que des formations régulières tout au long de votre parcours, sous la forme de réunions d'équipe, formations collectives, *e-learning*… Soyez assidus et attentifs lors de ces formations, elles vous permettront de gagner en efficacité dans votre activité.

Assurer un suivi client régulier

Le suivi client permet de construire une relation durable et privilégiée avec chacun de vos clients. Ne le négligez pas !

L'appel de satisfaction, les coups de fils à l'occasion de la sortie d'une nouvelle collection ou d'une promotion, les appels de courtoisie pour la nouvelle année ou un anniversaire font partie des attentions très appréciées par les clients qui privilégient ce mode de distribution. Le suivi permet d'octroyer à chaque client un service personnalisé de qualité ; il fait partie des missions du conseiller de vente.

S'organiser

La professionnalisation de votre démarche passera par la mise en place d'une organisation rigoureuse : un agenda correctement tenu, des listes de tâches à accomplir, un fichier de prospection complet, la détermination d'objectifs précis, des tableaux de suivi régulièrement mis à jour…

Une telle organisation vous permettra de valoriser chaque instant que vous choisirez de consacrer à votre activité, gagner en efficacité et obtenir ainsi de meilleurs résultats.

Participer à la vie du réseau

Selon un proverbe africain, « *Tout seul, on va plus vite, ensemble, on va plus loin* ».

C'est en puisant, au sein de votre réseau, la force, la motivation, le savoir-faire, les connaissances et l'accompagnement dont vous aurez besoin que vous trouverez l'énergie nécessaire pour relever les défis auxquels vous ferez face et perdurerez dans votre activité.

L'un des atouts majeurs du conseiller de vente au sein d'une entreprise de vente directe est de bénéficier du soutien d'un réseau constitué de vendeurs, d'animateurs d'équipe, de responsables formation et de chargés de communication, réunis à ses côtés dans un même objectif : l'aider à réussir.

Chapitre 17

Dix acteurs de la vente directe témoignent

Dans ce chapitre :

- Des exemples de parcours réussis en vente directe
- Des témoignages qui présentent les différents acteurs d'un réseau : de l'hôte au directeur de réseau

Des conseillers de vente, des hôtesses, des animateurs d'équipe, des responsables régionaux, des directeurs commerciaux, une responsable formation et une responsable communication partagent leur expérience des métiers de la vente directe. Comme vous, ils ont un jour débuté dans le métier avant d'évoluer vers les fonctions qu'ils occupent aujourd'hui. Ils reviennent sur leur parcours, leur rencontre avec le métier et leur évolution vers des fonctions d'animation pour ceux qui en ont fait le choix. Ils vous racontent leur quotidien, vous évoquent leurs joies et vous parlent de leurs projets pour l'avenir.

Sandrine, Caroline et Melissa, des hôtesses comblées

« Voilà déjà quelques années que j'organise à mon domicile des réunions de présentation de bijoux Victoria. J'ai, dans un premier temps, été séduite par le principe : la quasi-totalité de la collection de bijoux est exposée à mon domicile, ce qui permet à mes invités et à moi-même de les voir et également de les essayer.

Cette gamme de bijoux de qualité est variée et chaque invité trouve son bonheur. La vendeuse avec laquelle j'organise les présentations est professionnelle et de bon conseil, si bien que tous les articles proposés sont attirants…

J'ai ensuite été attirée par les avantages que je perçois à chacune des réunions que j'organise à mon domicile. »

« Pourquoi être hôtesse Victoria ? Les raisons sont nombreuses. Tout d'abord pour le plaisir de rassembler des personnes autour de gâteaux et de magnifiques bijoux. Pour l'ambiance également ; quoi de mieux que d'écouter une personne compétente, avec de bons conseils et très souriante présenter des bijoux, plus beaux les uns que les autres et à des prix abordables ! Et bien sûr, on ne va pas se le cacher, les cadeaux sont juste superbes ! Un vrai plaisir de pouvoir choisir en direct des bijoux, de les essayer et savoir qu'ils nous seront offerts ! »

« Une réunion, puis deux, et finalement, j'ai un rendez-vous tous les ans. Ceci a permis de transformer mon coffret à bijoux en armoire à bijoux ! Ce qui me plaît chez Victoria, c'est la somptuosité des bijoux, la qualité professionnelle des conseillères, le bon fonctionnement de l'entreprise mais surtout… le nombre de cadeaux que je reçois en tant qu'hôtesse ! Les collections sont de plus en plus belles et je les dévore chaque année !

J'en suis devenue dépendante, je ne quitte plus la maison sans mes parures assorties à mes tenues vestimentaires. Ces merveilles complètent tous les styles et s'adaptent au goût de chacun. Je suis totalement satisfaite de Victoria, c'est toujours un plaisir et une hâte d'organiser une démo. »

Sandrine L'Hommel, Caroline Bourger et Melissa Jamann,
hôtesses chez Victoria France.

Olivia, une habituée des ventes par réunion devenue conseillère

« Une amie m'a fait découvrir la vente directe en m'invitant à venir prendre l'apéro et découvrir de supers produits : des bougies de qualité, à l'occasion d'une réunion de vente chez elle. Bien que passionnée de bougies, j'y suis allée un peu réservée et méfiante, car le concept des ventes à domicile ne m'attirait pas. J'ai réalisé que j'avais de mauvais *a priori* ; j'ai trouvé ce moment super convivial et j'ai été séduite par la démonstration des produits. L'expertise de la conseillère était très appréciable, cela m'a donné confiance dans le produit. J'ai aimé passer commande en prenant le temps de feuilleter le catalogue, sentir, regarder les produits... tout en prenant l'apéro avec mes amies, bien sûr !

On apprécie également d'être un client privilégié à qui l'on donne la possibilité d'acheter des produits de qualité. Je suis restée une cliente fidèle de cette marque. J'appréciais que ma conseillère me rappelle lorsqu'il y avait des offres promotionnelles sur des produits que j'aimais habituellement et je repassais commande avec plaisir dans ces conditions-là.

Étant devenue une habituée des ventes par réunion, on m'a souvent demandé si je voulais devenir conseillère de vente à mon tour. L'idée me plaisait, mais je ne me sentais pas l'âme d'une commerciale. Même si j'étais emballée par les produits et les facilités d'accès au statut de vendeur indépendant, je ne me sentais pas de sauter le pas.

Je ne me voyais exercer ce métier que pour un produit qui me passionnerait vraiment : le thé ! Cependant, mes recherches pour trouver une société de vente directe dans le domaine du thé se sont toujours révélées infructueuses. Puis l'année dernière, quatre ans après avoir découvert ce métier, je suis tombée sur le site d'Asthéya, une jeune société de vente directe de thé !

L'offre de cette société dépassait largement mes attentes, elle proposait de devenir conseiller pour vendre du thé, mais avec un concept de dégustations à travers des voyages, des escales “bien-être” à domicile avec des destinations différentes : enfin un concept qui mettait en valeur ma passion pour le thé ! Les valeurs de la société m'ont également beaucoup touchée. L'encadrement et les formations proposées m'ont permis de surmonter mes appréhensions par rapport à la vente. J'avais trouvé la société qui me correspondait !

À cette période-là, j'avais besoin d'un complément de revenu pour financer une formation en vue d'une reconversion ; en étant VDI, je conciliais ainsi passion et travail, je ne pouvais pas rêver mieux !

Ce qui me plaît dans mon métier, c'est d'emmener les gens en voyage et partir avec eux à chaque fois que je vais "travailler" ! J'y vais et je repars toujours avec le sourire, c'est quand même rare dans un métier ! J'aime organiser la dégustation chez le "chef d'escale" et recevoir ses invités qui n'attendent qu'une chose : voyager, s'évader et passer un bon moment ! Je vois bien que j'apporte plus que la vente de bons produits, c'est un véritable moment de convivialité, de conseil et de partage.

Je suis en pleine confiance et je me sens tout à fait légitime dans mon rôle, car sans parler de cette passion pour le thé qui m'anime depuis quelques années, j'ai surtout un bagage qu'Asthéya m'a offert à mon arrivée : de la formation ! Les scénarios de voyages et de présentation des produits sont très bien préparés, tout est très bien pensé, je travaille donc dans un climat rassurant. J'aime rapporter des petites anecdotes sur les vertus des plantes et fleurs qui composent les thés, les secrets de préparations… C'est très valorisant, car les gens vous écoutent avec attention.

Je planifie des "escales" en fonction de mes disponibilités et de mes objectifs, car c'est moi qui donne le rythme ! J'aime cette liberté et, en même temps, le cadre que l'on nous donne pour ne pas nous perdre en route ! Je ne me suis jamais sentie isolée dans cette aventure, car on échange avec les animateurs, les autres conseillers, et également les fondateurs, car je suis dans une société à taille humaine !

Le cœur de notre métier est le lien qui se crée avec les "chefs d'escales" qui nous accueillent chez eux et avec qui on prépare l'"escale" dans un climat convivial et bienveillant. Humainement et socialement, ce métier me permet de m'épanouir, de développer mon relationnel et ma confiance en moi, je n'y vois que du positif ! »

Olivia Ragaud, conseillère globe-trotteur, Asthéya.

Gabriel, un conseiller commercial positif qui découvre le management

« Culligan est mon premier "vrai" employeur, hors stages et jobs effectués durant mon cursus étudiant, puis lors de mes premiers mois de recherche d'emploi. Auparavant, je poursuivais des études dans l'objectif de me spécialiser en négociation et marketing. Dans cette optique, j'ai suivi – et obtenu – un DUT Techniques de commercialisation, puis une licence professionnelle Développement commercial et gestion des échanges.

Dans le cadre de cette formation, j'ai effectué différents stages qui m'ont permis de mettre en pratique ce que j'apprenais. J'ai ainsi expérimenté la vente de voitures et de biens immobiliers. Une concession automobile m'a aussi confié le lancement, au niveau local, d'un nouveau véhicule, me permettant de concrétiser mes connaissances dans les domaines du management, de la communication et du marketing.

Ces différentes expériences m'ont initié aux logiques et attentes du monde du travail. J'ai découvert à ces occasions les défis et les opportunités qu'il offrait. Cette prise de conscience a orienté la suite de mes choix : plutôt que de poursuivre mes études dans le cadre d'un master, j'ai opté pour une "plongée" dans la vie professionnelle ! En dépit des avertissements inquiets de ma famille... Si de premiers et longs mois m'ont confronté à la réalité d'un marché de l'emploi plus que difficile, j'ai toujours conservé mon optimisme et la conviction que je trouverais le moyen de prouver de mes capacités. Culligan a été cette chance, même si, je dois l'avouer, j'ai abordé la perspective de la vente à domicile avec quelques appréhensions : la prospection terrain, ou en termes plus familiers "le porte-à-porte", ne bénéficie pas d'une image très positive !

Très rapidement, les *a priori* que j'avais dans ce domaine sont tombés. Je trouve d'ailleurs regrettable que ce type de vente ne soit pas mieux présenté et expliqué.

J'avais déjà eu affaire à des clientèles très diversifiées, mais la rencontre avec le consommateur s'opérait sur le lieu d'exposition du produit. En travaillant chez Culligan, je découvrais l'acheteur potentiel dans son intimité, en quelque sorte dans son fief. Je venais lui proposer une offre à son domicile alors que, précédemment, le client se rendait sur un lieu de vente et était demandeur d'un produit ou d'une orientation : il avait déjà envisagé l'acte d'acheter. La logique est dès lors très différente et la relation que l'on établit aussi.

Faire de la vente à domicile nécessite d'apprécier profondément la relation aux autres, d'être curieux et à l'aise dans ce type de configuration, quelle qu'en soit l'issue : vente ou non. Dans le contexte d'une rencontre qui se déroule sur les lieux de vie d'une personne ou d'une famille, la nature de l'échange s'enrichit de part et d'autre. Dans la plupart des situations, tout au moins… La personne, la famille devient beaucoup plus concrète : son mode de vie, ses besoins, ses attentes, ses difficultés aussi. Chaque personne que je rencontre, quelle que soit son appartenance sociale, a une histoire à raconter. J'aime écouter les gens, les comprendre. Et je vois que ça leur fait du bien de parler. J'apprécie ces échanges, même s'ils ne s'achèvent pas toujours sur un bon de commande !

Dans l'apprentissage de la prospection, Culligan apporte un appui majeur aux collaborateurs qui, comme moi, intègrent l'entreprise. J'ai été formé et accompagné durant deux mois complets, ce qui m'a permis de me sentir rapidement bien et performant dans mon travail. J'ai ainsi pu dépasser mes craintes et préjugés et j'ai appris à apprécier la vente à domicile. C'est à la fois un défi, mais aussi une chance. La chance de construire sa propre clientèle, le défi de réaliser soi-même sa rémunération. Il ne s'agit plus d'attendre un consommateur possible, mais d'aller le chercher directement chez lui.

J'apprécie dans ce métier l'autonomie qu'il offre et la satisfaction de voir ses efforts couronnés de succès. Mon investissement, mes convictions, les compétences que j'acquiers construisent mon revenu et ma réussite.

De plus, éthique et qualité de service constituent les fondements de mon entreprise. Ce qui rend l'exercice beaucoup plus aisé au vendeur que je suis. Culligan met ainsi à notre disposition de nombreux outils et études – sérieuses, je tiens à insister sur ce point – qui permettent d'établir le niveau du besoin et de déterminer la réponse la plus adaptée. Quand je démarche un client, c'est avec la conviction du "plus" que représentent nos produits. L'objectif n'est pas de déclencher un achat de nature compulsive, mais d'inciter à un achat raisonné, adapté aux besoins et aux moyens de la famille et réellement porteur d'une amélioration du quotidien. Et la satisfaction des clients se mesure dans les effets du bouche-à-oreille, nous distinguant largement de certains confrères.

Au-delà de l'expérience et des compétences que je développe dans cet exercice de "prospecteur", j'ai pour ambition de découvrir d'autres situations et d'évoluer. Travailler chez Culligan offre, à cet égard, de réelles perspectives d'évolution professionnelle : certains collaborateurs sont ainsi passés de vendeur à animateur des ventes puis chef des ventes et enfin directeur de site, par exemple.

Pour ma part, au bout d'un an, j'ai été promu coach. C'était une ambition personnelle de partager ce que j'avais appris avec des nouveaux recrutés et de développer le travail en équipe ; l'entreprise a estimé que j'avais les capacités d'assumer cette responsabilité. Cela fait désormais quelques mois que je pratique ce nouvel exercice et j'y apprends autant que je transmets. Demain, j'espère continuer à progresser et, en particulier, assumer la gestion d'un collectif de commerciaux, voire, peut-être un jour, d'une agence.

De l'avis de professionnels, il est conseillé de changer régulièrement d'entreprise pour enrichir son expérience et évoluer. Je suis sensible à cette réalité à laquelle ont été confrontées nombre de personnes de mon entourage, quels que soient le secteur d'activité, le profil et le métier. Pour autant, certaines sociétés offrent des possibilités de mobilité et de progression motivantes qui incitent à rester. Pour moi, aujourd'hui, Culligan en est l'exemple. »

Gabriel Braque, conseiller commercial et coach chez Culligan.

Virginie, une éducatrice devenue manager sénior dans un réseau de vente par réunion

« Mon parcours professionnel, avant d'intégrer la société Guy Demarle, était bien éloigné de la vente… En effet, j'étais éducatrice et je travaillais depuis dix ans auprès d'un jeune public avec ou sans handicap ! J'ai quitté mon emploi, car j'en avais assez de renouveler des contrats dans la fonction publique hospitalière sans perspective d'évolution ni de reconnaissance. J'ai préféré me consacrer à l'éducation de ma tribu en adoptant la fonction de "PDG de maison". Mes trois enfants ont commencé à grandir… et, à la fin de mon congé parental, j'étais ouverte aux opportunités me permettant d'allier ma vie de famille à ma vie professionnelle.

J'ai connu Guy Demarle grâce à Martine, ma tante, qui m'a offert un kit pour réaliser des entremets. J'ai trouvé ça génial et j'ai insisté pour qu'elle me fasse découvrir les autres produits de la marque… Du coup, elle m'a invité à un de ses ateliers culinaires et c'est là que j'ai eu le coup de foudre ! Béatrice, la conseillère, nous a fait partager sa passion et fait découvrir ses produits autour de la thématique des "décorations en chocolat". Il y avait une bonne ambiance, j'ai adoré les trucs et astuces, bref, j'étais conquise. Durant la dégustation de nos réalisations, j'ai eu le déclic : "Pourquoi pas moi ? !". J'ai posé quelques questions à Béatrice au sujet de son métier… Elle est devenue ma *marraine* et, quelques mois après, j'accueillais à mon tour un atelier culinaire chez moi avec mes proches.

Pour bien démarrer ma nouvelle activité, j'ai pu compter sur le soutien de ma marraine et sur les différents outils disponibles sur mon extranet. J'ai vite compris que j'étais actrice de ma réussite, alors j'ai "osé" en parler autour de moi et, rapidement, mes proches ont accepté de me donner un coup de pouce en m'invitant chez eux et en réunissant leurs ami(e)s ; et mon agenda a commencé à se remplir de rendez-vous.

Il est très important pour moi d'être libre et de choisir mes objectifs : à mes débuts, mon objectif était de réaliser un atelier par mois afin de sortir de mes couches et biberons… Les mois ont passé, j'ai pris confiance en moi, mon carnet de contacts s'est rempli et mon agenda s'est alourdi ! Aujourd'hui, j'en ai fait un métier à part entière, je suis passée de 300 euros à 1 200 euros de commissions mensuelles moyennes.

J'ai évolué naturellement vers des fonctions d'animations, car j'adore transmettre, partager des savoirs et des expériences.

Bien entendu, c'est aussi génial en compensation du travail de formation et d'accompagnement d'avoir une rémunération plus importante grâce à son bonus d'équipe !

Je prends beaucoup de plaisir à parler de mon métier, j'ai l'impression de filer un bon tuyau, car j'aime mon travail, je partage ma passion pour la cuisine et les produits Guy Demarle, je rencontre du monde, je m'éclate et, en plus, je suis payée pour ça !

Qu'importe son parcours et le temps que l'on veut consacrer à ce métier, il y a de la place pour tout le monde et tous les profils… À chaque rendez-vous, je parle donc de cette formidable opportunité de rejoindre mon équipe, et je sème de petites graines. Une rencontre en tête-à-tête, un rendez-vous avec mon équipe pour découvrir l'ambiance de travail, un accompagnement les premiers mois, mais surtout juste "un pas en avant" permettent à mes "jeunes recrues" d'oser l'aventure à leur tour. J'aime leur dire que le seul risque qu'on prend, c'est que ça nous plaise !

Je tiens à cœur mon rôle de *marraine*, je suis très disponible les premiers mois d'activité de mes filleules jusqu'à ce qu'elles volent de leurs propres ailes… J'adapte mon intervention à chacun(e)s, j'écoute, j'encourage, je félicite. Je propose mes astuces, partage mon expérience et rassure en offrant la possibilité de m'accompagner dans mes rendez-vous, de se réunir entre collègues en réseau d'équipe, en tête-à-tête autour d'un café ou en utilisant les moyens connectés actuels ! J'ai créé un groupe privé sur les réseaux sociaux afin de mettre en lien les membres de mon équipe. C'est très enrichissant de se regrouper afin d'échanger sur nos pratiques, on partage les bons plans, nos fiches ateliers, nos questions… Les conseillères aguerries apprennent aux plus jeunes recrues, mais l'inverse est vrai aussi ! Ensemble, nous sommes plus forts qu'isolés et c'est très plaisant de voir de simples relations de travail évoluer en de belles amitiés.

Même avec sept années d'expérience, j'aime poursuivre ma formation, j'ai encore à apprendre et je reste curieuse. En tant que manager sénior, j'ai l'opportunité de me former au management, j'ai aussi réalisé un programme *e-learning* avec Vente Directe Académie afin d'acquérir des connaissances commerciales (avec possibilité de les certifier par un diplôme officiel). C'est important pour moi d'être acteur / chercheur dans ma profession…

Mon quotidien s'organise autour de mes enfants, mon agenda, mon crayon quatre-couleurs et mon smartphone ! Je consacre prioritairement les mardi, jeudi, vendredi et samedi à Guy Demarle. Entre les rendez-vous, les appels téléphoniques clientèles et équipe, les formations, les préparations d'ateliers, les colis à faire et à livrer, l'encaissement des chèques, le suivi après-vente, l'animation de mon équipe, la formation des jeunes recrues, des rencontres entre collègues d'autres régions… je ne m'ennuie pas ! J'adore la flexibilité horaire de mon travail, son côté multi-facettes pour briser la routine, ainsi que la possibilité d'évolution et de reconnaissance. Pourquoi un crayon quatre-couleurs ? ! Pas uniquement pour égayer mon agenda… Pour catégoriser chaque rendez-vous selon quatre critères / couleurs : professionnel, personnel, enfants / école et familial.

Ainsi, j'ai la chance de choisir de prendre le temps pour les miens et pour moi ; c'est important, non ? »

Virginie Guillet, manager senior, toque de bronze chez Guy Demarle.

Sabrina, une *régional leader* « libre et épanouie »

« À 20 ans, mon BTS Commerce international en poche, je deviens assistante de direction dans un milieu industriel très masculin. Quatorze ans plus tard, je m'ennuie dans ce métier et cherche à me reconvertir. Après des recherches sur la vente directe et quelques entretiens infructueux, une amie me parle de PartyLite.

C'est sans conviction que j'accepte un rendez-vous avec une conseillère ; pourtant, deux heures plus tard, j'accepte de me lancer et de démarrer une activité. Tout s'enchaîne alors : présentations, rencontres, partages, reconnaissances, cadeaux… Sans le savoir, je venais de démarrer une nouvelle vie !

Je trouve alors mon équilibre chez PartyLite, ce qui manquait jusque-là ! Mon enthousiasme est communicatif : je parraine une, deux, puis trois personnes, et là ma directrice m'ouvre les yeux sur le *leadership* : je deviens *leader* et gagne mon premier voyage : trois jours à Monaco ! C'est LA révélation ! Je rentre transformée et je veux changer de vie : je développe mon équipe, nomme des *leaders*, gagne d'autres voyages exceptionnels... Aujourd'hui, c'est mon métier, je l'adore, je suis libre et épanouie ! »

Sabrina Aupic, *régional leader* chez PartyLite.

Joachim, un exemple de réussite en vente directe par réseau

« Cela fait déjà six années, presque jour pour jour, que j'ai découvert la vente directe et le métier d'*opportunity manager*. Plus qu'un métier, je dirais que c'est un style de vie qui permet un autre regard sur les choses et la vie en général.

Pour me présenter rapidement, j'ai 42 ans et suis un ancien sportif de haut niveau dans le BMX.

Après les années 2000, où je quitte l'équipe de France de BMX, j'entame une carrière dans le commerce, à un poste de responsable commercial, pour lequel je travaille beaucoup. Je passe rapidement directeur de région, directeur France puis directeur Europe, cela en dix ans et avec trois sociétés...

À l'âge de 35 ans, je fais un burn-out, car trop de stress, trop de travail... On me licencie dans la foulée et on me demande de quitter le secteur du vélo dans lequel j'évoluais depuis l'âge de 9 ans... Au même âge que moi, mon père avait changé d'activité, avec succès. Cela m'encourage et je prends la décision de faire la même chose. Je quitte donc le vélo sans savoir ce que je vais faire, avec un peu d'argent de côté.

J'ai un projet de plage privée sur le cap Ferret, projet qui tombe à l'eau rapidement. En parallèle, je me "retape" physiquement avec des substituts de repas Beautysané, que ma femme a testé avant moi. Je perds huit kilos, me remets au sport et j'arrête le traitement que je prenais contre les crises d'angoisse.

Mon épouse et sa cousine (qui nous a vendu la gamme de produits bien-être et équilibre alimentaire) savent que je suis fait pour être *opportunity manager*. Mais au début, j'ai vraiment du mal à comprendre cette activité : elle est le contraire de ce que j'ai appris pendant mes cinq années d'études ! Pas d'investissement ? Pas de stock ? Pas de salariés ? Et on va m'aider ?

Tous mes amis, ma famille, mes beaux-parents et ma mère avaient peur pour moi quand je me suis lancé dans cette activité. Aucun ne m'a encouragé à intégrer cette entreprise, car ils avaient peur pour moi, peur de ce domaine inconnu dans lequel je m'engageais.

Seule ma femme m'a poussé dans ce métier, car elle avait compris la puissance de la vente directe par réseau : “Si tu le fais, je te fais confiance, tu as senti quelque chose…”

Je décide de démarrer avec ma force de travail sans connaître le métier, sans lire, en refusant toute aide… En fait, je fais TOUTES les erreurs du débutant et au bout d'un an et demi, je décide d'arrêter…

Lorsque je baisse les bras, mon épouse Virginie joue encore un rôle important, car elle me pousse dans mes retranchements : elle me met face à moi-même. Je l'écoute, je me mets à lire (livres d'évolution personnelle, livres sur le métier, livres sur certains domaines de compétences que je ne maîtrisais pas ou peu).

Je fais à ce moment-là un parallèle avec le sport de haut niveau et je travaille davantage mes points faibles (j'en ai encore pas mal à ce jour)… Et je me mets ENFIN à travailler avec mes associés. Je rencontre, lors d'un voyage au Canada, un homme doté d'une incroyable expérience dans le domaine (plus de trente ans) et je me rends compte à quel point il me reste du travail de management, d'écoute, de respect, d'éthique, de déontologie. En le voyant, je sais qu'il était “fougueux” comme moi à mon âge et je vois surtout comment le métier l'a forgé, l'a fait progresser…

Le changement pour arriver au point 0 est essentiel dans ce métier… Pas de remise en question, pas de développement d'équipe…

Je travaille avec lui, je me mets à lire, j'applique la méthode, je change, je change beaucoup… Je casse l'armure que je portais et je deviens "humain". Je deviens sensible (de plus en plus), j'apprends à aimer les gens, j'apprends à aider les gens… J'apprends même à pleurer… Les évolutions se succèdent dans le plan de commissionnement. En six années, j'ai l'impression d'avoir bien plus appris que de toutes ces années d'études et des années passées dans le vélo… Je passe du travail pour MOI au travail pour les autres… Le système me fait grandir, le *leadership* accélère, je prends beaucoup de confiance au fil du temps et apparemment du charisme aussi… Je fais TRÈS attention à devenir de plus en plus exemplaire au fur et à mesure du temps passé, pour être "irréprochable", car beaucoup de gens se voient en nous… et nous prennent comme modèles.

Notre vie a complètement changé (je ne parle pas seulement d'argent mais de style de vie).

Nous voyageons beaucoup, nous nous offrons un vrai confort de vie dans ces palaces et ces suites que nous apprécions de plus en plus, notre société est TRÈS prospère (mon expert-comptable n'a jamais vu une telle rentabilité en vingt années d'expérience)… Aujourd'hui, notre réseau est constitué de plus de 2 000 personnes et notre affaire connaît une croissance à deux chiffres chaque année.

Le plus important maintenant, c'est que certaines personnes commencent à vraiment très bien gagner leur vie et je sais que beaucoup d'autres arrivent MAIS SURTOUT, je sais que les *leaders* de demain ne nous ont pas encore rejoint… !

Conjoncturellement parlant, nous avons de la chance… Cette mutation économique ne fait que commencer, nous allons vivre une période UNIQUE de notre histoire, les mentalités commencent à changer, les gens ne veulent plus réussir dans la vie avec du stress MAIS réussir LEUR vie en lui donnant un vrai sens…

Dans la vie, il y a deux moments importants, le jour de la naissance et le jour où l'on sait pourquoi nous sommes nés…

J'ai su pourquoi je suis né il y a deux ans, quand j'ai compris ce métier… »

Joachim Enault, *opportunity manager* chez NL International.

Alexandra, d'une carrière militaire à des fonctions de directrice commerciale

« Après un début de carrière militaire, j'ai orienté ma vie professionnelle différemment. J'ai eu l'opportunité de découvrir le secteur de la vente : j'ai occupé plusieurs postes de vendeuse puis responsable dans la grande distribution et en boutique dans des domaines variés : prêt-à-porter enfant, bijouterie, chaussures…

Lorsque j'ai déménagé à la campagne, j'ai arrêté mon activité professionnelle pour élever mes enfants. J'ai rencontré une conseillère en vente directe, passionnée et passionnante ! J'ai découvert tous les avantages d'un tel métier : indépendance, emploi du temps modulable, bons revenus sous forme de commissions, vie de famille préservée, bref, le rêve ! J'ai assisté à plusieurs réunions avant de me décider sur le produit que j'allais vendre. J'ai commencé par des bijoux… J'étais si enthousiaste que beaucoup de mes amies puis leurs connaissances m'ont suivie dans ce nouveau projet. Et puis j'ai enfin trouvé LA société qui me convenait : Éléonore Déco. De la déco, de la couleur, des produits respectueux de l'environnement, innovants, une entreprise familiale, bref, qui correspondait réellement à mes valeurs ! J'ai signé tout de suite et j'ai été portée par un dynamisme incroyable : j'ai développé mon activité de conseillère rapidement, recruté, animé et motivé mon équipe grandissante…

Le directeur de la société, Christian Le Mintier m'a contactée un jour pour me proposer un poste salarié de manager France. J'ai été très touchée par cette proposition et par la confiance qui m'était accordée… J'ai accepté le poste. J'ai été intégrée dans une équipe formidable qui m'a toujours soutenue. J'ai eu accès à des formations internes qui m'ont permis d'évoluer en compétences et de gagner en autonomie. Je suis toujours conseillère, car il est primordial pour moi de garder un pied sur le terrain pour être au plus proche des conseillers.

Aujourd'hui, je suis en charge du développement et du suivi commercial d'Éléonore Déco partout en France. Je me suis entourée d'une équipe solide et de managers régionaux très présents sur le terrain. Nous privilégions toujours la proximité. Je suis également impliquée dans les prises de décisions de l'entreprise, dans l'élaboration de nouveaux produits et dans la communication. Je m'investis également au sein de la Fédération de la Vente Directe en participant à la commission « Formation » et en œuvrant pour la professionnalisation de nos métiers. Mon travail est extrêmement varié, ponctué par de nombreux déplacements, riches en rencontres et en relations. La vente directe a changé ma vie ! Je m'épanouis complètement dans mon métier. »

Alexandra Maurel, directrice commerciale chez Éléonore Déco.

Alice, responsable communication, une fonction « au cœur des entreprises de vente directe »

« Diplômée de l'Institut Supérieur de Gestion, une école de commerce parisienne, j'ai d'abord évolué dans le secteur du marketing client. Mes diverses expériences professionnelles m'ont permis de côtoyer plusieurs canaux de distribution : la vente par correspondance, la vente sur abonnement, la vente retail ou encore les réseaux de franchise. Voici la corde qui manquait à mon arc : la vente à domicile ! Le poste de responsable communication et digital au sein de Captain Tortue s'est avéré être une excellente opportunité de me familiariser avec ce nouveau canal de distribution.

La vente à domicile est un secteur qui a tout de suite suscité mon attention par sa spécificité. En effet, la vente à domicile nous permet de communiquer auprès de cibles différentes : les clientes, les hôtesses, les conseillères et les futures conseillères mode. Nos axes de communication s'en trouvent également élargis. Notre entreprise leader sur le secteur, nos collections, notre concept « plaisir » d'atelier mode, le métier de conseillère mode... sont autant de prétextes de communication. Et nous les traitons de manière bien distincte.

Le rôle de l'équipe communication est donc de définir et de mettre en place des stratégies et des outils capables de s'adresser spécifiquement à chacune de nos cibles. Nous permettons, en premier lieu, à notre entreprise Captain Tortue de donner de la visibilité à ses marques de prêt-à-porter, mais également de dialoguer avec ses clientes, et enfin de faire connaître le métier de conseillère mode pour élargir son réseau. Le service communication se scinde en deux domaines de compétence : la communication externe et la communication interne.

La communication interne est un soutien indispensable pour les conseillères mode. Nous mettons à leur disposition un extranet qui fait véritablement office d'assistant pour une conseillère mode. Ce dernier lui permet d'être autonome lorsqu'elle se retrouve chez elle. Y sont d'ailleurs condensés en version web les multiples médias mis à sa disposition durant la saison, qu'il s'agisse de supports imprimés, vidéos ou digitaux.

Une conseillère mode y retrouve donc tous les documents permettant l'accompagnement dans son activité : des fiches méthodes, ainsi que des tutoriels « vidéos » illustrant par exemple la préparation de l'atelier avec une hôtesse. Y sont également présents les documents temporaires : les opérations promotionnelles et les invitations clientes, mais aussi tous les indicateurs de suivi de son activité.

Pour ce qui est de la communication « produits », nous mettons à disposition de nombreux supports print tels que des *lookbooks*, des fiches produits et des plans de collection. Une conseillère retrouve bien évidemment tous ces éléments également en version web sur son extranet. En complément, nous avons mis en place avec la directrice de l'offre des tutoriels vidéo, donnant les clés pour présenter de manière optimale leurs collections. Des outils indispensables pour que nos conseillères bénéficient d'une expertise « produits » maximale.

Nous avons également développé une application mobile permettant à toute conseillère d'accéder à son carnet d'adresses « hôtesses » et à son historique d'activité. Du côté pratique, l'application lui permet de suivre l'acheminement de ses colis, de planifier ses ateliers mode et d'avoir toujours à portée de main les lookbooks. Côté information, elle sera toujours informée des actualités principales de l'entreprise. L'application MyCaptain lui permet d'avoir son bureau dans son sac !

La communication interne, c'est également une dimension événementielle avec l'organisation de shows pour le lancement des collections mais aussi des séminaires thématiques. Ce sont de vrais moments de formation mais pas seulement… La convivialité, l'échange et la motivation sont au rendez-vous.

La motivation des conseillères est, en effet, primordiale. C'est la raison pour laquelle nous mettons en place de nombreux challenges leur permettant de se dépasser sans cesse et d'être récompensées !

Enfin, pour ce qui est de **la communication externe**, le digital est un outil essentiel qui nous permet de diffuser plus largement notre image d'entreprise et de marque. Il est indispensable à la vulgarisation de nos marques, de notre concept d'atelier mode à domicile et du métier de conseillère mode. Le référencement naturel est bien entendu essentiel à la visibilité de notre site public. Nous renforçons ce référencement par des actions de webmarketing ou de médiatisation web (campagnes Adword, Facebook…). Notre présence sur les médias sociaux est également un véritable enjeu, car nous fédérons à la fois nos clientes, nos conseillères et toutes les femmes qui s'intéressent à la mode.

En fait, ce que j'aime dans mon métier, c'est sa polyvalence. C'est un métier central qui est véritablement au cœur de l'entreprise. Nos stratégies de communication sont en lien avec les différentes directions de l'entreprise : le bureau de style, le réseau de vente, l'international…

Bien entendu, le fait que notre réseau soit constitué de femmes qui se font plaisir au quotidien n'est pas négligeable… Le plaisir étant communicatif, nous prenons tout autant de plaisir que nos conseillères à mettre notre communication à leur service ! »

Alice Gaubert, responsable communication et digital,
Captain Tortue Group.

Ouahiba, une progression fulgurante jusqu'à un poste de responsable formation

« Tupperware, "oui c'est possible" : est-ce seulement le titre d'un des fameux livres de cuisine de cette marque, dont la réputation traverse le temps et les générations ? Non, c'est aussi une promesse de possibilité de carrière faite à toute personne désirant réussir dans une société qui offre toutes les chances. Sans tomber dans le cliché du *success story* à l'américaine, il est réellement possible d'évoluer très rapidement dans cette société à condition de le vouloir et de s'en donner les moyens.

Mon histoire chez Tupperware a démarré en Franche-Comté en 2005. Je travaillais dans l'enseignement et élevais mes deux garçons, bref une vie déjà bien remplie. Pourtant, une monitrice de la concession de Besançon a voulu me faire partager sa passion et m'a convaincue de représenter la marque avec elle. La qualité du produit, le goût des contacts humains et la bonne ambiance qui règne chez Tupperware ont transformé mon essai en une histoire qui dure encore.

Très vite, la réussite est au rendez-vous. Les clientes sont contentes et de plus en plus nombreuses. Je parle beaucoup de mon métier et donne envie à mon entourage de m'imiter. Des clientes et des hôtesses souhaitent rejoindre Tupperware. La concessionnaire de Franche-Comté détecte chez moi un manager enthousiaste et me propose donc d'intégrer son équipe de managers en mars 2006, soit six mois seulement après mon entrée dans le réseau. Comme le succès est quelque chose de contagieux, beaucoup des présentatrices qui ont souhaité rejoindre mon équipe réussissent à leur tour. De ce fait, rapidement, de nouvelles monitrices sont nommées par la concessionnaire, ce qui me permet de profiter de plusieurs voyages que Tupperware propose à ses monitrices les plus performantes.

Le succès des femmes issues de mon équipe n'est pas sans être remarqué par Tupperware France, qui voit alors en moi un véritable potentiel pour devenir concessionnaire. En octobre 2009, je me vois confier la responsabilité de la concession Lorraine à Nancy. Très vite, l'équipe qui m'entoure renoue avec le succès, et la concession Lorraine double son chiffre d'affaires en deux ans.

Cette performance, fondée sur l'animation, la formation, la motivation des équipes, interpelle la direction générale de Tupperware France. Pourquoi ne pas profiter de la recette qui réussit sur le plan d'une équipe et puis d'une concession, à l'échelon national ? Je deviens donc, en août 2013, responsable de la formation du réseau de vente Tupperware. J'y développe de nouveaux outils de formation modernes 2.0, utilise tous les supports de communication (Internet, vidéo, livret, fiche pratique...) et met la formation, sous l'impulsion du nouveau directeur général, au centre des outils de progression de Tupperware. »

Ouahiba Kafsi, responsable de la formation
chez Tupperware France.

Jean-Georges, un directeur de réseau dévoué à son métier et à son réseau commercial

« Tout a commencé, en entrant comme mandataire libre dans un réseau de vente directe de robot culinaire au nom très "gaulois" et, paradoxalement, à des fins alimentaires, puisque je devais payer mes études de commerce ; j'ai compris de suite que ce métier pouvait m'assurer une promotion éclair puisque seul le travail et le talent étaient à l'époque rémunérés. J'y ai appris la prospection et la vente. Je savais aussi que la vente "intemporelle" n'ayant pas d'avenir, seul moi, le vendeur, pourrai me l'assurer.

Quelque temps plus tard, diplôme en poche, j'ai cherché à entrer dans un réseau, ou encore à créer le mien. En 1976, l'occasion m'en fut donnée et j'ai intégré l'équipe de création d'une entreprise qui aujourd'hui fête son 40e anniversaire.

BCS France est une entreprise de 250 collaborateurs, dont 120 commerciaux en CDI, pratiquant la vente de personne à personne, avec dix sites régionaux en France. Nous sommes parmi la dizaine de leaders du marché de l'équipement et de la rénovation de la maison.

Aujourd'hui, j'ai la lourde tâche et le grand honneur d'être élu président de la Fédération de la Vente Directe. Je m'attache en effet, depuis de nombreuses années, à rendre au métier ce qu'il m'a donné.

Notre entreprise a choisi la vente directe à domicile tout simplement pour pouvoir apporter les conseils, une relation personnalisée et la démonstration chez nos clients propriétaires, car leur maison ne peut venir à nous !

Notre réseau de vente est bâti depuis toujours autour de notre concept BCS : des établissements à taille humaine, permettant un management de qualité, basé sur le dialogue, la formation et la promotion interne. Nos critères d'évolution sont la valeur et la compétence.

Nous sommes très attachés à respecter notre charte interne de qualité SQS, pour fournir à nos clients des prestations de bon niveau, avec les meilleurs produits et matériels que nous référençons pour eux. Nos cahiers des charges techniques vont souvent au-delà des exigences des standards de base.

Tout au long de ma carrière, j'ai constaté que les enthousiastes, les optimistes et les travailleurs assidus réussissaient tous. Il m'a été également permis de constater que ceux qui possèdent une éthique et respectent leurs clients, leurs fournisseurs et leurs collaborateurs se développent dans la durée.

Enfin, si vous ne voulez jamais “devoir travailler”, faites en sorte de prendre un métier qui vous plaît et vous passionne, aimez ce que vous faites, et partagez votre amour du métier, c'est un secret de réussite.

Jean-Georges Vernet, directeur commercial et président du conseil de surveillance de BCS France SA.

Annexes

Glossaire

Animateur d'équipe : L'animateur d'équipe est en charge de former et d'accompagner des vendeurs directs dans leur activité. Il prend souvent le nom de manager ou responsable d'équipe.

Animateur des ventes : L'animateur des ventes accompagne et forme des animateurs d'équipe. On accède généralement à une fonction d'animateur des ventes lorsqu'un des vendeurs directs que l'on a recruté et accompagné devient lui-même animateur d'équipe. L'animateur des ventes prend souvent le nom de « *leader* ».

Document d'information précontractuel : Document que le vendeur direct est tenu de faire signer à un consommateur avant le recueil de la commande. Il résume les informations importantes dont un client doit avoir connaissance pour réaliser un acte d'achat raisonné : caractéristiques du produit, conditions de vente…

Cooptation : Parfois appelé *accueil*, *recrutement* ou encore *parrainage* d'un nouveau vendeur, la cooptation est l'action d'inviter un vendeur potentiel à rejoindre une entreprise de vente directe.

Hôte : Consommateur qui accueille chez lui une réunion de vente animée par un vendeur direct.

Plan de commissionnement : Document qui présente les règles de calcul de la rémunération d'un vendeur : le taux de commission sur les ventes, sur les ventes réalisées par ses recrues… Le plan de commissionnement prend parfois le nom de plan de rémunération ou plan de compensation.

Prospect : Consommateur potentiel qui a manifesté son intérêt pour une offre en acceptant de participer à un rendez-vous de vente, mais qui n'a pas encore passé commande.

Vendeur à Domicile Indépendant (VDI) : Une personne exerçant son activité sous le statut spécialement conçu pour le vendeur direct en 1993. Ce statut permet l'exercice d'une activité de vente directe sans la contrainte d'une inscription à un registre professionnel.

Vendeur direct : Une personne salariée ou indépendante à qui une entreprise confie la commercialisation de ses produits auprès des consommateurs. Selon les entreprises, le vendeur direct est appelé conseiller de vente, délégué commercial, conseiller commercial, distributeur, *opportunity manager*, etc.

Vente directe par réseau : Parmi les entreprises de vente directe dont les vendeurs exercent leur activité en tant qu'indépendant, certaines sont des entreprises dites de « vente directe par réseau ». Elles ont la particularité de déléguer l'intégralité de la mission de recrutement et d'animation des forces de vente à leur réseau d'indépendants et se caractérisent par :

- une grande liberté offerte aux distributeurs ;
- le fait de signer le contrat de distribution qui donne le droit de vendre des produits et des services, de coopter de nouveaux distributeurs et offre automatiquement l'accès à des fonctions d'animation ;
- un plan de rémunération qui prévoit un commissionnement important pour la formation et l'animation de nouveaux distributeurs et ce, dès le premier jour d'activité.

La vente directe par réseau est également appelée : marketing multi-niveau (MLM), marketing de réseau ou marketing relationnel.

Réunion de vente : Vente organisée au domicile d'un consommateur qui réunit quelques-uns de ses proches pour leur faire découvrir une marque ou un produit. Les réunions de vente prennent souvent la tournure d'ateliers interactifs et offrent au consommateur une expérience ludique et conviviale autour d'un produit. Les réunions de vente sont parfois appelées *présentation*, *atelier*, *café*, *démonstration* ou encore *escale*.

CODE ÉTHIQUE DE LA VENTE DIRECTE

Avril 2015

1 - PRESENTATION GENERALE

1/1 Avant propos

La Vente Directe est une démarche commerciale qui se caractérise par la présence physique effective d'un consommateur et d'un vendeur hors d'un magasin.
Ce mode de distribution est régi par une législation protégeant le consommateur et qui doit être respectée à la fois par le vendeur, par le consommateur et l'entreprise. Des règles professionnelles complémentaires ont paru nécessaires dans le cadre d'un Code de déontologie afin de prendre en compte l'autonomie du vendeur et l'importance du service fourni au consommateur. C'est "Le Code éthique de la Vente Directe" que nous intitulerons dorénavant "le Code".
Il traite des relations entre les sociétés de Vente Directe, leurs vendeurs et les consommateurs. Ce Code a pour but la satisfaction des consommateurs dans le cadre de la vente de produits de qualité à des conditions compétitives.
Ce Code publié par la Fédération de la Vente Directe (FVD) intègre le Code mondial de la Vente Directe publié par la Fédération Mondiale des Associations de Vente Directe (*World Federation of Direct Selling Associations* - WFDSA) ainsi que le Code européen de la Vente Directe publié par la Fédération européenne des fédérations de Vente Directe (SELDIA).
Il a pour finalité la mise en œuvre de règles professionnelles appliquées par l'entreprise et les vendeurs dans le cadre de leur démarche commerciale. Le Code précise les conditions d'intervention du vendeur, la loyauté de son comportement vis-à-vis du consommateur et les dispositions propres à améliorer la qualité du service au consommateur.

1/2 Vocabulaire

Dans le cadre du Code, les termes utilisés ont les significations suivantes :

Bon de commande : le document contractuel remis au consommateur au moment de la commande et conforme aux articles L. 121-16 et suivants, et R. 121-1 et 2 et leurs annexes, du Code de la consommation. Il comprend donc les mentions légales et l'éventuel formulaire de rétractation prévus dans le Code de la consommation. Il vaut facture dès lors qu'il respecte les obligations réglementaires spécifiques relatives aux factures.
Commission paritaire de médiation de la Vente Directe (CPMVD) :
la Commission paritaire de médiation de la Vente Directe a pour mission de traiter gratuitement les réclamations qui surviennent à l'occasion de la conclusion d'un contrat entre un consommateur et une entreprise de vente à domicile, adhérente ou non de la FVD. La Commission est une instance indépendante et paritaire. Elle est présidée par un professeur de la faculté de droit, entouré de représentants d'organisations nationales de consommateurs agréées et de représentants d'entreprises adhérentes de la FVD.
Consommateur : une personne physique qui est susceptible d'effectuer des achats hors d'un lieu destiné à la commercialisation et qui n'entrent pas dans le champ de son activité principale exercée dans le cadre d'une exploitation agricole, industrielle, commerciale ou artisanale ou toute autre profession.

Document d'informations précontractuelles : le document non contractuel remis au consommateur avant la commande et conforme aux articles L. 121-16 et suivants, et R. 121-1 et 2 et leurs annexes, du Code de la consommation. Il comprend donc les mentions légales et l'éventuel formulaire de rétractation prévus dans le Code de la consommation.

Entreprise : une entreprise de Vente Directe est une entité qui utilise une structure de Vente Directe pour la commercialisation de produits sous sa marque, un label ou tout autre symbole d'identification et qui est adhérente de la FVD. Toutes les entreprises adhérentes de la FVD s'engagent à se conformer au présent Code, condition nécessaire à leur adhésion et à leur maintien au sein de la FVD. Chaque entreprise adhérente de la Fédération s'engage à promouvoir son appartenance à la FVD et au Code auprès des consommateurs.
Fédération de la Vente Directe (FVD) : l'association professionnelle regroupe les entreprises de Vente Directe et représente les intérêts de la Vente Directe en France. La FVD est membre de la Fédération mondiale de la Vente Directe (WFDSA) et de la Fédération européenne des fédérations de Vente Directe (SELDIA).
Produit : ce terme inclut les biens et les services.
Vendeur Direct (ci-après dénommé le vendeur) : une personne salariée ou indépendante (notamment mandataire, acheteur-revendeur ou courtier) à qui une entreprise confie la commercialisation de ses produits auprès des consommateurs.
Vente Directe aux consommateurs : le mode de distribution d'une entreprise vendant sous sa marque commerciale ou toute autre dénomination commerciale, par un vendeur mandaté ou agréé, directement aux consommateurs, soit à leur domicile ou au domicile d'un tiers, soit sur leur lieu de travail ou en tous autres lieux non destinés à la commercialisation, hors magasin et voie publique, à l'aide d'une présentation ou d'une démonstration de produits.
Vente en réunion : la vente préalablement organisée par un vendeur auprès de consommateurs invités au domicile d'un consommateur ayant expressément et préalablement accepté que cette réunion se déroule à son domicile.

1/3 Le Code et la réglementation

Les entreprises et les vendeurs ont le devoir de se conformer à toutes les exigences de la législation ; par conséquent le Code ne reprend pas nécessairement toutes les obligations qui découlent des textes en vigueur.
Le Code est une démarche d'autorégulation décidée par les professionnels de la Vente Directe. Les règles du Code constituent un niveau d'attitude éthique qui dépassent les exigences de la législation actuelle.
Lorsqu'une entreprise quitte la FVD, elle n'est plus liée au Code. Cependant, les contrats conclus durant la période d'adhésion doivent respecter les règles du Code. L'entreprise devra également appliquer le Code tant que ses documents comportent le logo de la Fédération.

2 - LES ENGAGEMENTS VIS-A-VIS DU CONSOMMATEUR

2/1 Une identification du Vendeur et de la Société

Dès le premier contact avec le consommateur, le vendeur indique son nom, le nom et l'adresse de l'entreprise, les produits présentés et l'objet de la visite ou de la réunion. La FVD agrée ou délivre auprès des sociétés adhérentes des cartes d'identification pour les vendeurs afin d'être présentées aux consommateurs.

2/2 Une information détaillée du produit et de l'offre commerciale
Le vendeur, qui dispose obligatoirement de la formation appropriée, effectue une présentation détaillée et loyale du produit. Il communique les prix, les modalités de paiement, les conditions de crédit, la période de rétractation, les conditions de livraison et de garantie ainsi que les modalités du service après-vente.
Le vendeur donne des réponses claires et précises aux questions des consommateurs. Les informations communiquées verbalement ou par écrit sur le produit, en particulier relatives à ses qualités, doivent être autorisées par la société. La documentation remise doit comporter le nom, l'adresse et le numéro de téléphone de l'entreprise.
La société et le vendeur n'utilisent pas de comparaisons trompeuses et incompatibles avec une concurrence loyale. Les éléments de comparaisons sont significatifs et vérifiables et sont présentés en respectant les règles d'une concurrence loyale.
Les références et les témoignages sont récents, autorisés, et rigoureusement exacts.

2/3 Un service personnalisé de qualité
Les visites au domicile et les communications téléphoniques et électroniques sont effectuées dans le respect de la vie privée et à des horaires qui n'entraînent pas une gêne de la vie familiale. Le vendeur interrompt l'entretien sur une simple demande.
Le vendeur justifie la confiance du consommateur en prenant en compte son manque d'expérience commerciale, son âge, son état de santé, sa connaissance éventuellement limitée de la langue. Ainsi, le vendeur s'interdit toutes pratiques condamnables tendant à provoquer une décision d'achat précipitée. Dans sa mission de service, le vendeur s'efforce d'adapter son offre commerciale aux véritables besoins du consommateur.
La société et le vendeur doivent prendre les dispositions nécessaires pour assurer la protection de toutes les informations privées fournies par le consommateur, qu'il soit client ou prospect.

2/4 Un document d'informations précontractuelles et un bon de commande complets et lisibles
Un exemplaire du document d'informations précontractuelles et du bon de commande est remis au consommateur. Il comporte notamment le nom, l'adresse et le numéro de téléphone de la société, le nom du vendeur, la désignation du produit, le prix, la date de livraison, la période de rétractation éventuelle et toutes les conditions spécifiques du contrat. Ces documents doivent être datés et signés par le consommateur. Toutes ces informations sont d'une parfaite lisibilité.

2/5 Un délai de rétractation
Le document d'informations précontractuelles et le bon de commande comportent un formulaire de rétractation dès lors que le consommateur bénéficie de ce droit, qui permet dans ce cas au consommateur d'annuler sa commande dans le délai légal de rétractation. Sauf autorisation légale dont l'entreprise peut justifier, celle-ci ne reçoit aucun paiement pendant les 7 jours qui suivent la signature du bon de commande.
Lorsqu'un droit de retour est offert au consommateur en complément des exigences légales, les conditions en sont précisées dans le contrat.

2/6 Un service après-vente
Les conditions de garantie et de service après-vente, le nom et l'adresse de la société garante, l'ouverture des droits et de la durée de la garantie sont indiqués sur le document d'informations précontractuelles et le bon de commande ou par un autre document systématiquement fourni au consommateur.
La société et le vendeur traitent la commande du client conformément aux engagements contractuels pris et dans le respect de la date limite de livraison.
Tout produit qui ne répondrait pas aux caractéristiques indiquées est mis en conformité, échangé ou remboursé. L'objectif de la satisfaction client guide tout accord éventuel entre les parties.
La société donne une réponse motivée aux réclamations des consommateurs dans un délai de 21 jours calendaires.

2/7 Une médiation gratuite
En cas de réclamation et en l'absence d'accord avec l'entreprise dans le délai de 21 jours calendaires, le consommateur peut saisir gratuitement la Commission paritaire de médiation de la Vente Directe d'un litige relatif à la démarche commerciale.
La Commission paritaire de médiation de la Vente Directe est également compétente pour les litiges impliquant des entreprises qui ne sont pas adhérentes de la FVD.

3 - LE RESPECT DU CODE

3/1 La responsabilité de la société
La responsabilité du respect du Code incombe en premier lieu à l'entreprise, qui s'y est engagée en adhérant à la FVD. En cas de litiges provenant de l'application du Code, les entreprises fournissent une réponse motivée aux réclamations des consommateurs dans un délai de 21 jours calendaires.

3/2 Le rôle de la Fédération de la Vente Directe (FVD)
L'adhésion d'une entreprise à la FVD s'effectue suivant une procédure qui comprend l'examen de ses documents à l'attention des consommateurs, et des documents contractuels ou d'information et de formation destinés à son réseau de vendeurs, afin d'apprécier le respect par l'entreprise des obligations légales et du Code éthique de la Vente Directe.

3/3 La Commission paritaire de médiation de la Vente Directe (CPMVD)
La Fédération met en place, avec ses membres et des organisations de consommateurs agréées, une Commission paritaire de médiation de la Vente Directe pour régler toutes les réclamations non satisfaites des consommateurs. Elle dispose d'un règlement intérieur qui définit sa compétence et les conditions de son fonctionnement.
Sauf nécessités résultant de difficultés spécifiques, les plaintes sont traitées dans un délai de deux mois et, conformément à l'article 2.7, la prise en charge des réclamations est gratuite pour les consommateurs.

3/4 Les décisions
A l'occasion des litiges liés à l'application du Code, les décisions prises par l'entreprise peuvent comprendre l'annulation de la commande, le retour des marchandises, l'échange et/ou le remboursement, ainsi que toute autre décision appropriée, incluant des formations complémentaires ou des sanctions disciplinaires ou commerciales à destination des vendeurs.
Les décisions prises par la FVD à l'encontre de l'entreprise peuvent comprendre toute décision appropriée prévue par les statuts, dont l'élaboration de préconisations correctrices, d'injonctions ou de procédures disciplinaires.
Les avis rendus par la CPMVD dans le cadre d'une réclamation qui lui est soumise peuvent comprendre des propositions d'annulation de la commande, de retour des marchandises, d'échange et/ou de remboursement, ainsi que toute autre décision appropriée de nature à favoriser le règlement amiable du différend.
Le non-respect de ce code ne crée pas, à lui seul, de droit à indemnisation spécifique d'un préjudice au sens des règles sur la responsabilité civile des entreprises

3/5 La diffusion du Code
La Fédération, les entreprises et les vendeurs doivent prendre les mesures nécessaires pour faciliter la connaissance du Code par le consommateur. Le Code éthique de la Vente Directe est librement consultable, notamment sur le site Internet de la FVD ou sur demande.

FÉDÉRATION DE LA VENTE DIRECTE
100, avenue du Président Kennedy - 75016 Paris
www.fvd.fr - info@fvd.fr

Index

Q

R